"十四五"职业教育国家规划教材
职业教育市场营销专业精品教材

市场营销基础与实务

（第 3 版）

主　编　罗生芳　李红梅
副主编　刘金宁

電子工業出版社
Publishing House of Electronics Industry
北京 • BEIJING

内 容 简 介

本书精简且通俗地阐述了与市场营销实际工作息息相关的市场营销基本概念、市场分析及目标定位、制定产品开发策略、掌握价格制定策略、选择分销渠道、策划促销策略、管理市场营销活动等内容。

本书融知识性、实用性和趣味性于一体，具有“理论通俗明了、案例丰富充实、实训轻松实用”的特色，让读者在轻松学习中掌握市场营销基础知识。

本书可作为职业教育市场营销相关专业的教学用书，也可作为各种层次的成人教育、企业培训教材。

本书配有电子资料包，详见前言。

图书在版编目（CIP）数据

市场营销基础与实务 / 罗生芳，李红梅主编. —3版. —北京：电子工业出版社，2022.4
ISBN 978-7-121-43480-8

Ⅰ. ①市… Ⅱ. ①罗… ②李… Ⅲ. ①市场营销学－中等专业学校－教材 Ⅳ. ①F713.50

中国版本图书馆CIP数据核字（2022）第085019号

责任编辑：陈　虹　　文字编辑：张　彬
印　　刷：大厂回族自治县聚鑫印刷有限责任公司
装　　订：大厂回族自治县聚鑫印刷有限责任公司
出版发行：电子工业出版社
　　　　　北京市海淀区万寿路173信箱　　邮编：100036
开　　本：880×1 230　1/16　印张：12.25　字数：275千字
版　　次：2014年3月第1版
　　　　　2022年4月第3版
印　　次：2026年1月第9次印刷
定　　价：42.00元

凡所购买电子工业出版社图书有缺损问题，请向购买书店调换。若书店售缺，请与本社发行部联系，联系及邮购电话：（010）88254888，88258888。

质量投诉请发邮件至zlts@phei.com.cn，盗版侵权举报请发邮件至dbqq@phei.com.cn。

本书咨询联系方式：chitty@phei.com.cn。

前　言

随着市场经济的迅猛发展，市场营销无处不在，并对人们的生活产生了深刻的影响。良好的市场营销逐渐成为企业成功的重要因素，因此许多非营利性组织也开始运用市场营销策略来推广组织理念，提升组织实力。总之，越来越多的行业在运用营销知识，越来越多的人在学习营销知识，越来越多的市场营销知识在实践中得到应用。培养造就大批德才兼备的高素质人才，是国家和民族长远发展大计。作为21世纪的年轻人，生活在一个被市场包围的世界中，非常有必要去学习市场营销知识。

本书遵循职业教育的教学理念，以“实用、够用、活用”为原则，按照营销人员职业岗位工作的主要内容，介绍了与市场营销实际工作紧密相关的市场营销基本概念、市场分析及目标定位、制定产品开发策略、掌握价格制定策略、选择分销渠道、策划促销策略、管理市场营销活动等内容。通过大量的案例、示意图表来表述比较深奥的市场营销知识点，使学生能够比较轻松地理解和掌握市场营销的基础知识和技能。

本书第2版自出版以来，得到了各职业学校专业教师的好评，并入选“十三五”职业教育国家规划教材。为适应新的营销环境、更好地培养职业教育人才、服务经济发展的需要，特进行修订，第3版保持了原版本的特点，更换了部分案例，并根据市场营销理论的最新研究成果，对部分内容进行了修改。总体布局上，第3版在第2版的基础上增加了“指点迷津”板块，并修改了“议一议”板块的内容。

本书在编写的过程中，得到了许多企业的大力支持，特别向提供相关资料的赛云九洲科技股份有限公司、广西布道天下信息产业有限公司表示感谢！

本书的编写人员既有营销教学一线教师，又有企业的兼职讲师、营销顾问，保证了编写的质量。本书由罗生芳、李红梅担任主编，由刘金宁担任副主编。

本书在编写过程中参考了大量资料，在此向有关单位和个人表示诚挚的感谢。

由于编者水平有限，编写时间仓促，书中疏漏与不妥之处在所难免，敬请有关专家和读者批评指正。

为了方便教师教学，本书还配有教学课件、教学指南等教学资源，请有此需要的教师登录华信教育资源网（www.hxedu.com.cn）免费下载。

编　者

目 录

项目一　市场营销基本概念……1

任务一　认识市场……2

任务二　认识市场营销……4

任务三　认识市场营销学……6

任务四　认识市场营销人员……7

任务五　树立正确的市场营销观念……10

任务六　树立良好的营销职业道德观念……12

实训与练习……13

悦读……13

项目二　市场分析及目标定位……15

任务一　做好营销环境分析……16

任务二　做好市场调查分析……24

任务三　做好消费者行为分析……29

任务四　做好目标市场分析……37

实训与练习……47

悦读……48

项目三　制定产品开发策略……50

任务一　认识产品的整体概念……51

任务二　认识产品的生命周期……53

任务三　认识产品的组合……58

任务四　认识新产品开发……63

任务五　认识产品的品牌……69

任务六　认识产品的包装……76

实训与练习……80

悦读……82

项目四 掌握价格制定策略……84
任务一 明确企业的定价目标……86
任务二 分析影响定价的因素……89
任务三 选择产品定价方法……93
任务四 选择产品定价策略……96
任务五 调整产品价格策略……105
实训与练习……108
悦读……110

项目五 选择分销渠道……111
任务一 认识分销渠道……112
任务二 设计分销渠道……123
任务三 管理分销渠道……131
任务四 关注渠道发展新趋势……135
实训与练习……137
悦读……137

项目六 策划促销策略……139
任务一 认识促销策略……140
任务二 掌握人员推销促销策略……141
任务三 掌握广告促销策略……146
任务四 掌握营业推广促销策略……152
任务五 掌握公共关系促销策略……157
任务六 综合运用促销策略……161
实训与练习……164
悦读……166

项目七 管理市场营销活动……168
任务一 了解营销管理者的任务……169
任务二 认识市场营销组织……172
任务三 掌握竞争性营销策略的制定……177
任务四 掌握营销工作的实施步骤……178
任务五 认识市场营销控制……179
任务六 认识市场营销审计……184
实训与练习……186
悦读……187

项目一

市场营销基本概念

学习目标

深刻理解市场、市场营销、市场营销学等概念；树立正确的市场营销观念和职业道德观念；认识市场营销人员的工作性质及营销人员应具备的素质和能力。

听故事

珠海格力电器股份有限公司成立于1991年，现已发展成为多元化、科技型的全球工业集团，产品远销180多个国家和地区。据权威市场调查机构发布数据：2021年格力家用空调全球市场占有率达20.2%，品牌零售销量再次登顶全球第一，家用空调市场占有率连续17年稳定保持全球第一，5亿用户共同见证“格力造”的领先科技和卓越品质。目前，格力已累计制定国内外标准578项，把中国的新理念、新技术及时向外传递，实现用“标准走出去”带动“产品走出去”。

故事感悟 格力电器斐然成绩的取得，源自以“掌握核心科技”为立身之本的理念，更源自长久坚持“自主创新”带来的续航能力，可以说“国际领先”技术是格力出击海外市场的底气所在。走向世界的格力，进一步加大中国在世界舞台上的话语权，在国际舞台上唱响“中国声音”，贡献“中国智慧”。

学知识

任务一　认识市场

对于市场，人们并不陌生，市场无处不在，甚至可以说一切活动都直接或间接地与市场有联系。什么是市场？每个人都可以根据自己的亲身体验和感受做出回答。市场是商品经济发展的产物，它的含义不是一成不变的，在不同的历史时期、不同的场合，有着不同的含义。

1．狭义的市场定义——消费者角度

这是最传统的定义，即市场是买方和卖方聚集在一起进行产品交易的场所，如菜市场、小商品市场等区域。

2．广义的市场定义——经济学角度

经济学家站在宏观的视角上认为：市场是买卖双方交换关系的集合，产品供给与需求的矛盾统一体。他们认为“哪里有社会分工的产品生产，哪里就有市场”。

3．现代的市场定义——营销者角度

市场是由人口、购买力、购买欲三者有机构成的总体。这三个要素是相互制约、缺一不可的。可以理解为如下形式：

市场＝人口＋购买力＋购买欲

人口是组成市场的基本细胞，购买力是组成市场的物质基础，购买欲是购买力得以实现的条件。这三个要素相互制约、互为条件，共同组成市场，缺一不可。为什么在人口密集地区的市场就发达？因为该地区人口多，人们的生活需要也多，对于寻找商机的人来说，更愿意开发人口密集地区的市场。为什么高档奢侈品在不发达地区没有市场？就是因为当地消费者缺少购买力。为什么在热带地区销售不了棉衣？因为气候原因，消费者不需要棉衣，没有购买欲。

随着网络影响的进一步扩大，电子商务已成为我国经济增长的助推器，现代市场已不受时空的限制，买卖交换关系不再依赖于传统的交易场所，商家与消费者可以选择任意时间进行交易。所以，在现代社会中，人们可以24小时随意逛网店。

归纳起来，市场的形成必须具备以下基本条件：一是存在可供交换的产品（如粮油）；二是存在提供产品的卖方（如粮油的卖方）和具有购买欲、购买力的买方（如粮油的买方）；三是具备买卖双方都能接受的交易价格、行为规范及其他条件（如粮油买卖双方都能接受的交易条件）。

议一议

假冒伪劣产品为什么有市场？（基于以上理论依据进行讨论）

假冒伪劣产品的价格一般都比正品低，购买力低的人如对该类产品有购买欲，因此这个市场很难消失。具体可以从以下几个方面进行阐述。

（1）从供应商角度讲，是因为部分供应商缺失职业道德，一味追求自身利益最大化而损害消费者的权益。

（2）从消费者角度讲，是因为部分消费者购买力较低，为获得对某些产品的享受，选择通过购买假冒伪劣产品来满足自己的消费欲。

（3）从法律层面讲，是因为相关规章制度还不够健全。

案例 1-1

万某将生猪活体灌水后以次充好予以销售，销售总金额为人民币25万元，其行为已构成生产、销售伪劣产品罪，被追究刑事责任。最终，法院依照《中华人民共和国刑法》第一百四十条、第六十七条第三款、第四十五条、第七十二条、第七十三条、第五十二条、第五十三条和第六十四条之规定，进行了如下判决。

（1）被告人万某犯生产、销售伪劣产品罪，判处有期徒刑2年3个月，缓刑3年，并处罚金人民币13万元。

（2）对被告人万某所退赃款人民币25万元，依法予以没收，上缴国库；对未随案移送的其他涉案财物，由扣押机关依法处理。

案例评析

生产、销售伪劣产品罪，是指生产者、销售者在产品中掺杂、掺假，以假充真，以次充好或者以不合格产品冒充合格产品，销售金额达5万元以上的行为。

打击假冒伪劣产品是一场长久的战役。作为营销人员应该知道如何去维权，同时遵纪守法，做一名好公民。

课堂随笔

指点迷津

假冒伪劣产品

假冒伪劣产品可以分为假冒产品和伪劣产品两种类型。假冒产品是指产品在制造时，逼真地模仿其他同类产品的外部特征，如冒用、伪造他人商标、标志；冒用其他产品特有的名称、包装、厂名、厂址；冒用优质产品质量认证标志和生产许可证标识的产品。伪劣产品是指生产、经销的产品违反了我国现行法律、行政法规的规定，其质量、性能指标达不到我国已颁布的国家标准、行业标准及地方标准所规定的要求，甚至是无标产品。

任务二　认识市场营销

一、市场营销的定义

市场营销是由英文 Marketing 一词翻译而来的。作为动词理解，它是指企业的具体活动或行为，是产品或服务从生产者手中移交到消费者手中的过程，是企业或其他组织以满足消费者需要为中心进行的一系列活动。市场营销活动的主要任务是辨别和满足人类和社会的需要。

例如，当营销人员注意到人们生活节奏越来越快、购物需要节省时间时，出现了大型超市、网上商城；当新型冠状病毒肺炎（以下简称“新冠肺炎”）疫情在全球蔓延后，一些汽车、家电、手机生产企业纷纷“转战”口罩生产，他们的口号是“国家需要什么，我们就造什么”。

案例 1-2

有一家餐厅的生意非常好，门庭若市，老板年纪大了，想要退休，就找了三位经理过来。

老板问第一位经理：“先有鸡还是先有蛋？”

第一位经理想了想，答道：“先有鸡。”

老板接着问第二位经理：“先有鸡还是先有蛋？”

第二位经理胸有成竹地答道：“先有蛋。”

老板又问第三位经理：“先有鸡还是先有蛋？”

第三位经理镇定地说：“客人先点鸡，就先有鸡；客人先点蛋，就先有蛋。”

老板笑了，于是将第三位经理升为总经理。

案例评析

如果一味地想“先有鸡还是先有蛋”这个问题，那么也许永远都不会有结果。这个案例中的第三位经理给出了这一命题的营销学答案——客人的需求永远是第一位的，营销就是想办法满足消费者的需求。

课堂随笔

综合营销专家及企业界人士对市场营销的认识，可以从以下几个方面进行理解。

- 市场营销是一种企业活动，是企业有目的、有意识的行为。
- 满足和引导消费者的需求是市场营销活动的出发点和重心。
- 分析环境，选择目标市场，确定和开发产品，进行产品定价、分销、促销和提供服务，以及它们之间协调配合，进行最佳组合，是市场营销活动的主要内容。
- 实现企业目标是市场营销活动的目的。

二、营销、促销和推销三者之间的关系

在日常生活中，许多人会将营销、促销和推销混为一谈。从理论上分析，三者之间关系密切，但内涵不同。市场营销经常被简称为营销，经常提到的营销 4P 策略包括产品策略、价格策略、渠道策略和促销策略，如图 1-1 所示。促销只是营销的一种策略。促销策略主要包括人员推销、广告、公共关系、营业推广四种手段，也就是说，推销只是促销的一种手段。商家经常在节假日搞的活动（统称为促销活动），其中就包括了促销策略中的一种方式或几种方式的组合使用。

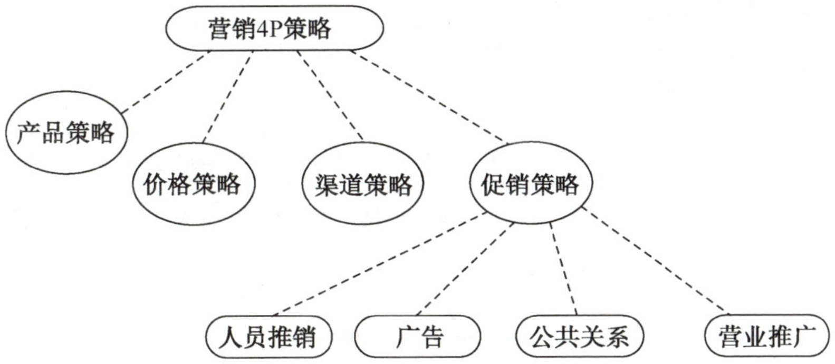

图1-1　营销4P策略

三、营销组合的发展

美国营销学者麦卡锡教授在 20 世纪 60 年代第一次提出“市场营销组合”的概念，主要包括产品（ Product ）、价格（ Price ）、渠道（ Place ）、促销（ Promotion ）。然而考虑到市场营销的广度、复杂性和丰富性，很明显上述四项已经不再是市场营销的全部。被誉为“现代营销学之父”“营销界的爱因斯坦”的美国营销学者菲利普·科特勒在其《营销管理（第 15 版）》中提出全方位营销概念：人员（ People ）、流程（ Processes ）、方案（ Programs ）、绩效（ Performance ）。

（1）人员。市场的好坏由组织内部的人员决定，营销人员必须广泛地去了解消费者的生活，而不是仅仅将消费者看成产品和服务的购买者。

（2）流程。流程反映了营销管理过程中的创造力、纪律和结构。营销人员必须避免仅适用于某种单一情形的规划和决策，并确保先进的营销观念和概念在所有方面发挥适当的作用。

（3）方案。方案反映了企业所有由消费者导向的活动。它包括旧的 4P，也包括很多其他营销活动。无论是线上还是线下、传统还是非传统，这些活动都必须被很好地整合，从

而完成企业的多重目标。

（4）绩效。绩效要同时测量营销活动和项目给企业和社会带来的财务和非财务回报。不应以单一的销售收入作为检测营销效果的指标，需要评估市场份额、客户流失率、客户满意度、产品质量等，还需要考虑营销活动和项目的法律、道德、社会和环境影响。

任务三　认识市场营销学

一、市场营销学的产生

市场营销学于20世纪初诞生于美国，属于管理学下属学科，是一门多学科交叉渗透、实用性很强的学科，如图1-2所示。市场营销学是“艺术”和“科学”相结合的学科，既有惯例化的模式可借鉴，又需要创造性的灵感去执行。惯例化的模式大多可从教科书中获得，创造性的灵感则需要走进市场，运用所学知识和智慧去获取。

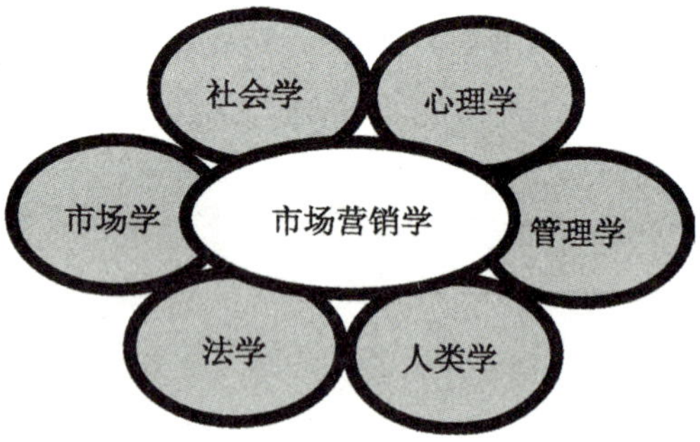

图1-2　市场营销学

由于理解上的不同，市场营销学在20世纪70年代末80年代初开始引入我国时，它的中文译名很多，如市场学、市场行销学或行销学、市场经营学等，现在公认的译名是市场营销或市场营销学。

二、市场营销学的研究对象

市场营销学从卖方的角度去研究企业市场营销管理的问题，即企业在不断变化的市场营销环境和激烈的市场竞争中，如何寻找市场机会，如何满足目标客户的需求，如何有效地管理其市场营销活动，提高企业的经济效益，求得生存和发展，实现企业的目标。卖方形成行业，买方形成市场。

市场营销学的研究对象是企业（卖方）如何通过更好地满足买方需要以实现企业赢利目标，或者说以满足客户需求为中心的企业营销活动过程及其规律性。

案例1-3

作为自行车产销大国，中国生产了全球70%以上的自行车，拥有从零部件到组装整车的完整产业链。成熟的配套产业、稳定的技术工人，加上新冠肺炎疫情期间有序的复工复产，使得中国成为稳定全球自行车供应的“中流砥柱”。2020年11月，上海凤凰进出口有限公司业务总经理骆掠在接受媒体采访时表示，由于境外新冠肺炎疫情反复等原因，中国自行车在海外销售再度出现“爆单”现象，2020年年底就直接下了2021年的订单。易路达车业（天津）股份有限公司也面临着同样火热的海外市场，该公司负责人介绍道：“我们公司2020年自行车的订单量在6—9月相较2019年增长了10倍，交易额是2019年同期的13倍多，仅9月一个月就接到了700万元的订单，约2万辆自行车。”在与海外消费者更频繁的互动中，中国的自行车制造工厂也开始有意识地推动产品的升级。

课堂随笔

案例评析

随着新冠肺炎感染人数的飙升，全球范围内选择自行车出行和健身的人群大幅增长，加上部分国家政府的补贴与鼓励，中国自行车在海外的销售量激增。新冠肺炎疫情为中国自行车抢占海外市场带来了一个窗口期，这更是我国自行车行业做品质、研发和口碑的一个好时机。

三、学习市场营销学的意义

对于企业而言，学习、研究市场营销学，有助于企业员工树立现代营销观念，有利于企业系统地了解市场特性，是知识经济时代的要求，是适应环境变化的要求。不论是管理层还是市场营销部门员工，甚至全体员工，都有必要学习和研究市场营销学。学习、研究市场营销学，可为企业制定正确的经营战略打下基础，让企业在成长的路上少走弯路。研究表明，能够建立学习型营销组织，善于学习、创新和运用新知识的企业将是最大的赢家。这有助于企业走向国际市场，促进企业国际化经营。

任务四　认识市场营销人员

案例1-4

很多人都不知道因纽特人是怎样抓北极熊的：他们先杀死一只海豹，将海豹血倒进水桶里，再将一把双刃匕首插在血液中央，因为天气严寒，海豹血很快凝固，匕首就凝结在血液中间，像一个超大型冰棒。因纽特人将血冰棒倒出来，丢在雪原上等待就可以了。北极熊有一个特征——嗜血如命。它的鼻子很灵敏，能在很远的地方闻到血腥味。当它闻到血冰棒的气味时，就会迅速赶到，并开始舔食美味的血冰棒。舔着舔着，它的舌头渐渐麻痹。忽然，血的味道变得更好了——那是新鲜、温热的血。北极熊越舔越起劲——它不知道，自己冻得麻木的舌头已经被锋利的匕首扎破了——那正是它自己的鲜血。这样不断舔食的结果是，舌头伤得更深，血流得更多，最后，北极熊因为失血过多休克或昏厥过去，因纽特人不必花多大力气，就可以轻松捕获它。

课堂随笔

案例评析

这个故事给了我们一个启示——认识了你要征服的对象，找到了攻克对方的正确方法，问题就会被轻而易举地解决掉。营销人员应该去主动了解自己所要从事的职业，了解从事这个职业需具备的基本素质和能力。

营销是一个充满着挑战、激情和快乐，并伴随着艰辛的职业，是一个需要用健康的心态去调配情绪的职业，是一项需要有良好性格去追求成功的事业。无数成功营销人士的经验告诉我们：要做一名市场营销高手，除了要具备一定的工作能力，还要具备以下健康、优良的性格品质。

1．热情

热情，在古希腊语中的含义是内心之神。爱迪生说过："有史以来，没有任何一件伟大的事业不是因为热情而成功的。"不管是什么样的事业，要想获得成功，首先需要的就是工作热情，营销事业尤其如此。如果营销人员对工作缺乏热情，他就缺乏魄力，缺乏斗志。热情是营销成功与否的首要条件，只有诚挚和热情才能"融化"客户的冷漠，才能"克敌制胜"。

2．自信

一份对100名杰出青年成长道路的调查报告显示，有2/3的人认为自信是取得成功的首要因素。一个人只有具备了自信心，才能正视自己，才会产生自信力，进而激发出极大的勇气和毅力，最终创造出奇迹。正如法国哲学家卢梭所说："自信心对于事业简直是奇迹，有了它，你的才智可以取之不尽，用之不竭。"与其他职业相比，营销人员更需要有足够的自信。因为不可能每次出击都会成功，不可能所有的老板都赏识你，不可能所有的客户都会欣然接受你的产品。所以，为了战胜无数次的挫折与失败，营销人员必须有足够的自信心。

3．真诚

在现代社会，诚信越来越受到重视，不管是在人际交往中还是在商业往来中，讲究诚信的人和企业总是会受到社会的尊重，社会也会给予他们相当丰厚的回报；而那些不讲诚信的人和企业，则越来越难以立足。商业交易需要双方都有诚信，许多成大事者都把诚实守信当成自己事业的生命来看待。而失信的营销人员则会失去营销机会，甚至会失去工作。

4．积极进取

一只刚造出来的航海罗盘，在经过磁化之前，指针的方向是混乱的。经磁化后，它就像被一种神秘的力量支配着，总是指向同一个方向。如果用在人的身上，那么这种神秘的力量就是进取心。进取心可激励人们不断地努力，从不懈怠，从不满足。天下没有一个老板不喜欢有上进心的员工，他们在时刻观察着员工的表现。所以，营销人员不能满足于现有的成绩，要不断对自己提出更高的要求。

5．目标远大

哈佛大学曾对一群智力、学历、环境等客观条件都差不多的年轻人做过一个长达25年的跟踪调查，调查内容为目标对人生的影响。结果发现：3%的有清晰且长远目标的人，25年来几乎都不曾更改自己的人生目标，并向实现目标做着不懈的努力。25年后，他们几乎都成了社会各界顶尖的成功人士，他们之中不乏白手创业者、行业领袖。调查者因此得出结论：目标对人生有巨大的导向性作用。

6．善于学习

善于学习，就能收到事半功倍之效;不善于学习，其结果或者事倍功半，或者劳而无功，甚至会适得其反。营销人员需要与各行各业的人打交道，需要不断地学习各种业务知识及营销技巧，不断地学习其他营销人员的成功经验。

7．善于管理时间

有人说："一天的时间就像一只大旅行箱，如果你懂得装箱的技巧，一只箱子足可以装下两箱的东西。"也就是说，时间是有限的，但如何安排和支配它却大有文章可做。营销这个职业相对比较自由，多数时候不用坐在办公室里，因此，学会管理自己的时间就显得非常重要。

8．有团队精神

人们在智力上的先天差距已经随着知识的增长而日益缩小，非智力因素在一个人的成功因素中所占比重越来越大。营销工作往往由一个团队去共同完成，没有团队精神的人不受其他人欢迎，作为管理者也很难带好团队。团队精神是大局意识、协作精神和服务精神的集中体现，核心是协同合作，反映的是个体利益和整体利益的统一，并进而保证组织的高效率运转。团队精神的形成并不要求团队成员牺牲自我，相反，挥洒个性、表现特长可保证团队成员共同完成任务目标，而明确的协作意愿和协作方式可产生真正的内驱力。

9．扎实工作

营销的成功需要扎实勤勉的工作作风，因为营销是一项实实在在又艰苦的工作。营销人员不仅要做到心勤、脑勤，更要做到眼勤、手勤、脚勤。任何一个营销大师的销售业绩都不是待在家里"想"出来的，而是"做"出来、"跑"出来的。

除此之外，成功的营销人员还应具有亲切友善、勇于创新、服务意识强等性格特征。

案例1-5

小朱大学时学的是茶学专业，毕业后，创办了自己的茶艺培训工作室。在2022年"第五届全国茶业职业技能竞赛茶艺竞赛总决赛"中，他获得总分第一的优异成绩。在"创新茶艺"环节中，他以祁门红茶文化为创作背景，选取茶学家胡浩川的人物故事，讲述和表达年轻茶人对茶行业的坚守与传承。小朱说，希望借此故事，勉励自己和年轻人在创业过程中，要有敢吃苦和不怕难的勇气。

案例评析

市场营销活动充满着机会和挑战，成功属于热情、自信、真诚、积极进取、目标远大、善于学习、善于管理时间、有团队精神、扎实工作的人。

课堂随笔

任务五 树立正确的市场营销观念

市场营销观念又称市场营销哲学，它体现了一个企业的经营态度和思维模式，是企业进行营销活动的指导思想和行动指南。

现在一些企业之所以缺乏竞争力，在市场上走不远，最关键的问题往往不是营销方法不对，而是营销观念出现了问题。营销观念落后，营销意识不强是影响企业发展的“绊脚石”。有的人认为“做营销”就是“做促销”，“做销量”就是“做市场”，“树品牌”就是“打广告”，“求发展”就是“上项目”，“搞管理”就是“定制度”，这种片面的营销观念使企业在经营过程中往往很难做大、做强。

案例1-6

20世纪90年代，我国某县属小型国有企业在第二届“标王”竞标会上抢摘“王冠”称号，次年收入翻几番，并以天价卫冕“标王”称号。企业的名声越来越大，经营情况也越来越好，但该企业“每天开进央视一辆桑塔纳，开出一辆豪华奥迪”的梦想并没有随之变成现实。由于没有及时将经济效益转化为发展后劲，产品因质量问题被媒体曝光后，销售业绩一落千丈。

案例评析

该企业以广告起家，品牌打响后由于营销观念仍然停留在“树品牌就是打广告”的观念上，所以，在市场上遇到障碍后难以持续发展。

课堂随笔

市场营销观念既反映了社会生产力及市场趋势的发展，也反映了企业领导者对市场营销发展客观规律认识深化的结果。随着生产的发展、科技的进步、营销环境的变化，市场营销观念的发展大致包括六种形式，如图1-3所示。

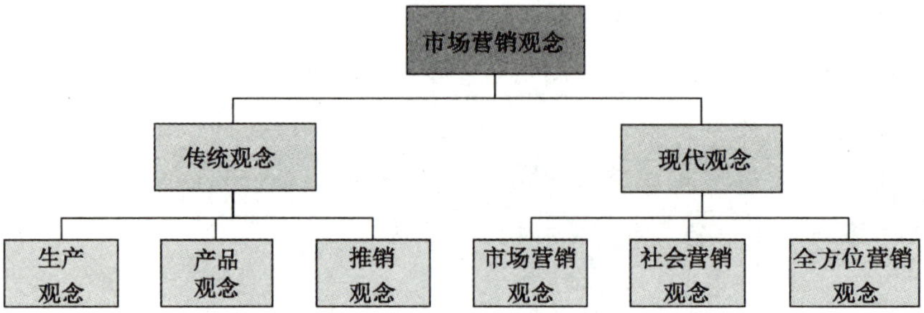

图1-3 市场营销观念的发展

1．生产观念

这是一种古老的传统观念，是商业领域最早产生的营销观念之一，产生于20世纪20

年代前。在社会生产力低下、产品供不应求的卖方市场状况下，产品在市场上自然就成了“皇帝的女儿不愁嫁”的优势，这个时候是“生产什么，就卖什么；生产多少，就卖多少”，根本不必去考虑如何营销产品的问题。

2．产品观念

产品观念是指营销人员主要依靠产品本身的优势实现营销的观念。这种观念又称产品导向，是一种“以产定销”观念。这种观念认为“酒香不怕巷子深”，消费者会欢迎质量最优、性能最好和功能最多的产品。因此，企业的任务是致力于制造优良产品并不断加以改进。这些企业认为只要产品好就会吸引消费者，因而经常迷恋自己的产品，而未看到市场需求的变化。这种观念在商品经济不甚发达的时代或许有用，在经济发达的时代不适用。

3．推销观念

推销观念是生产观念的发展和延伸，是指营销人员认为只要掌握和运用好各种推销技巧就能达成交易的观念，也就是所谓的“不管是白猫还是黑猫，抓到客户就是好猫”。其社会经济背景是生产力发展了，产品丰富了。持有这种观念的营销人员非常注重推销技巧的提高，往往将营销的成功归于自己推销技巧的高超，而将营销的失败归于推销技巧的不成熟。他们往往不关心客户的真正需求，更关心自己的销售业绩，常常会将客户并不需要的产品卖给他们。

4．市场营销观念

市场营销观念以满足客户需求为出发点，即“客户需要什么，就生产什么”。这种观念产生于20世纪50年代中期，当时社会生产力发展迅速，市场趋势表现为供过于求的买方市场，同时广大居民个人收入迅速提高，开始对产品进行选择，企业之间竞争加剧。许多企业开始认识到，必须转变经营哲学，才能求得生存和发展。著名策划人叶茂中曾为爱妻牌洗衣机设计的广告——“我的女儿还好吗？”正是这种观念的真实体现。在这种观念指导下，企业会提供优质的售后服务，尽可能满足客户的需要。

5．社会营销观念

这种观念产生于20世纪70年代，主要内容是企业的任务是确定目标市场需求、欲望和利益，并且在保持和增进消费者和社会福利的情况下，比竞争者更有效率地使目标客户满意。这不仅要求企业满足目标客户的需求与欲望，而且要考虑客户及社会的长远利益，即将企业利益、客户利益与社会利益有机地结合起来。

6．全方位营销观念

现代营销活动需要更先进的营销观念。例如，菲利普·科特勒提出了全方位营销理论：营销应该贯穿于“事情的各个方面”，而且要有广阔的、统一的视野。全方位营销包括关系营销、整合营销、内部营销和绩效营销。全方位营销的提出是营销理论的一个巨大突破，它考虑的问题更全面、更深远。

指点迷津

饥饿营销

所谓饥饿营销，是指产品提供者有意调低产量，以期达到调控供求关系、制造供不应求的“假象”、维持较高的售价和利润率，达到维护品牌形象、提高产品附加值的目的。苹果公司是最擅长饥饿营销的企业之一，小米公司也对饥饿营销情有独钟。

任务六　树立良好的营销职业道德观念

从事市场营销工作，经常受到“金钱”的诱惑，稍不自控就会出现假冒伪劣、坑蒙拐骗、行贿受贿等不正当商业行为。这些不良风气有时像细菌一样，使人们防不胜防。

案例 1-7

近年来，随着我国的老龄化趋势日益明显，针对老年人的各种免费体验店有蔓延趋势，以“免费享专家义诊”“免费用保健器材”“免费旅游”等噱头诱骗老年人高价消费。这些“老人免费体验店”普遍存在无证经营、超限经营及虚假宣传等违法行为，不但骗取老年人的金钱，还让一些老年人偏听误信，将保健产品当药品来治病。为此，我国多市开展整治“老人免费体验店”违法经营行为专项行动，重点查处“老人免费体验店”存在的无照经营、违法广告、虚假宣传、虚假交易、传销和违规直销等行为。

课堂随笔

案例评析

损害人民利益的营销行为终究会受到惩罚。市场营销人员一定要把控好“德”与“得”的关系，才能使“营”变成“赢”。

营销人员的职业道德包括如下几项主要内容。

1. 熟悉业务，服务优质

营销人员要博学多才、业务娴熟；要牢固树立服务至上的营销理念；要善于收集信息、把握市场行情，主动、准确地传达产品信息；要为消费者排忧解难，满足他们的要求。

2. 平等互惠，诚信无欺

这是营销人员的基本行为准则。营销人员在工作中不要耍手腕，不要蒙骗消费者，不要擅自压价或变相提价；要恪守营销承诺，绝不图一时之利而损害企业信誉。

3. 当好参谋，指导消费

营销是生产者与消费者之间的媒介和桥梁，营销人员要在与消费者的沟通中，了解不同消费者的不同需求，引导消费者接受新的消费观念。同时，又将消费者需求信息传达给生产者，以帮助生产者改进和调整生产。

4. 爱岗敬业，遵纪守法

企业往往赋予营销人员一定的职权，营销人员应经得起利益的诱惑，不赚取规定之外的私利，不进行转手倒卖等各种谋私活动。

实训与练习

一、判断题

1. 市场营销活动的主要任务就是满足企业的需要。（ ）
2. 市场营销学于 19 世纪初产生于美国。（ ）
3. 市场营销学从买方的角度去研究企业市场营销管理的问题。（ ）
4. 市场营销观念是企业进行营销活动的指导思想和行动指南。（ ）
5. “树品牌”就是“打广告”。（ ）
6. 全方位营销的提出，是营销理论的一个巨大突破。（ ）

二、填空题

1. 市场是由 ________、________、________ 三者有机构成的总体。
2. 市场营销是由英文 __________ 一词翻译而来的。
3. 市场营销简单的定义就是 ______________________________________。
4. 市场营销学于 20 世纪初产生于 _____ 国。
5. 市场营销学于 ______________________ 开始引入我国。
6. 市场营销学从 ________ 的角度去研究企业市场营销管理的问题。
7. ____________________ 被誉为“现代营销学之父”。
8. ____________________ 是营销人员的基本行为准则。
9. ____________________ 首次提出了全方位营销理论。
10. 市场营销活动的主要任务是 ________________________________。

三、实训题

1. 请每名学生利用 2 分钟的时间向全班同学进行“自我推销”，必须用 2 ～ 3 个关键词来概括自己，并解释原因。要注意文明用语和商务礼仪。

2. 组织学生参加“踩报纸”游戏，参加游戏的学生在 10 人以上。在规定的时间（由教师视人数多少而定）内让所有学生站到一张 1 开的报纸上，所有学生的脚不能站出报纸的边界，训练学生的团队协作能力与创新能力。

游戏启示：解决问题的思路要突破限制，敢于尝试、大胆想象，并善于实践，排除不可行的方案。

悦　读

狗熊的经验

森林里有一只很著名的老狗熊，它的著名之处在于：每年冬天有人来森林里猎狗熊的时候，只有它能逃脱。

于是，一只年轻狗熊前来求教。老狗熊却先问他是否见过猎人如何猎狗熊。

原来，根据当地的捕猎习惯，猎人们在猎狗熊时通常都会采取围捕方法——几个猎人带着几条猎狗联合起来，先将冬眠的狗熊从树洞里赶出来，然后四面出击，一步步缩小包围圈，最后将已经晕头转向的狗熊逼入布下的罗网。

年轻狗熊向老狗熊转述了它听来的猎狗熊场面，老狗熊表示它说得对，随后又问它是否听说过有哪头狗熊被猎狗咬伤的事情。年轻狗熊想了想，竟发现森林里的狗熊多是被猎人活捉的，没听说过有哪头狗熊被猎狗咬伤过。

老狗熊告诉年轻狗熊：猎狗不咬狗熊是因为它们知道打不过狗熊。猎狗只是在周围狂吠，目的就是把狗熊吓蒙，使其迷失方向，最终逼入罗网，这就是猎人猎狗熊的奥妙所在。所以逃脱的秘诀是，首先不要被吓晕，因为没有谁敢上前拦住一头狗熊，而狗熊要做的就是让自己从冬眠中清醒过来，然后辨清方向一路跑下去。

老狗熊告诉人们一个道理：在激烈的竞争面前一定要保持清醒的头脑，切忌自乱阵脚。

项目二

市场分析及目标定位

学习目标

学会市场调查方式；懂得如何去分析营销环境和消费者行为；掌握进行市场细分和目标市场定位的方法。

需求分析

听故事

小王国外留学回国，工作一年后，他选择了自主创业，从事服装行业，并注册了自己的商标，将目标消费群体锁定为即将毕业的大学生，主要销售大学生求职面试时所需用的套装等，已先后在其居住地的某知名学府附近开了几家门店。小王之所以选择服装行业，与其经历息息相关，其一是家庭成员中有人从事面料行业；其二是在留学时，他调查发现有些国家有专门供大学生面试求职时穿的服装等产品。而在国内，这个市场基本上是一个空白点。

故事感悟 服装行业是个成熟、竞争性很强的行业。小王之所以敢进入这个行业并能生存下来，一是他进行了详细的市场调查，发现了空白的细分市场，还建立了自己的商标，形成自己的个性，二是国家大力倡导推进“大众创业、万众创新”，政府打造了足够肥沃的创业土壤和足够吸引优秀人才的创业环境。

学知识

任务一　做好营销环境分析

营销工作的首要任务就在于了解、把握营销环境的变化趋势，适应环境的变化，提高市场应变能力，趋利避害地开展市场营销活动，使企业更好地生存和发展。

一、营销环境的含义

营销环境是指与企业市场营销相关的、影响产品的供给与需求的所有外界条件和因素的综合，可分为微观营销环境和宏观营销环境。营销环境的具体内容如图 2-1 所示。

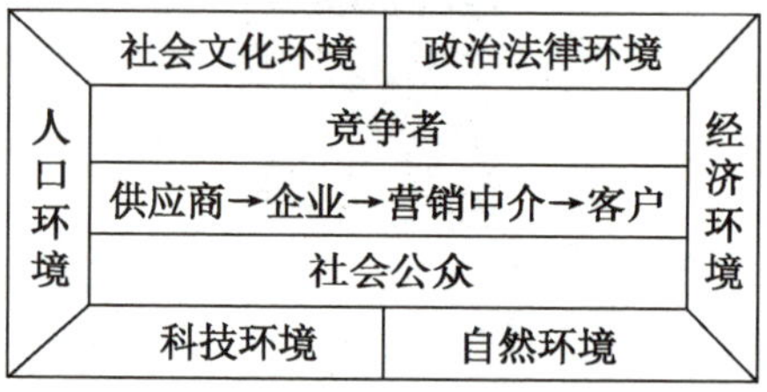

图2-1　营销环境的具体内容

二、营销环境的特征

1. 客观性

营销环境作为一种客观存在，并不以企业的意志为转移，是不可控的，有着自己的运行规律和发展趋势。营销管理者的任务在于适当安排营销组合，使之与客观存在的外部环境相适应。

2. 差异性

营销环境的差异主要指企业所处的地理环境、生产经营性质、政府管理制度等存在差异，不仅表现在不同企业会受不同环境的影响，而且表现在同一种环境对不同企业的影响也不尽相同。

3. 关联性

构成营销环境的各种因素和力量是相互联系、相互依赖的，共同决定着营销环境的变化。比如宏观经济环境中的法律因素变化，可能会影响行业竞争者加入的多少，从而带来行业竞争格局的变化。

4. 动态性

营销环境是一个动态系统。构成营销环境的因素是多方面的，不同因素在不同的时空范围内不断变化，此外，相同因素在不同时间对企业的影响也是不同的。例如，外界环境利益主体的行为变化和人均收入的提高，均会引起购买行为的变化，影响企业营销活动的内容。

5. 层次性

从空间上看，营销环境因素是一个多层次的集合：第一层次是企业所在的地区环境，如当地的市场条件和地理位置；第二层次是整个国家的政策法规、社会经济因素，包括国情特点、全国性市场条件等；第三层次是国际环境因素。这几个层次的外界环境因素与企业发生联系的紧密程度是不相同的。

三、微观营销环境

微观营销环境又称直接营销环境，是指与企业市场营销联系较为密切、直接的因素的总和。微观营销环境主要包括企业、供应商、营销中介、客户、竞争者和社会公众等因素，也包括影响企业服务其目标市场能力的各项因素，如图 2-2 所示。

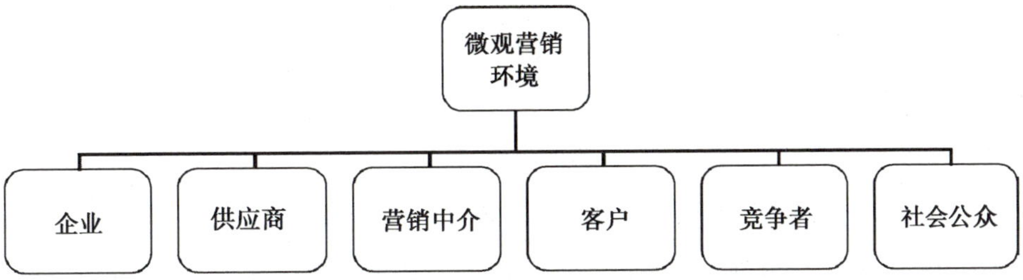

图2-2 微观营销环境

1. 企业

企业内部包括市场最高管理层、营销管理部门和其他职能部门。所有从内部影响企业的因素都称为内部环境。

2. 供应商

供应商是指向企业及其他竞争者提供生产与经营所需资源的单位和个人，如提供能源、原材料、设备、配件、劳务和资金等。

3. 营销中介

营销中介是为企业营销活动提供各种服务的企业或部门的总称。营销中介主要包括中间商、营销服务机构、物资分销机构、金融机构等，其主要功能是帮助企业推广和分销产品。

（1）中间商。中间商指把产品从生产者流向消费者的中间环节或渠道，主要包括批发商和零售商两大类。中间商对企业营销具有极其重要的影响，一般企业都需要与中间商合作，来完成营销目标。

（2）营销服务机构。营销服务机构指企业营销中提供专业服务的机构，包括广告公司、广告媒介经营公司、市场调研公司、营销咨询公司、财务公司等。这些机构会对企业的营销活动产生直接的影响，它们的主要任务是协助企业确立市场定位，进行市场推广，为推销活动提供便利。

（3）物资分销机构。物资分销机构指帮助企业进行保管、储存、运输的物流机构，包括仓储公司、运输公司等。物资分销机构的主要任务是协助企业将产品实体运往销售目的地，完成产品空间位置的移动。这些物流机构是否安全、便利、经济，直接影响企业的营销效果。

（4）金融机构。金融机构指企业营销活动中进行资金融通的机构，包括银行、信托公司、保险公司等。金融机构的主要功能是为企业营销活动提供融资及保险服务。在现代化社会中，任何企业都要通过金融机构开展经营业务。

4. 客户

客户是指使用进入消费领域的最终产品或劳务的消费者和生产者，也是企业营销活动的最终目标市场。 国际标准化组织将其定义为接受产品的组织或个人。现代营销强调把满足客户需要作为企业营销管理的核心。按照客户的购买动机，可将客户市场分为消费者市场、生产者市场、中间商市场、政府市场、国际市场。

（1）消费者市场。消费者市场指为满足个人或家庭消费需求而购买产品或服务的个人和家庭。

（2）生产者市场。生产者市场指为生产其他产品或服务，以赚取利润而购买产品或服务的组织。

（3）中间商市场。中间商市场指购买产品或服务，以转售并从中赢利的组织。

（4）政府市场。政府市场指购买产品或服务，以提供公共服务或把这些产品或服务转让给其他需要的人的政府机构。

（5）国际市场。国际市场指国外购买产品或服务的组织或个人，包括国外消费者、生产者、中间商及政府。

5. 竞争者

竞争者是指生产与本企业类似的产品或提供与本企业类似的服务，且目标消费群体也与本企业类似的其他企业，其产品与本企业产品有可替代关系。竞争者主要包括行业竞争者、愿望竞争者、品牌竞争者和形式竞争者四类，如图 2-3 所示。

（1）行业竞争者。行业竞争者指提供不同的产品以满足相同需求的竞争者。例如，摩托车、电动车、自行车、轿车都是交通工具，在满足需求方面是相同的，它们彼此间就是行业竞争者。

（2）愿望竞争者。愿望竞争者指满足客户的各种当前愿望，与企业争夺同一客户的所有其他企业。例如，消费者要选择一种万元消费品，可供消费者选择的有笔记本电脑、电视、数码摄像机、东南亚十国游等，这时，笔记本电脑、电视、数码摄像机、东南亚十国游之间就存在着竞争关系，彼此间成为愿望竞争者。

（3）品牌竞争者。品牌竞争者指生产相同规格、型号、款式的产品但品牌不同的竞争者。以电视机为例，海尔、长虹、TCL 等品牌就互为品牌竞争者。

（4）形式竞争者。形式竞争者指生产同类型但规格、型号、款式不同的产品的竞争者。如自行车中的电力动力自行车与燃油动力自行车、变速车与非变速车等，它们彼此间就构成了形式竞争者。

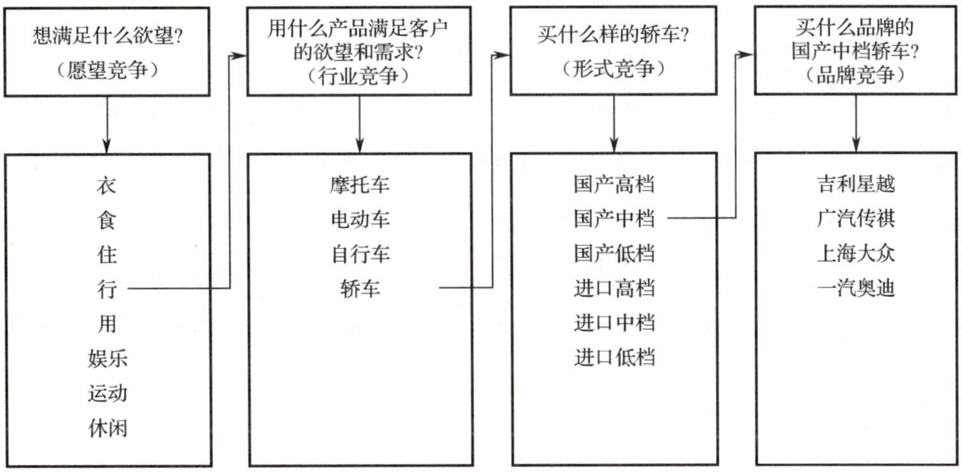

图2-3　竞争者类型

6．社会公众

社会公众是指对企业实现其营销目标构成实际或潜在影响的团体，包括以下几种。

（1）政府公众。政府公众指负责管理企业业务活动的有关政府机构。

（2）金融公众。金融公众指影响企业资金能力的各类团体，如银行、投资公司等。

（3）媒体公众。媒体公众指具有广泛影响力的大众媒体，如电视、广播、报纸等。

（4）市民行动公众。市民行动公众指各种保护消费者权益组织、环保组织、少数民族组织、宗教组织等。

（5）地方公众。地方公众指企业周边的居民群众、地方官员等。

（6）企业内部公众。企业内部公众指企业职工、各部门领导等。

（7）一般群众。

四、宏观营销环境

宏观营销环境是间接影响和制约企业营销活动的社会性力量和因素。企业所处的宏观环境不仅直接为企业的市场营销活动提供机会和威胁，而且通过影响企业的微观环境而间接地影响企业的经营活动。所以，企业在市场营销活动中要密切关注宏观环境，判断其发展变化趋势，努力做到适应宏观环境的变化，并且善于利用其中的机会，规避其中的威胁。影响企业市场营销活动的宏观环境因素主要包括人口环境、自然环境、经济环境、政治法律环境、科技环境、社会文化环境。

1. 人口环境

人是构成市场的重要因素。企业应重视对人口环境的研究，密切关注人口特性及其发展动向，及时地调整营销策略以适应人口环境的变化。影响企业市场营销的人口环境因素通常包括人口数量、人口分布、人口结构、人口质量四项。

（1）人口数量。企业首先要关注所在国家或地区的人口数量及其变化。总人口的数量是影响基本生活资料需求、基本教育需求的一个决定性因素，是决定市场规模的一个基本要素。我国2020年第七次人口普查结果显示，全国总人口约为14.117 8亿人，这是一个非常庞大的市场。

（2）人口分布。不同地区的人们因气候条件、地理位置、文化传统、生活习俗的不同而产生消费习惯和购买行为的差异。人口在不同地区的密集程度也是不同的，由此导致市场规模不同、需求情况不同。我国北方和南方、东部和西部消费者的消费习惯就存在着很大的差异。

（3）人口结构。人口结构是指将人口以不同的标准划分而得到的一种结果。构成这些标准的因素主要包括年龄、性别、人种、民族、宗教、教育程度、职业、收入、家庭人数等。第七次人口普查结果显示，我国60岁以上人口突破18.7%。这意味着我国逐渐步入老龄化社会，老年人市场很大。

（4）人口质量。人口质量又称人口素质，可分为身体素质、文化科学素质和道德素质三个因素。社会越发展，社会人口质量的总体水平也就越高。发达国家对奢侈品、保健品等产品的需求比较大，而发展中国家对生活必需品的需求比较大。

指点迷津

恩格尔系数

恩格尔系数是国际上通用的衡量居民生活水平高低的一项重要指标，是指食品支出总额占个人消费支出总额的比重。其主要内容是一个家庭收入越少，用于购买生存性食物的支出在家庭支出中所占的比重就越大。对一个国家而言，一个国家越穷，每个国民的平均支出中，用来购买食物的费用所占的比重就越大。

2. 自然环境

自然环境是人类的基本活动空间和物质来源。任何企业的生产经营活动都与自然环境息息相关，无论制造什么产品都需要原材料、能源和水等自然资源的供给。同时，企业的经营活动也影响自然环境的发展和再生过程。21世纪，自然环境恶化是人类社会面临的一个主要问题，企业必须寻找与环境协调发展的途径和方法。企业的营销活动要更有效、更合理地使用自然资源，尽量减少生产经营对环境的破坏和影响。

3. 经济环境

经济环境包括影响消费者购买力及支出模式的各种因素，而购买力是影响市场规模大小的要素之一。需要重点关注的主要经济因素包括以下几种。

（1）消费者收入。消费者收入包括消费者个人薪酬、奖金、馈赠、投资收益等收入，消费者的购买能力主要由收入决定。

（2）消费者的支出模式。消费者的支出模式会随着消费者收入水平的改变而改变。据调查，我国消费者收入偏低时，其收入的主要支出方向是食品和日用品；而当消费者收入不断增加后，其支出方向逐步增加了教育、社交、个人投资、房产、汽车、珠宝、奢侈品等。

（3）消费者储蓄和投资信贷情况。每个家庭和个人都会拥有或多或少的流动资产，如储蓄、债券、股票等可以迅速变现的资产。例如，在一定时期内，如果储蓄数额、股票投入等数量增加，那么可用于购买消费品的支出就会减少；如果储蓄数额、股票投入等数量减少，那么可用于购买消费品的支出就会增加。

4．政治法律环境

政治法律环境是影响企业营销的重要宏观环境因素，包括政治环境和法律环境。政治环境引导着企业营销活动的方向，法律环境则为企业规定经营活动的行为准则。

5．科技环境

科技的发展成为社会生产力最活跃的决定因素之一。知识经济为企业带来了机会与挑战，新科技的应用和发展对企业的发展产生了息息相关的影响，从而构成了影响和制约企业市场营销活动最为重要的宏观环境之一。如何妥善利用科学技术带来的市场机会和技术优势，已成为当今企业关注的一个重要问题。

6．社会文化环境

社会文化是指一个国家、地区或民族的传统文化，通常由信仰、习俗、价值观念、行为方式、社会群体及相互关系等内容所构成。人类在某种社会中生活，久而久之必然会形成某些特定的文化，包括价值观、世界观、道德规范、风俗习惯等。目前，许多企业都在研究本土化的问题。本土化的实质是跨国企业将生产、营销、管理、人事等全方位融入东道国经济中的过程，有利于跨国企业降低海外派遣人员和跨国经营的高昂费用，与当地社会文化融合，减少当地社会对外来资本的危机感。

案例 2-1

肯德基是来自美国中东部、靠卖炸鸡起家的洋快餐品牌。1987 年 11 月 12 日，第一家肯德基在北京前门开张。至 2020 年 9 月，肯德基在中国开的店突破 6 700 家，遍布中国 1 400 多个城市。

中国地域广阔、市场跨度大、差异显著，不同地区有不同的饮食文化和习惯，若要同时满足，难度并不小。但是，肯德基先后在北京推出类似北京烤鸭吃法的“老北京鸡肉卷”，又在上海推出各种“枸杞南瓜粥”“海鲜蛋花粥”等粥类，接着又针对全国市场推出油条、豆浆、K 记饭桶、小龙虾汉堡，后又上市麻辣香锅风味汉堡等产品。这些在品牌原产地都没见过的“中式产品”促使肯德基在中国站稳脚跟，在核心产品不变的同时，融合并创新国内食品，逐步实现产品本土化创新，深受消费者喜爱，从而占据了大量的中国市场。

课堂随笔

案例评析

在当前国内乃至世界经济格局下，随着全球经济交流日趋频繁，同类产品容易在某个市场达到饱和，同质化问题逐渐显现。品牌要想谋求长远且高质量的进一步发展，就必须关注不同市场的需求，进行本土化改良，从而达到品牌覆盖面的最大化。

想一想

中国出台《网络直播营销管理办法（试行）》的背景是什么？

五、环境威胁与市场营销机会

环境发展趋势可分为两大类：一类是环境威胁，另一类是市场营销机会。

1．环境威胁

环境威胁是指环境中一种不利的发展趋势所形成的挑战。如果不采取果断的市场营销行动，那么这种不利趋势将危害到企业的市场地位。高明的市场营销者应善于识别所面临的威胁，按其严重性和出现的可能性进行分类，并采取相应的行动，以避开威胁或将威胁造成的损失降到最低。

通常，企业面对威胁有三种对策。

（1）反抗，即试图限制或扭转不利因素的发展。

（2）减轻，即通过调整市场营销组合等来改善环境，以减轻环境威胁的严重性。

（3）转移，即决定转移到其他赢利更多的行业或市场。

案例2-2

1998年我国政府全面禁止传销后，雅芳、安利、玫琳凯等10家外资企业被批准采用“专卖店+雇用推销员”的方式转型经营。2005年直销法规《直销管理条例》出台后，转型企业的相关规定于2006年12月1日废止，如果企业没有申领到牌照，就不能以直销模式运作。直销研究专家认为，从出台的《取缔非法传销条例》和《直销管理条例》两部条例来看，更吻合市场发展的轨道。但对于直销的企业来说，却是各怀心事，因为它们面临的将是一次严重的环境威胁。各直销企业都试图在直销法规下探索出一种新的模式。

- 雅芳：积极配合中国政府进行直销法规的探索，最先拿到了在中国的直销牌照。
- 安利：在直销法规出台初期采取观望态度，经销商资源开始流失，业绩也随之下滑。
- 玫琳凯：推出“员工制”，高级推销人员全部转为员工，以此面对强大的转型压力。
- 完美：授权经销商开特许专卖店，突出连锁经营体系，面临商业模式转型问题。
- 百美：改名为苏州美伊娜多化妆品有限公司，转入百货店专柜销售。
- 娜丽丝：在市场上销声匿迹。

课堂随笔

案例评析

中国直销法规的颁布，让部分企业看到了市场机会，也让更多的直销企业感受到了威胁。企业是否能坚持走直销之路，并非完全由企业说了算，但企业的经营决策会决定企业的命运。

2. 市场营销机会

市场营销机会是指对企业市场营销管理富有吸引力的领域，在该领域内，企业将拥有竞争优势。市场营销环境的威胁和机会常常是并存的。市场营销人员的任务就是将消费者的需求转变为企业的商机，从而使企业赢利。

例如，2021 年中国睡眠研究会发布的调查报告显示，我国有超 3 亿人存在睡眠障碍，其中成年人失眠率高达 38.2%，这些人群中又以“90 后”“95 后”“00 后”的睡眠问题最为突出。有数据显示，预计 2030 年，我国睡眠产业的市场规模将突破万亿元。互联网催生的新兴职业和新型生活方式，让“睡眠时间”分化，不同群体、不同职业的睡眠时间都不再遵循一个模式，这进一步让消费者的需求延展，消费前移、睡前经济等开始走红。

案例 2-3

中国浙江吉利控股集团有限公司 2010 年 8 月 2 日在伦敦宣布，完成对美国福特汽车公司旗下沃尔沃轿车公司的全部股权收购。成为中国首个跨国汽车企业。截至 2020 年 10 月底，吉利汽车全球累计销量突破 1000 万辆，成为首个实现乘用车产销 1000 万辆的中国品牌车企。其最终目标是在 2025 年实现 20% 的国际化销量。

案例评析

这是一个传奇，一度被外界视为“穷小子”的吉利，上演了全球汽车业为之一惊的“蛇吞象”壮举。吉利成功收购沃尔沃成为中国汽车产业海外战略的关键性转折事件，颠覆了全球汽车业的传统秩序。吉利收购沃尔沃的案例说明，审时度势，抓住机会，就是成功获取了商机。

课堂随笔

六、SWOT分析

SWOT 分析是市场营销管理中经常使用的功能强大的分析工具，最早是由美国旧金山大学的管理学教授在 20 世纪 80 年代初提出来的：S 代表 Strength（优势），W 代表 Weakness（劣势），O 代表 Opportunity（机会），T 代表 Threat（威胁），详见图 2-4 ～图 2-6。

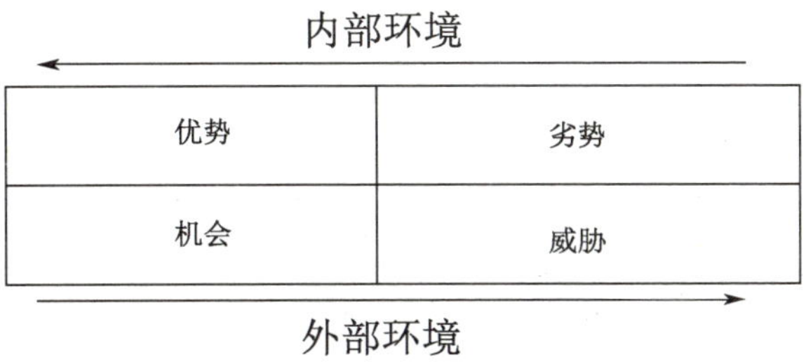

图2-4 SWOT分析矩阵

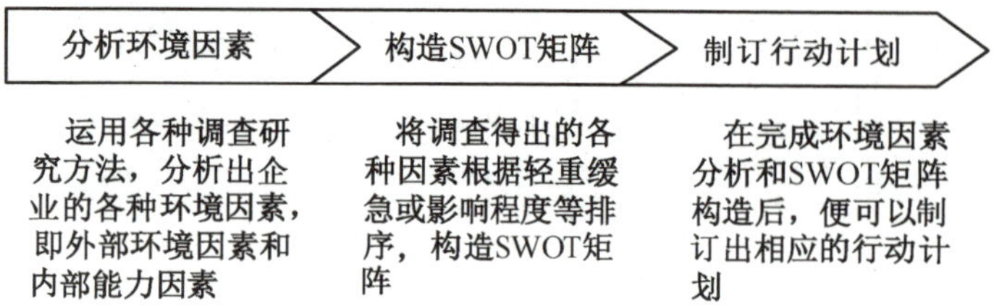

图2-5　SWOT分析步骤

		威胁水平 高	威胁水平 低
机会水平	高	冒险业务	理想业务
机会水平	低	困难业务	成熟业务

图2-6　环境综合评价

案例 2-4

媒体技术的迅速发展带来短视频、直播的异军突起。随着2019年“直播电商元年”的开启，直播带货蓬勃发展，直播电商规模持续增长。受新冠肺炎疫情影响，营销环境和消费环境发生巨大改变，传统线下销售被迫转至线上，直播销售额猛增，加快了新电商的数字化转型，同时也加速了直播带货的发展。直播带货的破圈效应以不可阻挡之势带动新一轮电商经济的升级和转型。例如，2020年4月13日，《人民日报》加入淘宝公益直播活动“我为湖北胖三斤”，51万只武汉鸭子在1秒内被抢光；5月1日，“央视Boys”首度同台直播带货，3小时成交5亿元；5月10日，央视新闻再度联合天猫、淘宝进行了“小朱配琦”第二季“国货正当潮”带货直播，近6 000万名网友观看，销售额超7 000万元。

案例评析

“电商＋直播带货”为什么会受欢迎呢？一是成本低，与传统的线下开店相比，直播带货省去了高额的门店租金和装修费用；二是受众广，通过直播平台的流量，可以为商家吸引到来自各地的消费者；三是展现更真实生动，尤其对于服装类、美妆类等消费频次较高的产品。

课堂随笔

想一想

如果你所就读的学校允许每个班在校内经营一个店面，那么你认为这项业务的开展存在着哪些优势、劣势、机会和威胁？

任务二　做好市场调查分析

要制定最佳短期战术决策和长期战略决策，营销人员需要及时而准确地通过市场调研获得消费者、竞争者及其品牌的可用信息。营销信息的获得及对信息意义的理解能够促进产品成功上市，或者推动品牌飞速增长。

一、市场调查的概念及作用

市场调查又称市场调研，是采用各类科学的调查方式，通过有组织、有计划地开展收集、整理、分析市场资料等活动，并出具调研报告，以便了解营销环境，发现问题和机会，作为市场预测和营销决策的依据。

市场调查的作用表现在以下三个方面。

（1）是认识市场、获得市场信息的基本方法，是科学决策的基础。

（2）是发现经营和管理中存在问题的重要手段。

（3）是市场预测的基础。

二、市场调查的类型

1. 根据购买目的分类

根据购买目的的不同，可将市场调查分为消费者市场调查和生产者市场调查。

消费者市场是最终产品的消费市场，其购买目的是满足个人或家庭生活的需要。进行消费者市场调查主要是为了了解消费者需求数量和结构及其变化，而消费者需求数量和结构的变化受到多方面因素的影响，如人口、经济、社会文化、购买心理和购买行为等。

生产者的购买目的是生产出新的产品或进行转卖，涉及流通领域和生产领域。生产者市场调查主要包括对产品的供应量、市场生命周期、流通渠道等方面进行调查。

2. 根据流通环节分类

根据流通环节的不同，可将市场调查分为批发市场调查和零售市场调查。

商品批发是进一步转卖或供给生产加工而进行商品出售的交易行为。批发市场调查主要是对商品批发交易的参与者、商品批发购销形式、批发市场的数量和规模、商品批发流转环节的不同层次等方面进行调查，进而了解批发市场的商品交易状况，分析批发市场的商品流通数量、流通渠道、商品流向等。

零售市场是为了满足个人或社会组织生活消费的商品交易市场。零售市场调查主要是调查零售市场的商品产销服务形式、零售商业网点分布状况及其发展状况、消费者在零售市场上的购买心理和购买行为、零售商品的数量和结构等。

3. 根据其他标准分类

根据产品层次的不同，可将市场调查分为物质产品市场调查和服务市场调查。物质产品市场是指买卖对象为实物产品的市场，如食品类、衣着类、家电类等。服务市场是指买卖对象为服务产品的市场，如医疗保健类、娱乐教育类、文化服务类、金融保险类等。

根据空间层次的不同，可将市场调查分为国际市场调查和国内市场调查。

根据时间层次的不同，可将市场调查分为经常性、一次性、定期性市场调查。

根据调查对象范围的不同，可将市场调查分为全面调查和非全面调查。

三、市场调查的基本方式

1. 根据调查样本的产生方式分类

根据调查样本产生方式的不同，可将市场调查方式分为市场普查、抽样调查、重点调查和典型调查四种。

（1）市场普查。市场普查指对与市场调查指标有关的所有目标进行调查，即对所要了解的调查对象全体进行逐一的、普遍的、全面的调查。市场普查是全面收集市场信息，从而获得较为完整的、系统的信息资料的调查方法。

（2）抽样调查。抽样调查指从市场调查对象中随机抽取或根据调查要求制定的抽样规则抽取出一部分作为样本进行调查，然后根据样本信息，推算出市场总体情况的调查方法。抽样调查是市场调查中的常见形式。

（3）重点调查。重点调查指在调查对象中选定少数重点对象进行调查。所谓重点对象，是指在总体对象中处于重要地位的调查对象，或者在某项标志总量中占很大比重的对象。重点调查的方式较易选定为数不多的重点对象，能够以较少的人力和物力、较快的速度掌握调查对象的基本情况。

（4）典型调查。典型调查指从调查对象中有意识地选择部分具有典型性或代表性的调查对象作为典型，进行深入、系统调查的调查方式。

2. 根据市场调查方法分类

根据市场调查方法的不同，可将市场调查方式分为实地调查法、文案调查法、问卷调查法三种。

（1）实地调查法。实地调查法指通过调查人员直接到市场或相关场所，如经销商年会、产品展销会、产品订货会、产品博览会、超市、商店等，采用耳闻目睹、访问访谈或借助科学观察工具等方式，收集、记录和整理当时正在发生的、处于自然状态下的市场现象有关资料的调查方法。

（2）文案调查法。文案调查法是一种间接调查法，指利用调查者内部和外部现有的各种资料、信息、情报，以查阅和归纳的方式收集和整理所需资料的调查方法。

（3）问卷调查法。问卷调查法指运用统一设计的调查问卷，以面对面、电话、邮寄调查表格、网络等方式，求得被调查者填写问卷，来收集市场有关资料的调查方法。问卷调查法是目前常用的调查方法。

① 一份正式的调查问卷一般包括以下三个组成部分。

第一部分：前言，主要说明调查的主题、目的、意义，以及向被调查者表示感谢。

第二部分：正文，是调查问卷的主体部分，一般设计若干问题要求被调查者回答。

第三部分：附录，可以将被调查者的有关情况加以登记，为进一步的统计分析收集资料。

② 调查问卷的提问方式有以下两种。

一是封闭式提问，就是在每个问题后面给出若干个选择答案，被调查者只能在这些备选答案中选择。

二是开放式提问，就是允许被调查者用自己的话来回答问题。由于采取这种方式提问会得到各种不同的答案，不利于进行统计分析，因此在调查问卷中不宜过多设置。

③ 在设计调查问卷时，设计者应该注意遵循以下基本要求。

一是问卷不宜过长，问题不能过多，一般控制在 20 分钟左右回答完毕。

二是应能够得到被调查者的配合，充分考虑被调查者的身份背景，不要提出对方不感兴趣的问题。

三是要有利于使被调查者做出真实的选择，因此答案切忌模棱两可，以导致对方难以选择。

四是不能使用专业术语，也不能将两个问题合并为一个，否则可能得不到明确的答案。

五是问题的排列顺序要合理，一般先提出概括性的问题，逐步启发被调查者，做到循序渐进，将比较难回答的问题和涉及被调查者个人隐私的问题放在最后。

六是提问不能有任何暗示，措辞要恰当。

七是为了有利于数据统计和处理，调查问卷最好能直接被计算机读入，以节省时间，提高统计的准确性。

案 例 2-5

联想计算机市场问卷调查表

大家好！我们是联想计算机的代理商，想了解大学生对联想计算机的评价，并以此为依据来调整我们的经营决策，更好地满足大家的要求，尽力提供大家喜欢的类型，让大家买到称心如意的计算机。因此希望各位能够认真评价，更希望大家能提出详细且宝贵的意见，并尽快回复——大家的关心是对我们最大的帮助，谢谢参与。

1. 您的性别：

A. 男　B. 女

2. 您会选择哪种款式的计算机？

A. 台式　B. 笔记本

3. 您选择计算机时最关心：(可多选)

A. 价格便宜　B. 性能好

C. 款式好看　D. 质量好　E. 其他

4. 您理想的购机价位为：

A. 3 500 元以下　B. 3 500 ～ 5 000 元

C. 5 001 ～ 7 000 元　D. 7 000 元以上

5. 您是否了解联想计算机？

A. 不了解　B. 一般了解　C. 了解　D. 很了解

6. 您在哪里得到过联想计算机的相关信息？（可多选）

A. 报纸或杂志　B. 电视媒体广告　C. 亲朋好友介绍　D. 其他

7. 您是否看过联想计算机的广告？

A. 是　B. 否

8. 您对联想计算机的广告看法如何？

A. 差　B. 一般　C. 好　D. 很好

9. 您是否满意联想计算机的售后服务？

A. 满意　B. 一般　C. 不满意

10. 您对联想计算机的意见或建议：(可多选，最好能加上自己的观点)

A. 价格要便宜　B. 外形要改进　C. 售后服务要改进　D. 质量要提高

课堂随笔

四、市场调查的主要内容

市场调查的内容主要包括以下几个方面。

（1）市场基本环境调查：包括政治法律环境、经济环境、社会文化环境、自然环境等。

（2）市场需求调查：包括人口数量、购买力、消费者结构、购买动机与行为等。

（3）市场供给调查：包括产品供给来源、产品供应能力、产品供应范围等。

（4）市场营销活动调查：包括产品、价格、分销和促销等。

（5）竞争者调查。

五、开展市场调查的步骤

如何开展一次有效的市场调查呢？通常按照如图 2-7 所示的步骤来操作。

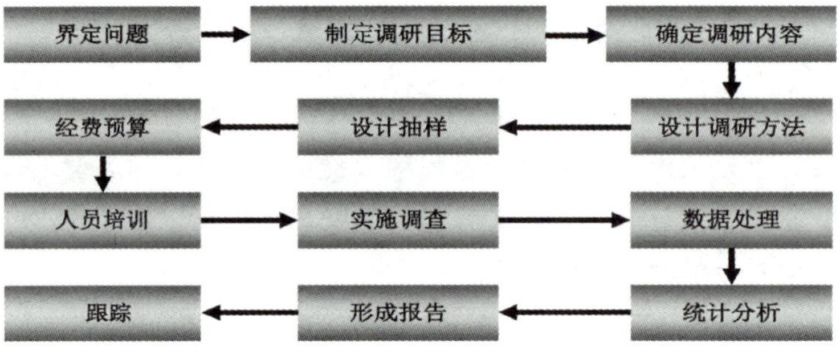

图2-7　市场调查的步骤

以下是以一位消费者的身份描写的在北京被某洋品牌“调查”的全过程。

一个暑假，我们一行三人来到北京旅游。一天，骄阳似火，几乎快将整个京城烤焦。在北海公园的树荫下，我们准备休息片刻。这时，一位衣着典雅脱俗，看上去文静、清秀的姑娘微笑着朝我们走来说：“今天好热，女士们想喝点、吃点什么？”“谢谢！”我们中有两人同时回话。那位姑娘紧接着说：“我是北京商学院的学生，暑假里被 ×× 公司聘为临时职员，公司为了征求中国消费者对公司产品的意见，在这个公园内设置了免费品尝点，还准备了一些免费饮料。”那位姑娘指着公园东南侧的小餐厅说：“各位能否支持一下我的工作？谢谢。”

我们随着这位姑娘走进了餐厅。餐厅内是大理石地面、奶白色墙纸、粉红色窗帘，两边墙上各有一排古铜色、方形的红运扇，正面墙上挂着巨大的迎客松图，20 多张大圆桌上铺着洁白的桌布，宽大明亮的窗户外是翠绿婆娑的修竹……这儿的一切使人感到仿佛身处春天。

待我们盥洗完毕，一位衣冠楚楚的男士彬彬有礼地请我们就座，并在每个人面前都摆放好以塑料袋盛装的白毛巾，随之送上苏打饼干和白开水，以消除口中异味，片刻又送上油亮嫩黄的鸡块。

品尝后，一位女士开始发问：“您觉得这个鸡块做得老了还是嫩了？”“鸡块外表是否酥脆？”“鸡块水分多了还是少了？”“胡椒味重了还是轻了？”“是否应加点辣椒？”“味精用量如何？”“还应加点什么作料？”“鸡块大小是否合适？”“这个鸡块卖9元是贵还是便宜？”……其项目十分详细，令人惊叹。“那么，您对餐厅设计有什么建议呢？”她边说边拿出一大本彩色画册，显示了各种风格、色调和座位布置的店堂设计。她一边翻着画册，一边介绍着这个餐厅的设计，并不时问我们一些问题，如对墙壁、窗户的色调和图案的意见，对座椅靠背高低的意见，对座次排列疏密的意见，对室内光线明暗的意见等。

为了使气氛更轻松愉快，她还聊起了北京的天气和名胜古迹，之后，谈话很自然地又引入她的需要。“您认为快餐店设在北京的哪个位置最好？”“像您这样经济状况的人每周可能光顾几次？”“您是否愿意带家人一起来？”最后，她询问了我们的地址、职业、收入、婚姻和家庭状况等。

整个询问过程不到20分钟。那位女士几乎收集到了我们能够给予的全部信息。临行前，引我们入座的那位男士又给我们每人送上一袋热腾腾的炸鸡。“带给您的家人品尝吧，谢谢您的帮助！”他轻声说道。

从以上这位消费者的切身体验可以看出，该品牌的这次调查是精心设计的，并对调查人员做了事前培训。

做任何一次市场调查前，都需要做好相应的准备工作。只有前期做好了充分的准备，调查获得的信息才能比较准确。

任务三　做好消费者行为分析

要对消费者行为进行分析，首先要思考以下几个问题。

Who——谁是目标消费者和潜在消费者？

What——他们想要什么？

Where——他们在何处购买？

When——他们在何时购买？

Why——他们为什么购买？

How——他们怎样制定购买决策？

一、消费者购买行为分析

消费者购买行为是指消费者为满足其个人或家庭生活需要而发生的购买产品的决策过程。企业通过研究消费者的购买行为，掌握其规律，从而制定出有效的市场营销策略，实现企业营销目标。

1．消费者购买行为的特点

（1）购买者多而分散，往往分批、多次、少量购买。消费者购买行为涉及每个人和每个家庭，人数众多。由于消费者所处的地理位置各不相同，闲暇时间不一致，造成购买地点和购买时间的分散。

同时，消费者购买以个人或家庭为单位，由于受到消费人数、需求量、购买能力、产品保质期等诸多因素的影响，消费者购买时往往选择分批、多次、少量购买。

（2）购买差异大，大多属非专家购买。消费者因受年龄、性别、职业、收入、受教育程度、宗教信仰等因素的影响，其消费需求存在着较大的差异。随着社会经济的发展，消费者的消费习惯、消费观念、消费心理都在不断地发生变化，进一步加剧了消费者购买的差异性。

同时，大多数消费者缺乏相应的专业知识及价格和市场信息，特别是面对一些科技含量高、操作复杂的产品时显得尤为明显。故而在多数情况下，消费者购买时受情感的影响较大。因此，许多消费者很容易受到广告宣传、产品包装及其他促销方式的影响，从而产生购买冲动。

（3）购买的流动性大且存在周期性。在市场经济比较发达的今天，人口在地区间的流动性较大，因而导致消费者购买的流动性很大，消费者的购买行为常常在不同产品、不同地区及不同企业之间流动。

对于某些产品，消费者需要常年购买、均衡消费，如日常用品、食物等生活必需品；对于某些产品，消费者需要按季节购买或在节日购买，如时令服装、节日礼品等；对于某些产品，消费者需要等产品损坏或需要更新时才考虑重新购买，如手机、家电、汽车等。这些都表现出消费者购买行为存在一定的周期性。

（4）购买呈现出时代特征和发展趋势。消费者常常受到时代精神、社会风俗的影响，而产生一些新的需要。例如，中国互联网络信息中心统计显示，截至2020年12月，我国网民规模达9.89亿人，互联网普及率达70.4%。2020年，我国游戏市场实际销售收入2 786.87亿元，较2019年增加了478.1亿元。另外，网购、直播、外卖、网约车等行业依然保持较快增长。截至2020年12月，我国网络购物用户规模达7.82亿人，占网民规模的79.1%。我国网上外卖用户规模达4.19亿人，占网民规模的42.4%。

案例 2-6

2021年7月21日，鸿星尔克官方微博宣布向河南捐赠5 000万元物资。7月22日晚，有网友评论“感觉你都要倒闭了还捐这么多”，引起网民共鸣，推动话题“鸿星尔克的微博好心酸”冲上微博热搜榜第一名，舆论迅速发酵。同日，鸿星尔克淘宝直播间观看人次超过200万，单场直播带货的销售额超1 022万元。鸿星尔克在抖音直播间创造的销售额也超过了1 500万元。7月23日下午，鸿星尔克官方微博显示，微博会员已经被赠送到了2140年。7月23—24日，鸿星尔克品牌官方旗舰店淘宝直播间销售额突破1.07亿元，总销售量64.5万件，直播间观看人次近3 000万。同一时间段，鸿星尔克抖音直播间点赞量达4.2亿次，成为抖音直播最高纪录，鸿星尔克3个抖音直播间的累计销售额超过1.3亿元。7月24日，有网友质疑鸿星尔克为外资公司。7月25日，知名媒体人发文，提出对鸿星尔克捐款的质疑。同日，鸿星尔克官方微博做出相关回应，郑州慈善总会和壹基金也在当天证实鸿星尔克捐款事宜。7月26日，中央纪委国家监委网站发布评论称，鸿星尔克爆红是“善引发善的动人故事”。7月26日，浙江杭州、江西婺源、湖北黄冈等地旅游景区，以及湖南省岳阳市和平江县的文化旅游部门宣布，穿“鸿星尔克”鞋可优惠甚至免费参观景区。

案例评析

从7月22日相关话题登上微博热搜以来，鸿星尔克官方对于敏感舆情的处理非常迅速得当。针对网民的“野性消费”，鸿星尔克董事长吴荣照多次发声表达对网友支持的感谢，同时也呼吁网民要理性消费，避免对其他国货品牌造成困扰。有关对其捐款问题的质疑，鸿星尔克官方也在第一时间联合相关机构发布了详细的物资捐赠说明，可以说为相关部门和单位提供了教科书式的示范。鸿星尔克捐款事件舆情发酵，热度飙升，这正是国人对善良价值的一种坚守，彰显了团结一心的力量。对鸿星尔克的支持，彰显了中华民族几千年流传下来的崇德向善文化的重要内涵。

课堂随笔

2．影响消费者购买行为的因素

消费者的购买行为取决于他们的需要和欲望，而人们的需要和欲望，以及消费习惯和行为，是在许多因素的影响下形成的。这些因素包括社会因素、文化因素、个人因素和心理因素。

（1）社会因素。消费者的购买决策过程受到环境因素的影响。环境因素是指消费者各种社会因素的综合体，包括各种事物、地点，以及对消费者的认知与行为产生影响的社会群体和事物，如家庭、参照群体、社会阶层、文化因素等。

案例 2-7

汉口某市民按原计划奖励考上大学的女儿2 000元，很快，女儿就用2 000元买了一部手机。过了几天，女儿跟她说大学同学都购买了笔记本电脑等，所以她也给女儿购买了一台。这一下子又花了6 000多元，加上入学前她为女儿置办的1 000多元的衣物，总花费已经近万元。

案例评析

当消费者处在中学时代时，消费行为受家庭的影响最大。进入大学后因接触面更广，影响因素更多，参照物也与中学时相比发生了改变。

课堂随笔

（2）文化因素。文化是人类欲望和行为的基本决定因素，是在社会中成长的人通过家庭和社会组织的社会活动学习到一系列社会认可的基本价值、知觉、偏好和行为准则的整体观念。每种文化都可按民族、宗教、种族、地理、职业、性别、年龄、语言等标准进行划分，能为其成员提供更为具体的认同感和社会化的亚文化群体，如民族群体、宗教群体、种族群体、地域群体、女性群体、“90 后”等。

（3）个人因素。消费者的购买决策过程也受到各种个人因素的影响。这些因素有经济条件、生命周期、生活方式、个性等。

案 例 2-8

唯品会曾联合其他机构共同发布《中国中产女性消费报告》。唯品会在《中国中产女性消费报告》中提出了中国中产女性的五大消费趋势：对品牌最敏感，也对价格最敏感；信息获取碎片化，但获取渠道固定化；自我意识觉醒，消费更自主、更悦己；购物有阶层认同诉求，追求从“有用”到“有品”；“无形消费”重投入。唯品会在报告中表示，在新时代的消费背景下，理性消费和跟风式消费并行成为当今消费新趋势；在旧需求上也对品质有了更高的追求；硬需求趋同和软需求提档也是消费心理转变的体现，但无论怎样，消费者始终不变的一点就是对“好货不贵”的核心诉求。

案例评析

从唯品会发布的《中国中产女性消费报告》中可以看出，当前各线城市中产女性消费都呈现升级的趋势，女性消费市场仍蕴藏着无限可能。对于受众为女性的商家而言，在理性消费时代一定要紧抓“性价比”与“品质”两大关键要素，从而满足消费者不断升级的消费需求。

课堂随笔

（4）心理因素。消费者的购买决策过程受消费者心理活动过程的影响。所谓消费者心理活动过程，是指消费者在购买决策中支配购买行为的心理活动的整个过程。影响消费者心理活动的主要因素有动机、认知、学习和态度等。

动机是一种升华到一定程度的需求，它能够引导人们去寻求满足需求的目标。美国心理学家亚伯拉罕·马斯洛认为，人是有欲望的动物，需要什么取决于已经有了什么，只是尚未被满足的需要才影响人的行为，即已满足的需要不再是一种动因；同时，他认为人的需要是以层次的形式出现的，按其重要程度依次为生理需要、安全需要、社交需要、尊重需要和自我实现需要，如图 2-8 所示。只有最低层次的需要被满足后，较高层次的需要才会出现并希望得到满足。

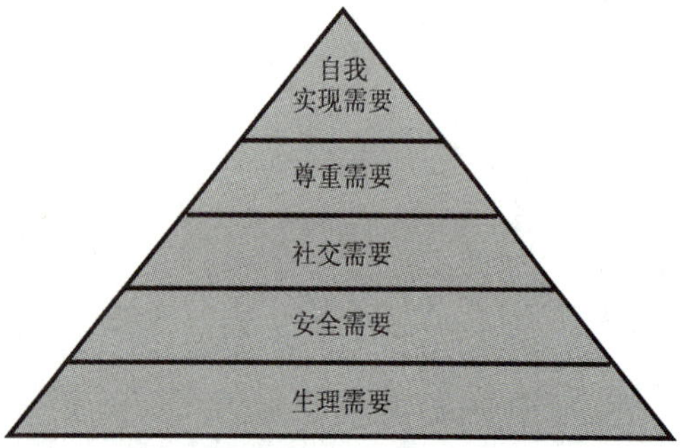

图2-8　马斯洛需要层次结构

而所谓消费者的购买动机，是指消费者为了满足自己一定的需要而引起购买行为的愿望或意念，是能够引起消费者购买某产品或服务的内在动力。

通常情况下，消费者的购买动机由以下三种要素组成：需要驱使；刺激强化；目标诱导。其中，目标诱导是指消费者在接受众多的刺激时，能够引起注意、促成购买行为的目标产品的诱发作用。

认知是消费者对产品或服务的感觉、知觉、记忆与思维的总和。消费者是否采取行动、怎样采取行动及采取什么样的行动，都会受到认知的影响。

学习是消费者在购买和使用产品过程中不断获得知识、经验和技能，不断完善其购买行为的过程。

态度是消费者在购买或者使用产品的过程中对产品形成的反应，即对产品的好坏、优劣、肯定与否定的情感反应。

3．消费者购买决策过程分析

消费者在购买产品的过程中往往扮演着不同的角色，这些角色的类型包括如下几种。

（1）发起人。发起人指首先提出或有意向购买某产品或服务的人。

（2）决策人。决策人指对是否买、为什么买、怎么买、在哪里买等方面的决定做出全部或部分最后决定的人。

（3）实际购买人。实际购买人指实际采购的人。

（4）实际使用人。实际使用人指实际使用或者消费产品或服务的人。

案例 2-9

一家 B2C 网上商城的创始人陈某在接受媒体访问时谈到了他眼中的女性消费者。陈某介绍，女性消费者占其消费者总量的多数，服务好众多的女性消费者实属不易。在实际消费中，女性消费者的退货比男性消费者多。尽管女性消费者“更难对付”，但是未来的重点客户仍然是她们。因为女性消费者在家庭中不仅对自己所需的产品进行购买决策，同时还以母亲、女儿、妻子、主妇等多种角色进行购买决策。

案例评析

女性消费者不但数量庞大，而且在购买中起着决定性的作用。众所周知，有两类消费者的钱好赚：女人和孩子。而孩子的消费购买权也往往由母亲来掌握。所以，在营销过程中要好好地服务好女性这个消费群体。

课堂随笔

通常情况下，在复杂购买行为中，消费者的购买决策过程由产生需求、信息收集、方案评估、购买决策和购后行为五个阶段构成，如图 2-9 所示。

消费者的购后行为模式如图 2-10 所示。

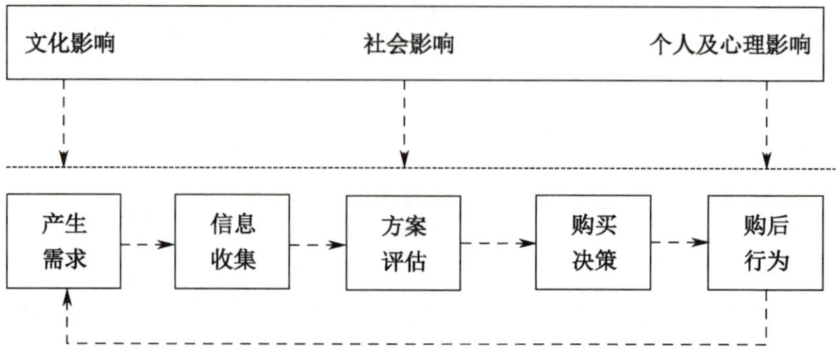

图2-9　消费者的购买决策过程

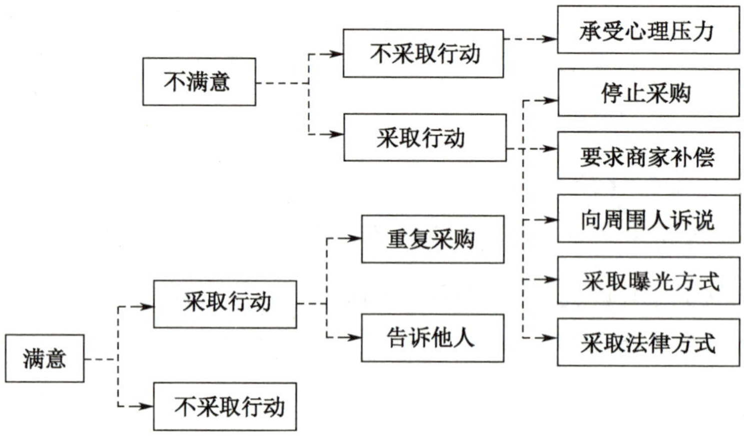

图2-10　消费者的购后行为模式

指点迷津

德国大众汽车公司调查数据

（1）1 个满意的客户会将他的经历讲给 3 个人听。

（2）1 个不满意的客户会将他的经历讲给 15 个人听。

（3）在 26 个不满意的客户中，只有 1 个人会公开抱怨，其余 25 个人会默默地去选择另一个品牌。

（4）3 次不愉快的经历，需要 7 次愉快的经历来消除。

（5）开发 1 个新客户的成本约等于留住 6 个老客户。

4．消费者购买类型分析

（1）习惯型。此类型的消费者由于对某种产品或某家商店的信赖、偏爱而产生经常、反复的购买行为。由于经常购买和使用，他们对这些产品十分熟悉，体验较深，再次购买时往往不再花费太多时间进行比较选择，注意力稳定、集中。

（2）理智型。此类型的消费者在每次购买前要对所购的产品进行较为仔细的研究和比较，购买时感情色彩较少，头脑冷静，行为慎重，主观性较强，不轻易相信广告、宣传、承诺、促销方式及售货员的介绍，主要依据产品质量、款式。

（3）经济型。此类型的消费者购买时特别重视价格，对于价格的反应特别灵敏。无论是选择高档产品，还是购买中低档产品，首要考虑因素都是价格，对“大甩卖”“清仓”“血本销售”等低价促销很感兴趣。一般来说，这类消费者的消费习惯与自身的经济状况有关。

（4）冲动型。此类型的消费者容易受产品的外观、包装、商标或其他促销手段的刺激而产生购买行为。购买一般都以直观感觉为主，从个人的兴趣或情绪出发，喜欢新奇、新颖、时尚的产品，购买时不愿做反复的选择和比较。

（5）疑虑型。此类型的消费者具有内倾性的心理特征，购买时小心谨慎或疑虑重重，一般做决策较缓慢、费时多。他们常常“三思而后行”，会因犹豫不决而中断购买，购买后还会疑心是否上当受骗。

营销人员要善于观察客户的购买行为，针对不同购买类型的客户采取不同的营销策略，更好地把握机会，达成交易。

议一议

如何看待女性“悦己消费”量逐年攀升？

女性“悦己消费”首先是悦己，让自己感觉浑身愉悦；其次是悦人，让家人、同事等周围人开心。女性“悦己消费”量逐年攀升，拉动了社会整体消费水平，尤其是图书、美容、鲜花、健康、服装、游泳等相关行业，女性消费者更是蜂拥而至。

二、组织购买行为分析

1．组织市场的构成

组织市场是指工商企业为从事生产、销售等业务活动，以及政府部门和非营利性组织为履行职责而购买产品和服务所构成的市场。它可分为四种类型：生产者市场、中间商市场、政府市场、非营利性组织市场。

（1）生产者市场是指购买产品或服务用于制造其他产品或服务，然后销售或租赁给他人以获取利润的单位和个人所构成的市场。

（2）中间商市场是指购买产品用于转售或租赁以获取利润的单位和个人所构成的市场。

（3）政府市场是指为了执行政府职能而购买或租赁产品的各级政府和下属部门所构成的市场。

（4）非营利性组织市场是指为了维持正常运作和履行职能而购买产品和服务的各类非营利性组织所构成的市场。

2．组织市场的特征

组织市场与消费者市场相比，具有以下特征。

（1）购买者的数量较少，但购买量较大。组织市场在总交易量、每笔交易的当事人数、经营活动的规模和多样性、生产阶段的数量和持续时间等方面要比消费者市场大得多、复杂得多。

（2）组织市场的需求具有派生性，即最终取决于消费者市场的需求。组织市场的需求是从组织市场到消费者市场各增值阶段一系列需求的派生。例如，出版社对纸张的需求取决于消费者对书籍和杂志的需求；皮鞋生产企业（制鞋商）对皮革的需求取决于消费者对皮鞋的需求，如图 2-11 所示。

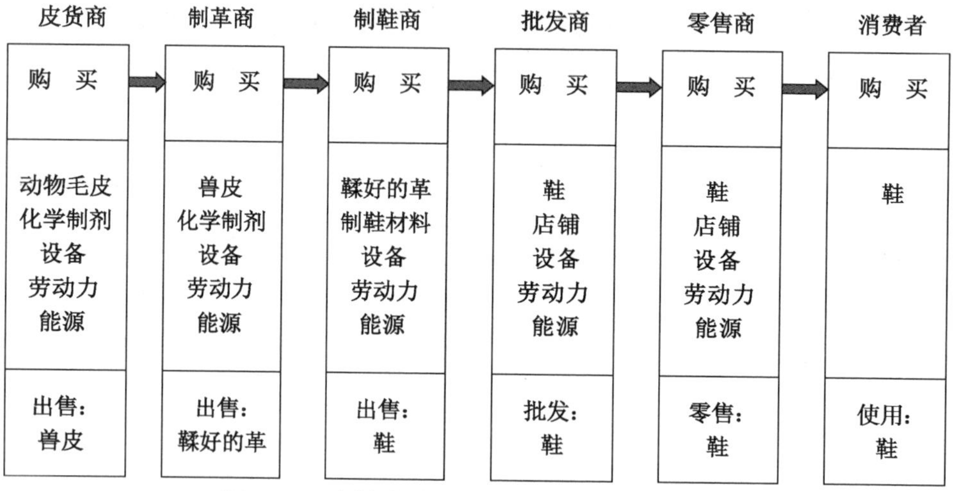

图2-11 皮鞋生产和分销的组织交易过程

（3）组织市场的许多需求缺乏弹性，有较明显的波动性。组织市场对产品或服务的总需求量受价格波动的影响较小。在短期内，组织市场的需求无弹性，因为组织不可能随时对其生产方式或运营模式做很多改变。

（4）购买专业性强，采取直接购买方式。由于购买金额较大，产品技术性能较为复杂，所以参与者较多，需要专业人员进行采购。在交易过程中，供需双方经常联系，所以关系密切。

（5）购买者在地理区域上相对集中。

组织市场购买决策的过程如图 2-12 所示。

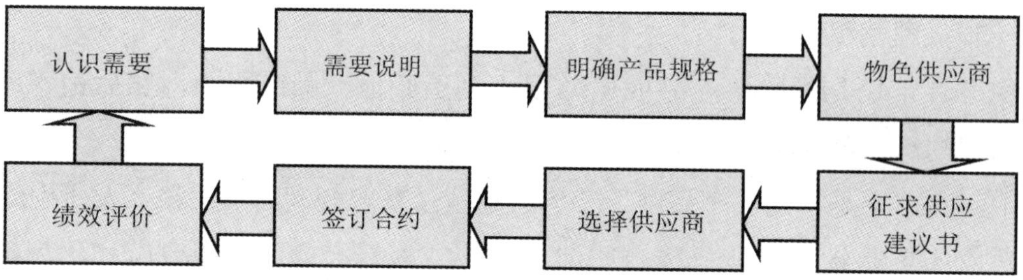

图2-12 组织市场购买决策的过程

① 认识需要：组织认识自己的需要，明确所要解决的问题。

② 需要说明：组织确定所需产品或服务的特征和数量。

③ 明确产品规格：组织说明所需购买产品的品种、性能、特征、数量和服务，写出详细的技术说明书，作为采购人员的采购依据。

④ 物色供应商：采购人员根据技术说明书的要求寻找和调查符合要求的供应商。

⑤ 征求供应建议书：组织邀请合格的供应商提交供应建议书并反复沟通相关事宜。

⑥ 选择供应商：组织对供应建议书加以分析评价，确定供应商。

⑦ 签订合约：组织根据购买产品的技术说明书、需求量、交货时间、退货条件、担保书等内容与供应商签订最后的订单合约。

⑧ 绩效评价：组织在购买和使用后对所选供应商的绩效加以评价，以决定是否维持、修正或中止供应关系。

任务四　做好目标市场分析

企业不可能在大型、广泛或多样的市场中与所有消费者建立联系，因此需要识别细分市场，以便能够有效地为消费者服务。正确识别和满足细分市场通常是营销成功的关键。企业可按照消费者欲望与需求把因规模过大导致企业难以服务的整体市场划分成若干具有共同特征的子市场，处于同一细分市场的消费群体被称为目标消费群体。它是由卖方市场转化为买方市场这一市场形势下，企业营销思想和营销战略的发展，更是企业贯彻以消费者为中心的现代市场营销观念的必然产物。

一、辨认市场细分

市场细分的概念由美国市场学家温德尔·史密斯于20世纪50年代中期提出。市场细分是指通过市场调研，依据消费者的欲望和需求、购买行为和消费习惯等方面的差异，将某个产品市场整体划分为若干具有共同特征的消费群体市场的过程。

市场细分的结果是整体市场被划分为若干子市场（细分市场或消费群体）。同一细分市场中的消费者需求有更多的共性，而不同的细分市场之间的消费者需求则有较大的差异性。

市场细分化是根据消费者的不同需求来划分的，不是通过产品分类来划分的，所以市场细分化的对象是消费者而不是产品。

1．市场细分的作用

（1）有利于企业发现市场机会。消费者对产品的需求存在着某些共性，也存在着某些差异性。通过市场细分，从需求的差异入手，企业能够发现哪些需求已经被满足，哪些需求还没有被满足，从而开发出新的市场机会。

（2）有利于掌握目标市场的特点。不进行市场细分，不认真区别各个细分市场的需求特征，就不能进行有针对性的营销。

（3）有利于制定市场营销组合策略。市场营销组合策略是企业综合考虑产品、价格、销售渠道和促销形式等因素而制定的市场营销方案。对于某个具体的市场而言，只有一种最佳的营销组合策略。

（4）有利于提高企业的竞争力。企业的竞争力由于受到客观因素的影响而存在着差别，通过市场细分之后，这种差别可以得到改变，因为竞争者很难在所有的细分市场上都保持优势。

案例2-10

麦当劳针对亚洲城市客户的需求，不断进行市场细分，调整目标消费者，提供的服务和品牌形象在一天的各个时段中不断变化。早餐：针对希望有安静用餐地点的年轻专业人士和经理；午餐：针对希望能迅速解决午餐的年轻职业者和办公室职员；下午茶：针对没有课的学生和不上班的年轻人；晚餐：针对下班晚，希望吃顿丰盛晚餐的人；晚餐后：针对中学生和年轻情侣；周末：针对孩子和他们的父母。

2．市场细分的标准

市场之所以可以细分，是由于消费者的需求存在差异性。引起消费者需求差异的变量很多，概括起来主要有四类：地理变量、人口变量、心理变量、行为变量。以这些变量为依据来细分市场就产生出地理标准、人口标准、心理标准和行为标准四种市场细分标准。

（1）地理标准。可根据消费者所处的地理位置，如国家、地区、城市规模、气候、人口密度、地形地貌等方面的差异，将整体市场细分为不同的子市场。

处在不同地理位置的消费者对于同一类产品往往有不同的需求与偏好，他们对企业采取的营销策略与措施也会有不同的反应。

在中国，南方人大多喜欢吃辛辣的食品，而北方人则大多偏爱吃面食。

美国通用食品公司根据美国东西部地区消费者对咖啡口味的不同需求（东部消费者偏爱口味清淡的咖啡，而西部消费者偏好口味醇厚的咖啡），分别推出不同的产品。

（2）人口标准。可根据人口统计变量，如性别、年龄、收入、职业与受教育程度、家庭生命周期、家庭规模、宗教信仰、种族、国籍等，将整体市场细分为不同的子市场。

① 性别。男性与女性在产品需求与偏好上有很大不同，如在服饰、生活必需品等方面均有差别。

② 年龄。不同年龄的消费者有不同的需求特点。

③ 收入。高收入消费者与低收入消费者在产品选择、休闲时间安排、社会交际与交往等方面都会有所不同。

④ 职业与受教育程度。消费者职业、所受教育不同，由此引起的需求也会有较大差别。

⑤ 家庭生命周期。一个家庭，按年龄、婚姻和子女状况，可划分为五个阶段：单身阶段、新婚阶段、满巢阶段、空巢阶段、孤独阶段。在不同阶段，家庭购买力、家庭成员对产品的兴趣与偏好会有较大差别。

不同年龄的消费者，由于在收入、生理、审美、生活方式、价值观念、社会活动、社会角色等方面存在差异，必然会产生不同的消费需求，形成各有特色的消费群体。

- 儿童市场，又称“向阳市场”。企业要找出孩子的需求，赚孩子父母的钱。
- 中青年市场，又称“活力市场”。中青年的特点是“能挣会花”和“能拼搏会享受”。
- 老年人市场，又称“银色市场”。老年人对保健食品、医疗、服务、娱乐等有着特殊的需求。

（3）心理标准。可根据消费者所处的社会阶层、生活方式、个性特点等心理因素，将整体市场细分为不同的子市场。

① 社会阶层。在社会中具有相对同质性和持久性的群体为处于同一阶层的成员，他们具有类似的价值观、兴趣爱好和行为方式。

② 生活方式。人们追求的生活方式各不相同，有的追求新潮时髦，有的追求恬静、简朴，有的追求刺激、冒险，有的追求稳定、安逸。

③ 个性特点。个性特点指一个人比较稳定的心理倾向与心理特征，会导致一个人对其所处环境做出相对一致和持续不断的反应。通常，个性会通过自信、自主、支配、顺从、保守、适应等性格特征表现出来。因此，个性可以按这些性格特征进行分类，从而为企业细分市场提供依据。

（4）行为标准。根据消费者对产品的了解程度、态度、使用情况及反应等，将整体市场划分为不同的子市场。

① 购买时机。根据消费者提出需要、购买和使用产品的不同时机，将他们划分成不同的群体。例如，生产农药、化肥产品的企业可根据农民一年四季对农药、化肥需求的不同，划分出不同的子市场。

② 追求利益。消费者购买某种产品是为了解决某类问题，满足某种需要，获得某种利益。例如，消费者购买首饰，有些是为了保值投资，有些是为了凸显身份地位。

③ 使用者状况。根据消费者是否使用和使用程度细分市场，通常将他们分为经常使用者、首次使用者、潜在使用者和非使用者。大企业往往注重将潜在使用者变为实际使用者，较小的企业则注重保持现有使用者，并设法吸引使用竞争产品的消费者转而使用本企业产品。

④ 使用数量。根据消费者使用某产品的数量细分市场，通常将他们分为大量使用者、中度使用者和轻度使用者。根据消费者使用某一产品的数量大小细分市场。通常可分为大量使用者、中度使用者和轻度使用者。例如，随着国货品牌再次崛起，消费者对于国货的喜爱也是逐渐增多。根抖音电商的数据，国货消费群体中 18-30 岁年轻群体占比接近 40%，其中 24-30 岁用户占比超过四分之一，且国货消费偏好度明显高于其它年龄组用户。

⑤ 态度。不同消费者对同一产品的态度可能有很大差异，如有的持肯定态度，有的持否定态度，还有的处于既不肯定也不否定的无所谓态度。企业应针对持不同态度的消费群体进行市场细分，并在广告、促销等方面有所不同。

⑥ 品牌忠诚度。通过了解消费者的品牌忠诚情况、品牌忠诚者与品牌转换者的各种行为与心理特征，为企业细分市场提供基础，有助于企业了解为什么一些消费者忠诚于本企业的产品，而另外一些消费者忠诚于竞争企业的产品，从而为企业选择目标市场提供参考。

⑦ 购买准备阶段。有的消费者可能对某一产品存在需求，但不知道该产品的存在；有的消费者虽已知道产品的存在，但对产品的价值、稳定性等存在疑虑；还有的消费者则可能正在考虑购买。针对处于不同购买阶段的消费群体，企业应进行市场细分并采用不同的营销策略。

指点迷津

美国市场营销学家瓦尔特·约翰逊根据消费者购买行为及其心理因素，将旅游市场细分为十种类型：商人型、冒险型、舒适型、匆忙型、享受型、追求趋势型、好奇型、经常外出型、活动型、游离不定型等。

议一议

营销人员一般将人口按年龄分成哪几个群体？

营销人员一般将人口按年龄分成六个群体：学龄前儿童、学龄儿童、青少年、20～40岁的年轻人、41～65岁的中年人、65岁以上的老年人。

3．市场细分的方法

（1）按消费需求、消费心态、消费模式等参数（标准）对消费者和潜在消费者进行归类，找出不同群体之间的差异性和每个群体的共性。

（2）在这些子市场中选出消费者需求最强烈、购买动力最大、与本企业的特长最吻合的子市场。

（3）确定目标市场之后，还要清楚谁是相应的竞争者，从而更有效地制定市场战略与竞争战略，壮大自己，削弱敌人。

案例2-11

某铝制品公司用多个变数来细分产品市场

1. 宏观细分

（1）公司按照终端客户将铝制品市场细分为汽车制造业、住宅建筑业和饮料容器制造业三个子市场，然后决定选择其中一个本公司能服务得最好的目标市场。最终选择住宅建筑业为目标市场。

（2）按照公司的产品应用进一步细分为半成品、建筑部件和铝制活动房屋三个子市场，然后选择其中一个为目标市场。最终选择建筑部件为目标市场。

（3）按客户规模将建筑部件市场进一步细分为大客户、中客户和小客户三个子市场。最终选择大客户为目标市场。

2. 微观细分

公司在大客户建筑部件市场的范围内进行微观细分，按大客户的不同要求（如产品质量、价格、服务等）细分市场。最终公司倾全力于重点产品的市场部分。

案例 2-12

某服饰公司市场细分及目标市场的选择

该服饰公司经过市场细分，最终选择的目标市场是 20～40 岁、具有大专到硕士文凭、注重庄重形象的白领男士。具体分析如图 2-13 所示。

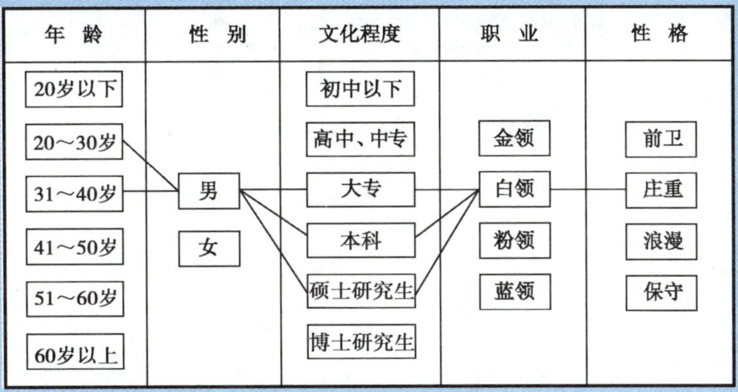

图2-13 某服饰公司市场细分步骤图

二、选定目标市场

目标市场是企业决定要进入和服务的市场。企业进行市场细分的目的就是选择目标市场。企业在对整体市场进行细分之后，对各细分市场进行评估，然后根据细分市场的市场潜力、竞争状况、本企业资源条件等多种因素，决定将一个或几个细分市场作为目标市场。

1．选择目标市场的策略

（1）无差异市场策略。无差异市场策略是指企业将产品的整体市场视为一个目标市场，用单一的营销策略开拓市场，即用一种产品和一套营销组合方案力求在一定程度上尽可能多地适应消费者需求。无差异市场策略只考虑消费者在需求上的共性，而不关心他们在需求上的差异性。例如，可口可乐公司在 1970 年以前曾以单一口味的品种、统一的价格和包装、同一广告宣传方式将产品向所有消费者推荐。

无差异市场策略对于需求广泛、市场同质化程度高且能大量生产、大量销售的产品较为适合，如图 2-14 所示。

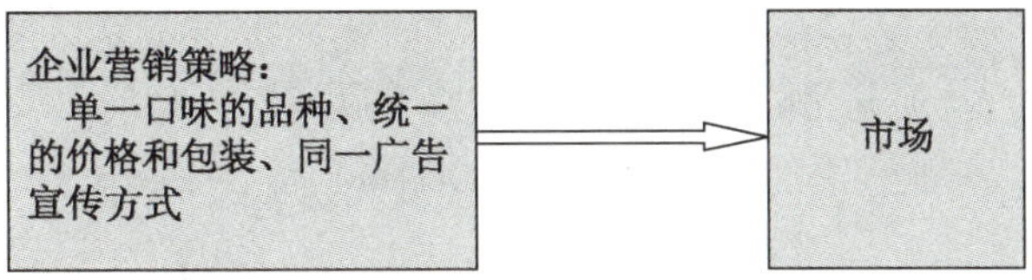

图2-14 无差异市场策略

无差异市场策略的最大好处是成本低，但是，在消费者需求越来越复杂的今天，在企业间的竞争越来越激烈的现在，无差异营销的空间越来越小。因为当竞争者都在为各自的细分市场服务时，这种无差异营销策略在每个市场上都没有优势。

（2）差异市场策略。差异市场策略是指将整体市场划分为若干细分市场且同时进入几个子市场，并针对所进入的每个细分市场制定一套独立的营销组合方案，以适应各子市场的需求，如图 2-15 所示。例如，汽车制造企业针对不同社会阶层、不同收入水平、不同使用途径的消费者推出不同品牌、不同价格、不同性能的汽车产品，并采用不同的广告主题来宣传这些产品，采用的就是差异市场策略。

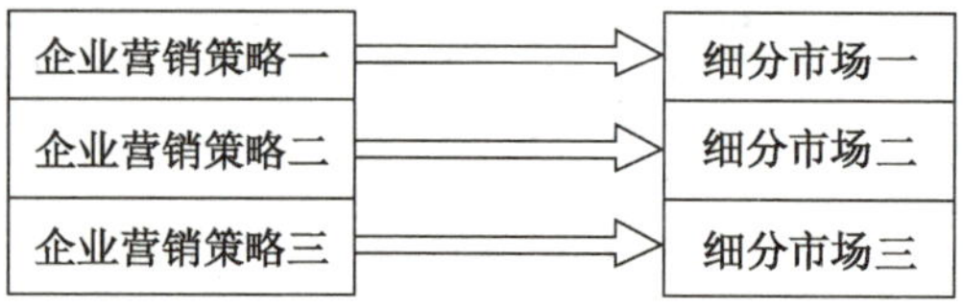

图2-15　差异市场策略

差异市场策略批量小、品种多，生产灵活、针对性强，便于更好地满足消费者需求，进而促进产品销售；企业在多个细分市场上经营，可在一定程度上减少经营风险。

差异市场策略的局限性主要体现在：增加营销成本，产品品种多，管理和存货成本将增加；针对不同的细分市场发展独立的营销计划，增加企业在市场调研、促销和渠道管理等方面的营销成本；不能有效集中资源配置，顾此失彼，甚至在企业内部出现争夺资源的现象，使主打产品难以形成优势。

美国爱迪生兄弟公司经营了近千家鞋店，分为四种不同的连锁店形式，每种形式都针对一个不同的细分市场，有的专售高价鞋，有的专售中价鞋，有的专售廉价鞋，有的专售时髦鞋，在芝加哥斯泰特大街短短三个街区内就有该公司的三家鞋店。尽管这些店彼此很近，但并不影响相互的生意。因为它们针对的是市场上的不同细分领域。

（3）集中市场策略。集中市场策略是指集中力量进入一个或少数几个细分市场，实行专业化生产和销售，力求在一个或几个子市场拥有较大的市场占有率，如图 2-16 和图 2-17 所示。

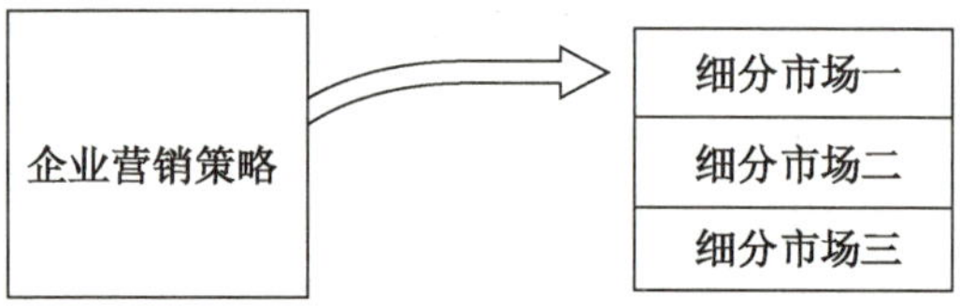

图2-16　集中市场策略一

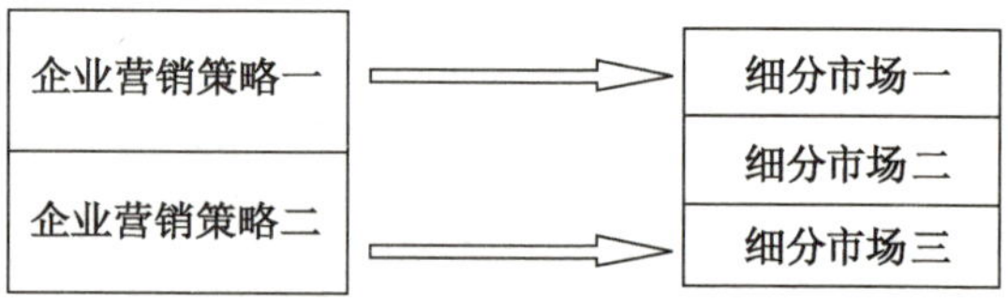

图2-17　集中市场策略二

集中市场策略特别适用于资源力量有限的中小企业。中小企业由于受财力、技术等因素制约，在整体市场上无力与大企业抗衡，但集中资源优势在大企业尚未顾及或尚未建立绝对优势的某个或某几个细分市场进行竞争，成功的可能性较大。

集中市场策略的局限性主要体现在：市场区域相对较小，企业发展受到限制；具有较大的风险性，一旦目标市场突然恶化，如消费者喜好发生转移，或强大竞争者介入，或更有吸引力的新的替代品出现，都可能使企业陷入困境。

实施集中市场策略就必须充分了解消费者的消费行为，了解不同消费群体的差异及由此产生的不同需求，使产品能够满足细分市场的消费需求。

2．选择目标市场应具备的条件

（1）拥有一定的购买力，有足够的销售量及营业额。

（2）有较理想的尚未满足的消费需要，有充分发展的潜在购买力，以作为企业市场营销发展的方向。

（3）市场竞争还不激烈，竞争者未能控制市场，有可能乘势开拓市场营销并占有一定的市场份额，在市场竞争中取胜。

3．选择目标市场的依据

上述三种目标市场策略各有利弊，企业在进行目标市场选择决策时要具体分析产品和市场状况及企业本身的特点。

（1）企业的资源和能力。企业实力越强，越倾向于选择较多的细分市场和开发较多的产品；反之，则倾向于选择较少的细分市场和开发较少的产品。

（2）产品同质性。产品同质性程度越高，越倾向于选择更多的细分市场；产品差异性越大，越倾向于选择产品专业化或市场集中化模式。

（3）市场同质性。市场同质性程度越高，越倾向于选择更多的市场，如采用产品专业化或市场全面化模式；市场差异性越大，越倾向于选择产品专业化或市场集中化模式。

（4）产品生命周期阶段。产品导入期和成长期多采用产品专业化和市场集中化模式，当产品进入成熟期后多选择产品专业化和市场专业化模式。

（5）竞争者的市场战略。应以差异化应对无差异化，以深层次细分或集中化来应对差异化。

案例 2-13

海澜之家的目标市场是都市白领男士。海澜之家凭借平价优质、款式多、品种全的货品，以及无干扰的自助购衣模式，迅速赢得广大消费者的欢迎，塑造了“海澜之家——男人的衣柜”的鲜明品牌形象。精准的目标市场 + 密切贴合目标消费者的心理需求，是海澜之家取得成功的法宝。

海澜之家的市场细分和目标市场非常清晰。男士的购物习惯与女士有较大区别，其消费行为目的性更强，希望通过一种快捷的方式完成既定的目标。海澜之家提供了男士着装的整体解决方案，帮助客户在穿衣选择上做减法、节省时间。成年男性所需的服装这里应有尽有，涵盖了成年男性从头到脚、从内到外、从冬到夏、从正装到休闲装的所有产品。入店消费者可以买到全套服饰，充分迎合了中国男士的消费习惯，节省时间的同时简化决策。

一个服装企业不可能占领全部市场份额，只能选择若干细分市场作为自己的目标市场。海澜之家的目标客户是 25 ～ 45 周岁、年收入在 5 万～ 10 万元的男士，这是品牌男装市场中竞争相对较小，但是市场份额足够大的蓝海市场。海澜之家的每套西服价格在 480 ～ 1 680 元，比同档次品牌的价格低很多，完美实现了“高品位，中价位”的品牌理想。

三、市场定位

市场定位是20世纪70年代由美国学者阿尔·赖斯提出的一个重要的营销学概念，是指企业根据目标市场上同类产品的竞争状况，针对消费者对该类产品某些特征或属性的重视程度，为本企业产品塑造强有力的、与众不同的鲜明个性，并将其形象生动地传递给消费者，以求得消费者认同的过程。

市场定位的实质在于取得目标市场的竞争优势，确定产品在目标消费者心目中的适当位置并给其留下值得购买的印象，以便吸引更多的消费者。

可以这样理解：

市场定位＝目标市场＋差异化（与竞争者）＋定位沟通（与消费者）

1．市场定位的原则

（1）差异化原则。在这样一个信息爆炸的年代，要让产品在消费者心中留下印象是很不容易的，必须做到差异化，以便消费者将你的产品和其他品牌的产品区分开来。只有定位所体现的差异性和消费者的需要相吻合时，产品或品牌才能常驻消费者心中。

（2）个性化原则。产品与产品之间的某种差异，是可以通过调整经营策略和不断努力来缩小和同化的。无法拉近的是产品的个性，个性往往是无法仿造的。因此，市场定位应该遵循个性化原则，即赋予产品或品牌独有的个性，以迎合相应的消费者的个性。

（3）消费者导向原则。研究表明，人脑能同时处理的不同概念的信息单元小于或等于七个。由于人的记忆有限，因此，市场定位要创造新的记忆点，关键是要想消费者所想，使传播的信息变成消费者自己想要说的话，满足他个人潜意识内的自我认同感。

（4）动态调整原则。今天，社会环境在不断变化，所以企业也必须不断调整自己的经营目标、服务种类、技术水平、管理方式、定位策略，适应环境的变化。动态调整原则就是要求企业在变化的环境中，对周围环境时刻保持高度的敏感，及时调整市场定位策略。

案例2-14

电视栏目定位是指栏目所确定的自身在现实中的位置、栏目所担负的任务、栏目的宣传对象。电视栏目是电视台每天播出的相对独立的信息单元，是一个个节目的组合，是按照一定内容（如新闻、知识、文艺）编排和布局的完整表现形式。它有固定的名称、播出时间（起止时间固定）和栏目宗旨，每期播出不同的内容，来吸引观众的视线，给观众带来信息知识、享受和乐趣。

随着人们文化水平和整体素质的提高，对精神文化生活提出了越来越高的要求，传统的节目已经不能满足广大观众的诉求和

课堂随笔

审美，加上观众在年龄、性别、文化、阅历等方面的差异，必然导致他们对电视节目有不同需求。因此，央视、各省卫视和地方电视台纷纷对各个栏目进行重新定位和改版，并且改版周期不断缩短，目的就是要满足不同人群对精神文化的不同需求。

案例评析

定位是一个栏目的灵魂，决定着一个栏目与其他栏目的区别。准确而又清楚的定位，是一个栏目拥有生命力的关键。随着媒体竞争日益激烈，电视工作者必须对电视栏目的定位不断进行研究和调整，不断提高节目质量，吸引及扩大特定的受众群体。

2．市场定位的策略

（1）首席定位策略。首席定位策略即追求品牌成为本行业中领导者的市场定位，如广告宣传中使用的“正宗”“第一家”“市场占有率第一”等口号，就是首席定位策略的运用。

（2）迎头定位策略。迎头定位策略往往发生在市场主导者之间，如可口可乐与百事可乐、麦当劳与肯德基、中国移动与中国联通。

（3）避强定位策略。避强定位策略是指企业避免与实力强劲的企业直接竞争，在定位上与它们拉开距离，推出与它们有不同属性及特征的产品，以便与其区别开来，避免与它们正面交锋。这种方式使企业能够利用市场中的空隙进入市场，树立形象，站稳脚跟。由于避强定位策略风险小、成功率高，因而被很多企业采用。

（4）逆向定位策略。逆向定位策略是指企业在进行定位时，面对强大的竞争者，寻求远离竞争者的“非同类”的构想，使自己的品牌以一种独特的形象进入消费者心目中。

七喜是逆向定位策略的典范。在充分了解到可口可乐和百事可乐在人们心目中已占有重要位置，并敏锐地洞察到消费者对可乐中含有咖啡因而萌发微小不安时，七喜毫不犹豫地发动了“无咖啡因”战役。它投入4 500万美元，掀起了一场声势浩大的广告攻势！它向消费者大声疾呼：“你不会给孩子喝一杯咖啡，那么为什么还要给孩子喝与咖啡含有等量咖啡因的可乐呢？给他非可乐，不含咖啡因的饮料——七喜！”

（5）属性定位策略。属性是指产品本身所具备的主要性能，如安全性、可靠性、耐用性、方便性、速度等。

红牛（Red Bull）饮料定位为“提神醒脑、补充体力”的功能性饮料。

（6）使用者定位策略。使用者定位策略是指企业通过明确指出合适的产品使用者并借助使用者代表进行劝说，以起到吸引目标消费者的作用。

太太口服液的定位为成年女性，“羽西”化妆品定位为专为亚洲女性所设计。

（7）特色定位策略。构成产品内在特色的许多因素都可以作为市场定位所依据的原则，如所含成分、材料、质量、价格、文化等。

星巴克（Starbucks）是美国一家连锁咖啡公司，它的目的不仅是卖咖啡，还要通过咖啡这种载体，将一种独特的格调传送给消费者，为消费者提供一流的体验。

（8）重新定位策略。企业产品定位在最初的时候也许是合适的，但是由于在经营过程中，市场环境发生了变化，消费者购买行为发生了变化，企业要进入新的市场等原因，企业产品定位变得不合时宜。此时，就需要对产品进行重新定位，改变产品原有的形象，树立一个新的形象。

“好想你”之前的定位是高端礼品，之后定位为专为 25 ～ 45 岁白领女性提供日常休闲食品。

3．市场定位的步骤

（1）找位：确定本企业的竞争优势，提供更多特色以满足消费者的特定需求。

（2）选位：选择相对竞争优势，表明企业能够胜过竞争者。

（3）到位：显示独特竞争优势。企业通过一系列的宣传促销活动，将其独特的竞争优势准确传播给潜在消费者，并在消费者心中留下深刻的印象。

如图 2-18 所示，为某品牌洗发水的定位分析。

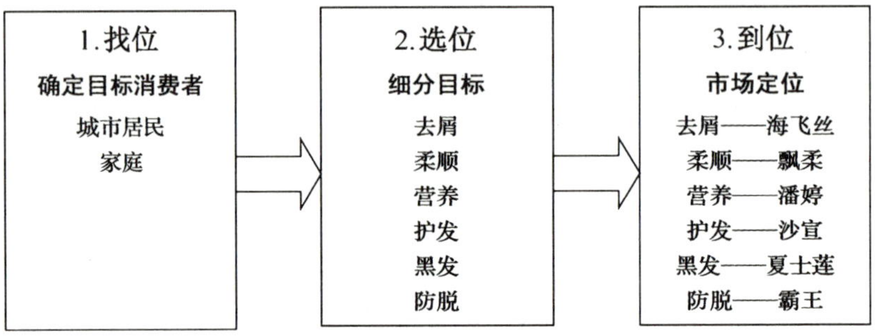

图2-18　某品牌洗发水的定位分析

案例 2-15

作为一个专注于女性自我表达的新锐时尚品牌，Ubras 充分回归到女性角度，注重品牌情感与个性的塑造，可以算得上在“她经济”浪潮下，有效占领女性心智的优秀案例。成立仅四年销售额就突破 10 亿元大关，内衣销售量排名名列全网第一 。2020 年“天猫 618 狂欢节”，Ubras 爆款内衣单品销售额破亿元，在无尺码内衣品类中排名第一，并于 2020 年完成数亿元 B+ 轮融资。那么，Ubras 是如何实现有效营销的呢？

（1）实行品牌差异化定位，专注于女性内衣“舒适好穿”的需求 。就像可口可乐传递的是快乐、耐克传递的是勇敢去做一样，Ubras 定位为“舒适好穿”，不仅拉近了普通大众和品牌的距离，而且成功地在消费者心中树立了品牌的差异化形象。

（2）创新推出无尺码内衣，引起女性的深层次价值共鸣 。2018 年，Ubras 考虑到大部分女性消费者对与自己体型匹配的号型不了解，就创新性地推出了“无尺码”系列内衣，“让用户能够像购买成衣一样购买内衣”，成为 Ubras 的核心产品设计逻辑；这次的品类细分，让 Ubras 找到了自己的市场方向，提高了供应链生产效率，降低了库存管理压力，同时也减少了女性消费者的内衣选购问题。

案例评析

"无尺码"内衣对行业做的大革新就在于，穿衣可以跳出第三方审美视角，真正满足女性表达真我、"穿衣悦己"的消费主张；对比生硬的产品推广，Ubras在这场探索女性世界的营销活动中，也演变成基于女性价值认同感的互动，渗透进女性的精神内核里。

课堂随笔

议一议

什么是"内容营销"？

答案请扫描右侧二维码查看。

实训与练习

一、判断题

1. 市场营销环境不是静止不动的，会不断变化。企业应把握营销环境的变化趋势，适应环境的变化，提高市场应变能力。（ ）

2. 微观营销环境又称直接营销环境。（ ）

3. 宏观营销环境是可控营销环境。（ ）

4. 环境威胁是指环境中一种不利的发展趋势所形成的挑战。（ ）

5. 马斯洛认为，只有最低层次的需要被满足后，较高层次的需要才会出现并希望得到满足。（ ）

6. 组织市场的需求具有派生性。（ ）

7. 市场细分化是通过产品分类来划分的，市场细分化的对象是产品。（ ）

8. 目标市场是企业决定要进入和服务的市场。（ ）

9. 差异性营销战略的最大好处是成本低。（ ）

10. 市场定位的实质就在于取得目标市场的竞争优势，确定产品在目标消费者心目中的适当位置并留下值得购买的印象。（ ）

二、填空题

1. 微观营销环境主要包括企业、_____、_____、_____、竞争者和社会公众等因素。

2. 营销中介主要包括_____、_____、_____和_____四大类。

3. 宏观环境主要包括_____、_____、_____、政治法律环境、科技环境、社会文化环境等。

4. 环境发展趋势可分为两大类：一类是_____，另一类是_____。

5. _____是目前常用的调查方法。

6. 影响消费者购买行为的因素包括_____、_____、_____和心理因素。

三、选择题

1. 以下（ ）属于微观营销环境因素。

A. 营销中介　　B. 竞争者　　C. 人口因素　　D. 经济因素

2．摩托车、电动车、自行车、轿车都是交通工具，它们彼此之间形成（　　）的竞争关系。

A．行业竞争者　　B．品牌竞争者

C．形式竞争者　　D．愿望竞争者

3．宏观环境包括（　　）。

A．人口环境　　B．自然环境　　C．经济环境　　D．政治法律环境

4．企业面对威胁的三种对策是（　　）。

A．反抗　　B．减轻　　C．转移　　D．停产

5．消费者购买行为的特点包括（　　）。

A．购买者多而分散

B．购买差异大，大多属非专家购买

C．购买的流动性大且存在周期性

D．购买呈现出时代特征和发展趋势

6．选择目标市场的策略主要有（　　）。

A．无差异市场策略　　B．差异市场策略　　C．集中市场策略　　D. 全面市场策略

四、实训题

1. 全球范围内，书店的第一轮倒闭潮早在21世纪初就开始了，其标志性事件是红极一时的世界传媒巨头贝塔斯曼书友会的消亡。新一轮传统书店倒闭潮，正以一种令人沮丧的速度在全球蔓延。2011年7月22日起，连锁书店Borders开始关闭旗下的399家店面。Borders曾是美国第二大传统图书零售商，有着40年的历史，一度被认为是全美最佳书店，巅峰时期销售额更是达到40亿美元。同时，美国大书商巴诺书店的生存问题也不容乐观。著名的英国水石书店也曾宣布2010年利润同比下滑70%。国内的书店境遇如何呢？至今，民营书店仍未见曙光。

请利用课外时间进行市场调查并回答相关问题：为什么传统书店面临生存问题？它们目前遇到的主要环境威胁是什么？你对传统书店的经营有什么好的建议？

2. 请设计一份“大学生手机使用调查问卷”。

悦　读

粥的市场机会

当豫北农家女王丽英在扛着背包走进武汉时，亲戚为她找了个在医院做陪护的工作。当她为陪护的阿婆煮的粥大受欢迎时，她开始一边继续做护工，一边为开粥铺做准备工作。

刚开始，由于本钱少，她没有实行店铺经营，而是推了一辆四轮小车，熬了一大锅稀粥，沿街叫卖。但最终一算账，并不比当护工强多少。王丽英思考后觉得生意不成功的问题出在沿街叫卖上：一是不起眼，不易引起人们的注意，回头客少；二是无法保持纯正的口味；三是无法让人确信粥的卫生程度。

问题找出来了，王丽英觉得又有信心干下去了。她决定改变经营方式，实行店铺式经营。1999年的正月十五，王丽英的粥铺开张了，起名为“绿灯笼”。粥铺开张后生意还不错，但是好景不长，随着天气慢慢变热，再加上品种单一，王丽英的生意又开始不景气。王丽英觉得必须想一个办法来解决。她发现在她的粥铺里喝粥的老年人都有健身的习惯，他们大多起得比较早，她想：能不能把喝粥与健身结合起来呢？

她又想到在自己的家乡有一些长寿的老人常喝一种糯米粥。她马上全力推出这种新品种，并起了个响亮的名字：神仙粥。果然，这种城里难得一见、定价两元的糯米粥，马上引起了众多老年食客的

兴趣。一时间，小小的铺面挤得满满的。而且，王丽英还做了个特别的规定：这种“神仙粥”，每天五点半开始卖，一到七点半就停止。王丽英解释说，要将进食和健身有机地结合起来。假如不去运动而喝这种粥，对身体的滋补没有多大的用处。一番质朴的健康理论，说到了众多老年人的心坎里，于是喝“神仙粥”的人不约而同地赶早，使得王丽英的粥铺名声大振，她终于打开了局面。

经过几年的发展，到 2002 年，王丽英的粥铺面积从开始的五六十平方米扩大到了近 300 平方米，员工从原来的几乎单枪匹马到雇了十个人，王丽英也成了一个小老板。

有一天，她去麦当劳庆祝生日，发现这里热闹非凡。什么原因呢？她的眼睛落在了到处乱窜的儿童身上：是呀！家长把孩子当成心肝宝贝，他们想去麦当劳，大人就得陪着，一个小孩加两个大人，在节日里还有老人相伴，花了钱还乐呵呵的。我要是让小孩也来我的店，不就能带来更多的收益吗？

王丽英为自己的新创意而兴奋。但是靠什么来吸引儿童呢？像麦当劳那样建儿童乐园吗？王丽英自问不可能比麦当劳做得好。想来想去，她还是决定在粥上下功夫。一天，她从员工夜里喝熬粥的米汤这一事件中得到了启发：是呀，米汤有营养，何不在这上面下点功夫呢？为了和一般的米汤区别开来，王丽英为它起名为米汁汤。为了更加吸引儿童，王丽英特地多调了几种口味。米汁汤一经推出，马上得到了家长的青睐。他们觉得这滋味特别的米汁汤比麦当劳里的饮料要有营养得多，于是让孩子们喝米汁汤成了时髦。“绿灯笼”粥铺也如同麦当劳一般热闹起来，王丽英的店铺又显得狭小了许多。她马上想到要扩大营业面积。但粥铺办成酒楼是不现实的，于是王丽英决定像麦当劳那样走连锁经营的道路。

项目三

制定产品开发策略

学习目标

深刻理解产品整体概念、产品组合的概念、产品生命周期的概念；学会运用产品的整体概念去思考营销；认识到产品组合策略、品牌策略、产品包装策略及新产品开发对企业营销的重要意义，并学会简单运用上述策略。

听故事

2021年 4月6日，在小米第十一届米粉节上，来自全国的500名米粉（迷恋小米产品者）欢聚在北京小米科技园，参与丰富多彩的游园活动，参观小米的核心研发实验室。活动现场，小米集团创始人、董事长兼首席执行官雷军宣布，基于2020年年底消费者发来的21 128条、共计70多万字的建议，小米今日正式推出19项与消费者相关的新政策，包括“每月举办用户交流会”等。 米粉节上，小米集团给来自全国的米粉安排了一项特殊的惊喜活动——小米实验室首次对米粉大规模开放。实验室负责人张浪介绍：“我们的技术预研都提前三到五年，这样才能让小米每款产品推出时都能处于行业领先的水平。”2020年，小米在研发上的投入近百亿元，不断的投入与技术积累，无疑成了小米打开高端市场的重要利器。

2021年米粉节专为米粉定制的礼物是“约定之戒”，全球限量1万枚。它采用了一个白色盒子包装，内印有“生生不息，有你真好”的卡片，印有一个唯一的编码，卡片的背面这样写道：

敬爱的米粉：

科技和人文的路口，我们浩浩荡荡一起走过。面向星辰大海的征途，我们一起体验科技和生活的乐趣。小米，因你而不平凡！在这个米粉节，将这枚“约定之戒”送给最重要的你，纪念不期而遇，见证未来之约。你是我最好的朋友，有你真好！

故事感悟 企业新产品的研发都是在坚守制造的基础上，以消费者为中心进行改变，都是努力让消费者感动，以建立企业和消费者之间的联系。

学知识

任务一　认识产品的整体概念

许多人认为，产品是有形的。其实产品是任何一种能被提供来满足市场欲望或需要的东西，包括有形物品、服务、体验、事件、人物、地点、财产、组织、信息和想法等。

一、产品的概念

1. 狭义的产品概念

人们通常将产品理解为具有某种物质形状并能提供某种用途的物品，是看得见、摸得着的东西，如食品、服装、手机等。这一概念强调的是产品的物质属性，是狭义的。

事实上，消费者购买某种产品，并不只是为了得到该产品的物质实体，而是要通过该产品获得某方面利益的满足。例如，购买化妆品的消费者不是在购买化妆品的物理、化学属性及其实体，而是在购买美容的希望。从这个意义上说，产品概念的内涵被扩展了。

2. 广义的产品概念——产品的整体概念

市场营销学认为，产品是指人们通过购买而获得的能够满足某种需求和欲望的物品的总和，既包括具有物质形态的产品实体，又包括具有非物质形态的利益，如实物、服务、场所、组织、思想、主意等。它强调的是有形物质属性和无形消费利益的统一，是一个广义的、包含多层次内容的整体性概念，即产品的整体概念。

产品的整体概念包含五个层次。

（1）核心利益层次。核心利益层次是指产品能够提供给消费者的基本效用或益处，是消费者真正想要购买的基本效用或益处。酒店的消费者购买的是休息和睡眠。

（2）有形产品层次。有形产品层次是指产品在市场上出现时的具体物质形态，主要表现在品质、特征、式样、商标、包装等方面，是核心利益的物质载体。酒店的有形产品表现为床、桌椅、卫生间、被子、毛巾等。

（3）期望产品层次。期望产品层次是指消费者在购买产品前对所购产品的质量、使用方便程度、特点等方面的期望值。酒店的期望产品表现为消费者对干净的床和卫生间、通风的窗、明亮的灯等的期望。

（4）延伸产品层次。延伸产品层次又称附加产品层次，是指消费者购买形式产品和期望产品时，附带获得的各种利益的总和，包括说明书、保证、安装、维修、送货、技术培训等，主要是帮助消费者更好地享受核心利益和服务。

（5）潜在产品层次。潜在产品层次是指现有产品（包括所有附加产品在内）可能发展为未来最终产品的潜在状态。潜在产品指出了现有产品可能的演变趋势和前景，如彩色电视机可发展为放映机、计算机终端等。

指点迷津

体验营销

除了有形产品和无形服务，产品还有第三种形式——体验。体验营销是指一家企业以服务为舞台、以产品为道具，以独特的方式和消费者一起创造一种值得回忆的体验。消费者真正购买的不仅是产品和服务，还是他们在购买和消费这些产品和服务的时候所收获的体验。

二、如何运用产品的整体概念思考营销

产品的整体概念体现了以消费者为中心的现代营销观念。一个不懂得产品的整体概念的企业是不可能真正贯彻市场营销观念的。企业必须学会运用产品的整体概念去思考营销、开展营销。

1. 以消费者基本利益为核心，提供能满足消费者实际利益的产品

企业要竭尽全力地通过有形产品和附加产品去满足核心产品所包含的一切功能和非功能的要求，充分满足消费者的需求。

2. 在保证核心利益的前提下，精心设计与核心产品统一的实现形式

企业进行产品设计时，除了要重视消费者所追求的核心利益，也要重视如何以独特形式将这种利益呈现给消费者，以求更完美地满足消费者的需求。

3. 自觉向消费者提供并不断完善有效的期望产品、延伸产品和潜在产品

随着科学技术的日新月异，以及企业生产和管理水平的提高，不同企业提供的同类产品在核心利益和有形产品层次上越来越接近，而期望产品、延伸产品和潜在产品层次在企业市场营销中的重要性日益突出，逐渐成为决定企业竞争能力高低的关键因素。国内外许

多企业成功的一个很重要的原因就是较好地认识到了服务等期望产品、延伸产品和潜在产品在产品的整体概念中的重要地位。

案 例 3-1

苹果（Apple）公司是美国的一家高科技公司，2007 年由苹果计算机（Apple Computer）公司更名而来，核心业务为电子科技产品。苹果公司创立之初，主要开发和销售个人计算机，截至 2014 年年底致力于设计、开发和销售消费电子、计算机软件、在线服务和个人计算机。2020 年，苹果公司市值破 2 万亿美元，全球有 3.5 亿名果粉。苹果公司在系统上一直是业界的“神”，因为每次苹果公司的发布会都在北京时间凌晨举办，果粉常熬夜看发布会 。苹果公司为什么对果粉有这么大的吸引力呢？仅从产品的整体概念来理解，其中期望产品层次有突出的贡献。每次的发布会之前，果粉都会猜测新产品的新功能，对产品的期待让很多人为之疯狂。

课堂随笔

案例评析

企业要在激烈的市场竞争中取胜，就必须致力于创造自身产品的特色。而不同消费者对产品的整体概念中不同层次的需求重点是不同的，从而形成了需求的多样性。因此，在产品的整体概念的五个层次上，企业都可以形成自己的特色，从而与竞争产品区别开来。

指点迷津

美国市场营销学家里维特教授断言，“未来竞争的关键，不在于工厂能生产什么产品，而在于其产品所提供的附加价值：包装、服务、广告、用户咨询、消费信贷、及时交货和人们以价值来衡量的一切东西”。

任务二 认识产品的生命周期

产品生命周期理论是美国哈佛大学教授雷蒙德·弗农（Raymond Vernon）于 1966 年在其《产品周期中的国际投资与国际贸易》一文中首次提出的。弗农认为，产品和人的生命一样，要经历形成、成长、成熟、衰退的周期。

一、产品生命周期的概念

产品生命周期（Product Life Cycle，PLC）是指产品的市场寿命或经济寿命，即一种新产品从开始进入市场到被市场淘汰的整个过程。

议一议

产品的使用寿命与市场寿命是同一个概念吗？

两者并不是同一个概念。产品的使用寿命即产品的自然寿命，是指产品的耐用程度，是产品从投入使用到损坏直至报废所经历的时间，如鞋子穿破、牙膏用完等。其寿命长短取决于产品的自然属性、使用强度、维修保养程度等因素。而产品的市场寿命的长短取决于市场因素，如科学技术的发展水平、产品更新换代的速度、消费者偏好的变化、市场竞争的激烈程度等。

案例3-2

某企业的一位高管曾说："任何一款消费电子产品的市场生命周期都不会超过12个月。"这位高管还说："消费电子市场是一个需要持续创新的领域，消费者对产品的质量和特征越来越挑剔，即使是入门级产品也需要有附加值，只有这样才能对消费者产生吸引力。因为一旦有新产品上市，或有更好的选择，消费者就会更换旧的产品。"电子产品的市场生命周期越来越短，目前智能机的销售格局又重新回到当年功能机的市场，即没有任何一家手机生产企业的单一机种能够持续一统天下。

案例评析

电子产品的市场更新换代速度越来越快，为了降低产品生产成本，提高流通周期，每个生产企业在推出一款电子产品时都会考虑到产品的生产及销售周期。根据产品的市场生命周期的相关理论，在日渐缩短的产品流通周期内，生产企业会尽量缩短产品的导入期，而想办法延长消费者对产品的需求及购买周期，尽可能激发和维持市场对产品的需求量，从而使本产品的市场价值达到最大化。

课堂随笔

二、产品生命周期的特点

典型的产品生命周期一般可以分成四个阶段，即引入期、成长期、成熟期和衰退期，如图3-1所示。在产品生命周期的不同阶段，销售量、利润、购买者、市场竞争等都有不同的特征，企业需要制定不同的营销策略，才有可能获得较好的经济效益。

1. 引入期

引入期指产品从设计投产直到投入市场进入测试的阶段。此时，产品品种少，消费者对产品还不了解，除少数追求新奇的消费者外，几乎无人购买该产品。生产者为了扩大销路，不得不投入大量的促销费用，对产品进行宣传推广。该阶段由于生产技术方面的限制，产品生产批量小，制造成本高，广告费用高，产品销售价格偏高，销售量极为有限，企业通常不能获利，反而可能亏损。

企业在产品引入期营销的主要目的是建立产品的知名度，使产品尽快被消费者所接受。

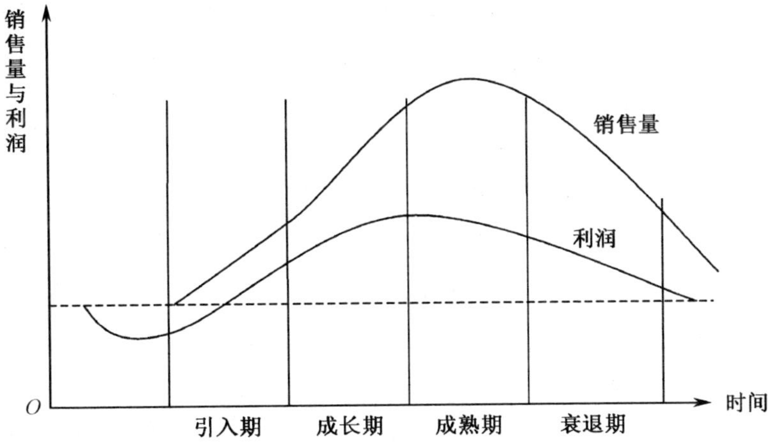

图3-1　产品生命周期

因此，此时营销策略的重点是要突出一个“快”字，即以最短的时间、最快的速度使产品进入成长期。

2．成长期

成长期指产品试销效果良好，消费者逐渐接受该产品，产品在市场上站住脚并且打开销路的阶段。在这个阶段，需求量和销售额迅速上升，生产成本大幅度下降，利润迅速增长。与此同时，竞争者看到有利可图，纷纷进入市场参与竞争，使同类产品供给量增加，价格随之下降，企业利润增长速度逐步减慢，最后达到生命周期利润的最高点。

企业在产品成长期的主要营销目的是扩大市场占有率，掌握市场竞争的主动权。因此营销策略的重点是突出一个“好”字，即在继续扩大生产能力的同时，进一步改进和提高产品质量，防止因产品粗制滥造而失信于消费者，设法使产品的销售量和利润进一步增长，获取最大的经济效益。

3．成熟期

成熟期指产品进入大批量生产并稳定地进入市场销售，市场需求趋于饱和的阶段。此时，随着购买产品的消费者增多，产品普及并日趋标准化，成本低而产量大。销售量增长速度缓慢直至转而下降，由于竞争的加剧，导致生产同类产品的企业不得不在产品质量、花色、规格、包装服务等方面加大投入，从而在一定程度上增加了成本。

企业在产品成熟期的主要营销目的是千方百计地维持甚至扩大原有的市场份额，尽量延长产品的市场寿命。因此，在这一阶段企业营销策略的重点是突出一个“改”字，即对原有的产品、市场和营销组合进行改进。

4．衰退期

衰退期指产品走向淘汰的阶段。在这个阶段，产品的销售量和利润持续下降，产品在市场上已经老化，不能适应市场需求，市场上已经有其他性能更好、价格更低的新产品，足以满足消费者的需求。此时，产品成本较高的企业就会由于无利可图而陆续停止生产，该类产品的生命周期也就陆续结束，以至于最后完全退出市场。

在产品衰退期，大多数企业应当机立断，及时实现产品的更新换代。因此营销策略的重点是突出一个“转”字，即转向研制开发新产品或转入新市场。

表 3-1 所示为产品生命周期四个阶段的特征对比。

表 3-1　产品生命周期四个阶段的特征对比

特征要素	引入期	成长期	成熟期	衰退期
产品状态	销售量低、成本高、利润少	销售量急剧增加、成本下降、利润提高	销售量稳定、利润降低	销售量急剧下降、成本增加、微利或亏损
竞争状态	竞争少	竞争白热化	竞争格局稳定、非价格竞争	竞争者转移
消费者行为	好奇者购买	消费者开始增加	消费者迅速增加	消费者开始转移
营销策略	宣传、促销	改进、差异化	非价格竞争、开发新用途	延长、更换、转移
销售增长率	有正有负	＞10%	0～10%	＜0
普及率	1%～15%	15%～50%	50%～80%	＞80%

三、延长产品生命周期的方法

延长产品生命周期主要是指延长产品的成熟期，尽量扩大消费者对现有产品的需求总量。可供企业选择的方法主要有以下几种。

1．不断发现新的购买者和使用者

（1）用各种竞争手段将竞争企业的消费者争取过来，使其转而购买本企业的产品。

（2）设法刺激和促使未曾购买过本企业产品的消费者采取购买行动。

例如，香水生产企业可以设法说服不用香水的女性或男性使用香水。

（3）扩大销售区域，由地区销售扩展到全国销售，由国内销售扩展到国际销售，由一国销售扩展到多国销售。

例如，美国有一家汽车公司制造专门应对崎岖道路的汽车，在美国销售了一阵子，等到美国的多数公路都铺设完成之后他们就向加拿大推销，再一次创下销售高潮。一旦加拿大的道路也铺设得差不多了，他们就将目标放在南美洲，再转向其他区域。

（4）增加目标市场，进入新的细分市场。

例如，“二战”后的一段时期，美国人口出生率很高，强生公司生产的婴儿洗发香波在市场上颇为畅销。后来，随着美国人口出生率下降，强生公司又将目光转移到中青年妇女身上，改变广告宣传内容，强调其洗发产品的特点是能使头发柔润、松软，具有光泽，也适用于成年人，从而使该产品销售量大增。

2．不断开发产品的新用途

所谓新用途是指产品另外的适用场合。

例如，吉列刀片是男性用来刮胡子的，对女性没有什么用，但吉列公司针对多毛的女性进行细致分析而成功开发出女士专用剃刀。

3．不断改进产品

这包括改进产品性能，提高产品质量，增加品种、型号、款式，创出产品新的特色，为消费者提供新的服务等。

例如，一家动力机械厂将动力机引入割草机，提高了割草速度，之后又进行了操作方面的全面改进，使它既能割草又能铲雪，从而大大提高了产品的市场地位，增加了销售量。

4．设法增加产品的使用量

（1）促使消费者在更多的场合使用该产品。

例如，香水生产企业建议消费者不仅在参加社交活动时使用香水，日常也可使用。

（2）增加使用该产品的频率。

例如，食品生产企业在包装上附有多种烹调方法，以刺激消费者增加购买数量。

（3）增加每次消费的使用量。

例如，洗发水生产企业宣传“使用洗发水洗头时，使用两次比一次更有效”，乳制品生产企业宣传“早晚喝牛奶有利于身体健康”。

案例 3-3

柳州螺蛳粉是用螺蛳汤料、米粉和特定配料制作而成的一道主食。新技术推动新产业，食品加工新技术的突破，使螺蛳粉从“现煮堂食”进入预包装食品的行列。柳州螺蛳粉，这一“可快递的乡愁”，开启了行销全国、走向世界的产业发展道路，年销售收入从 2015 年的 5 亿元，发展到 2020 年的 105.6 亿元，年均增长率达到 82%，使当地经济得到迅猛发展。柳州螺蛳粉全产业链发展布局在推动当地供给侧结构性改革，推进产业升级，促进一、二、三产业深度融合方面起到了非比寻常的作用，拉动了上游原材料米粉、螺蛳、酸笋、豆角、腐竹等产业的规模化、标准化、品牌化、产业化，同时培育、繁荣了工业观光旅游等下游产业的发展。它为柳州市提供 25 万个就业岗位，带动建档立卡贫困户约 2.3 万人，创造出口总值约 2 446.8 万元，产品远销美国、加拿大、澳大利亚、新加坡、新西兰等 20 多个国家和地区。

案例评析

新思维带来新发展。小小的一碗螺蛳粉，打造了一个百亿（元）产业，推动了地方产业融合，促进了地方就业，带动了地方旅游业兴起，带领农民脱贫致富，有力拉动了地方经济。柳州模式的成功经验证明产业化道路能够使地方特色传统食品走向新的发展阶段。

课堂随笔

议一议

五仁月饼，是月饼中最著名的口味之一。因馅中有杏仁、核桃仁、花生仁、芝麻仁和瓜子仁，而得名“五仁月饼”，同时也有圆满和谐的寓意。不过，这一经典月饼馅儿，已经接连几年遭到网友的无情吐槽。有人说五仁月饼因为“老态龙钟”“太难吃”应该退出月饼界。从营销角度思考，我们该如何延长“五仁月饼”的市场生命周期呢？

任务三　认识产品的组合

产品就像人一样，都有其从成长到衰退的过程。因此，企业不能只经营一种产品。很多企业经营的产品往往种类繁多，如海尔拥有 10 800 多个产品品种且平均每天开发 1.3 个新产品，美国通用电气公司经营的产品多达 25 万种。当然，并不是经营的产品越多越好。一个企业应该生产和经营多少种产品才是有利的？这些产品之间又该如何搭配？这就是产品组合的问题。

一、产品组合的概念

1．产品组合

产品组合是指一个企业生产或经营的全部产品线、产品项目的组合方式，即该企业生产或经营的全部产品的结构。图 3-2 所示为某企业的产品组合。

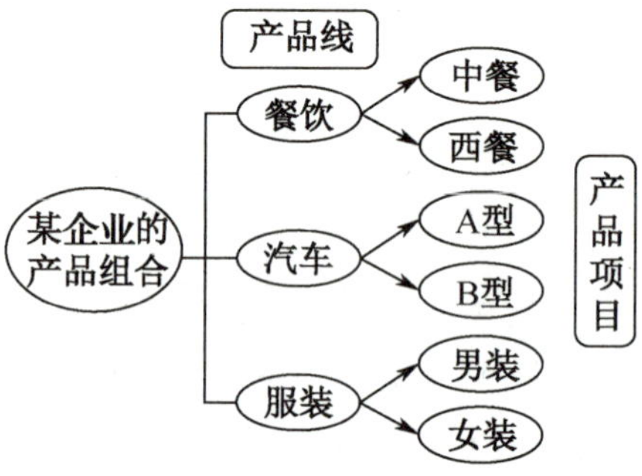

图3-2　某企业的产品组合

（1）产品线又称产品大类、产品系列，是指具有类似功能、能够满足消费者同类需要的一组相似或相近的产品。

例如，某商场经营的产品大类有食品类、鞋类、家电类、成衣类、化妆品类、儿童玩具类等。又如，某家电生产企业的产品有电视机系列、洗衣机系列、冰箱系列和空调系列。

（2）产品项目是指产品线中各种不同品种、规格、型号、款式、质量或价格的特定产品，在企业产品目录中列出的每种产品就是一个产品项目。

例如，在某企业冰箱系列中，有单开门、双开门、三开门、多开门、对开门等各种类型。

2．产品组合要素

对企业产品组合的衡量可使用宽度、长度、深度和关联性四个要素。

（1）产品组合的宽度又称产品组合的广度，是指企业生产经营的产品大类有多少，即企业的产品线总数。

（2）产品组合的长度是指企业所有产品线中产品项目的总和。

（3）产品组合的深度是指产品线中每个产品项目有多少花色、品种、规格。

例如，某公司的众多产品线中，有一条牙膏产品线，生产甲、乙、丙三种品牌的牙膏，所以该产品线有三个产品项目。其中甲牙膏有三种规格和两种配方，则甲牙膏的深度就是 6。

（4）产品组合的关联性是指企业的各条产品线在最终用途、生产条件、目标市场、分销渠道等方面相互联系的程度。

例如，A 企业的产品线有清洁剂、牙膏、香皂、洗发水，其相互关联性较大；而 B 企业的产品线有食品、油漆、玻璃、钢铁，其相互关联性较小。

案例 3-4

试着分析产品组合的四大要素，如图 3-3 所示。

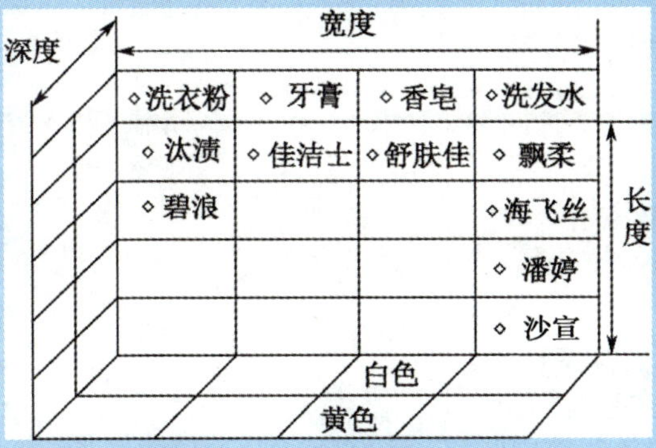

图3-3　产品组合示例

课堂随笔

案例评析

如图 3-3 所示，产品有洗衣粉、牙膏、香皂、洗发水四大类，因此该产品组合的宽度是 4；所有产品线下有 8 个不同品牌的产品，因此该产品组合的长度是 8；其中舒肤佳香皂有白色和黄色两种不同颜色的产品，因此舒肤佳香皂的深度是 2；洗衣粉、牙膏、香皂、洗发水这四大类产品都属于清洁类产品，因此该产品组合的关联性较大。

议一议

请根据表 3-2 讨论。

（1）产品线的宽度和长度是多少？

（2）哪些产品关联性较大？

表3-2　产品组合示例表

电　器	牛　奶	家　具	针　织　品	奶　粉	帽　子	服　装	雪　糕
冰箱	加钙奶	木制	内衣	老年奶粉	童帽	儿童服装	红豆
微波炉	脱脂奶	藤制	床上用品	婴儿奶粉	运动帽	老年服装	夹心
洗衣机	儿童奶		装饰布	青少年奶粉	礼帽	工作服	三色
空调	全脂奶						牛奶
吸尘器							香芋

二、产品组合的类型

1．单一化组合

单一化组合是指企业只生产一种产品以满足特定的细分市场。一些小企业为了解决资金不足、竞争力弱等问题，可以采用这种类型。

例如，某企业生产的牙膏只供应给儿童消费者，如图 3-4 所示。

图3-4　单一化组合示例

2．市场专业化组合

市场专业化组合是指企业用多条产品线和多个产品项目来满足一个目标市场。采用这种类型，可以使企业的产品在系列化的基础上呈现多样化的特点，从而在目标市场上形成自己独特的技术优势，提高企业产品的市场占有率。

例如，某企业生产多种产品系列，有领带、衬衫、公文包等，专门供应给男士，如图 3-5 所示。

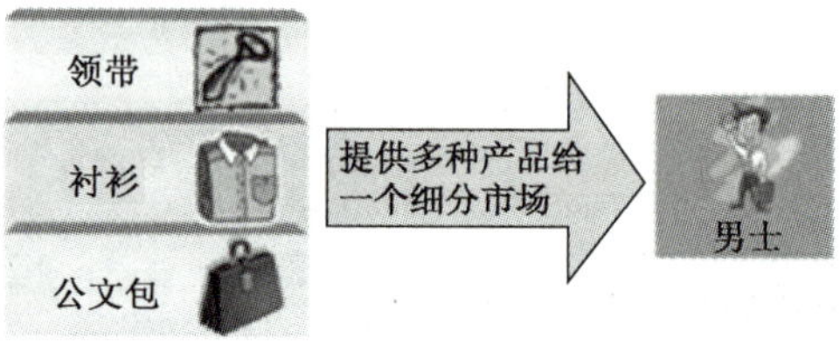

图3-5　市场专业化组合示例

3．产品专业化组合

产品专业化组合是指企业集中生产一类产品，并将这类产品同时供应给几个不同的细分市场（当然产品在功能、质量、档次、规格或款式等方面会有所不同）。采用这种类型便于发挥企业的行业技术和经营专长，使企业成为某一行业营销活动的主导企业。

例如，某企业根据医院、酒店、家庭等客户各自的需要，分别向他们提供不同质量、档次和款式的棉被，如图 3-6 所示。

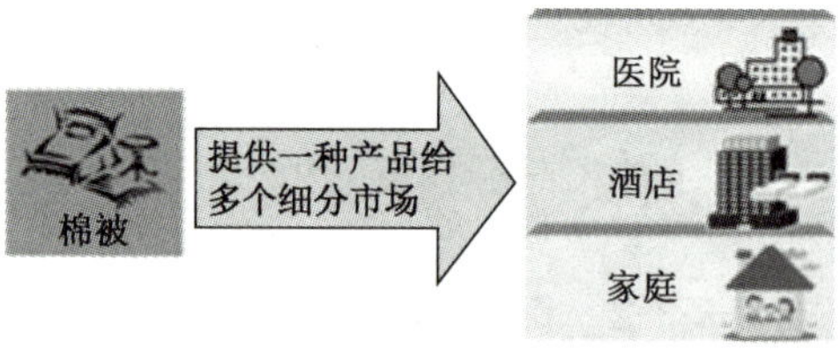

图3-6　产品专业化组合示例

4．选择性组合

选择性组合是指企业用多个具有特色的产品进入若干特定的目标市场。这种类型的产品多样化，市场分散化，产品组合的关联性较小。

例如，某企业选择生产玩具、服装和食品，分别供应给儿童、成人和老人消费者，如图 3-7 所示。

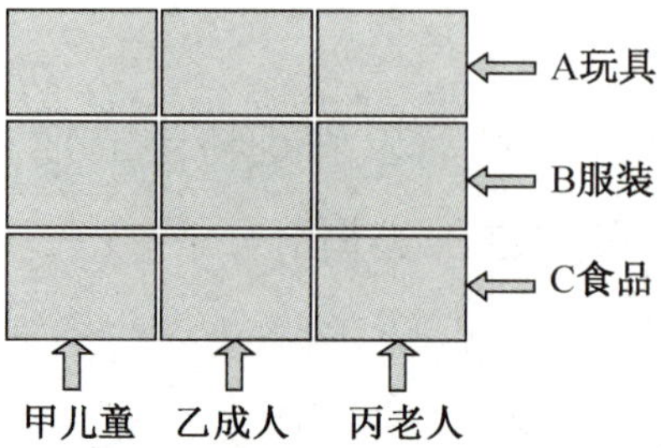

图3-7　选择性组合示例

5．多样化组合

多样化组合是指企业将整个市场作为目标市场，以多条产品线来面向各个细分市场。

资金雄厚、竞争力强的大企业多采用这种类型。

例如，某企业生产彩电、冰箱和空调等电器产品，全面供应给家庭、餐馆和医院等，如图 3-8 所示。

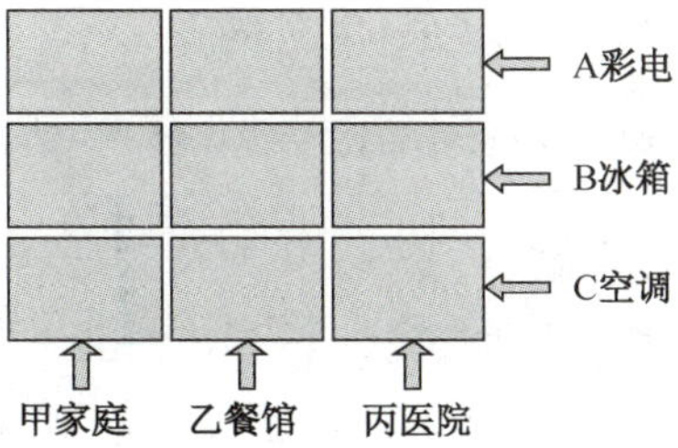

图3-8 多样化组合示例

三、产品组合策略

产品组合策略是指企业根据市场需求、竞争形势和企业自身的经营目标及能力对产品组合的宽度、长度、深度和关联性方面做出最优化的决策。常用的产品组合策略主要有以下几种。

1．扩充产品组合策略

扩充产品组合策略是指扩大产品组合的宽度或深度。前者是在原有产品组合中增加一条或几条产品线，扩大产品经营范围，如某企业在家电类产品的基础上开始生产通信类产品手机。后者是在原有产品线中增加新的产品项目或在原有产品项目中增加新的花色、品种和规格等，如某家电企业推出智能型的新款洗衣机。这种策略通常在企业现有产品线销售额或利润下降，或者某类产品竞争异常激烈时采用。

实行扩充产品组合策略的好处：①能满足不同偏好的消费者的多方面需求，提高产品的市场占有率；②能充分利用企业信誉和商标知名度，完善产品系列，扩大经营规模；③能充分利用企业资源和剩余生产能力，提高经济效益；④能增加市场竞争力，减少季节性与市场需求变化的影响，分散市场风险，降低损失程度。

2．缩减产品组合策略

缩减产品组合策略是指缩小产品组合的宽度或深度，即削减产品线或产品项目，特别是要取消那些获利小甚至亏损的产品项目，以便集中力量经营获利大的产品线和产品项目。例如，某公司成功地缩减原有的木材生产量，专心发展无线通信事业。这种策略通常在企业经营状况不佳或市场不景气时采用。

实行缩减产品组合策略的好处：①能集中资源和技术力量改进保留产品的品质，提高产品的竞争力；②能实现生产经营专业化，提高生产效率，降低生产成本；③有利于企业向市场的纵深发展，寻求合适的目标市场；④能减少资金占用，加速资金周转。

3．延伸产品组合策略

延伸产品组合策略是指全部或部分地改变原有产品的市场定位，具体有以下三种方式。

（1）向上延伸。向上延伸是指企业在原有产品线的基础上，逐渐增加高档产品项目，即由低档向中高档或由中档向高档延伸。

例如，2017 年瑞虎 7 的上市，使奇瑞从主打平民市场的 QQ 走向突破自主品牌高端化的市场天花板，成了实现品牌跃升的一个范例。

当高档产品市场需求大、销售增长快、利润率较高，且竞争者比较弱，企业具备经营高档产品的资源能力和营销能力时，可以采用这种策略。

实行向上延伸策略的好处：①可以提高企业现有产品的声望，提高企业产品的市场地位；②容易为企业带来丰厚的利润；③有利于带动企业生产技术水平和管理水平的提高。

采用这一策略的企业也要承担一定风险。因为企业一贯生产廉价产品的形象在消费者心目中不可能立即转变，使得高档产品不容易在短时间内打开销路，从而影响新产品项目研制费用的回收。

（2）向下延伸。向下延伸是指企业在原有产品线的基础上，逐渐增加低档产品项目，即由高档向中低档或由中档向低档延伸。当企业的中高档产品已树立了良好的形象，而且高档产品的销售增长速度缓慢或下降、企业的高档产品受到激烈竞争的冲击等情况下，可以采用这种策略。

实行向下延伸策略的好处：①借高档名牌产品的声誉，吸引消费水平较低的消费者慕名购买该产品线中的低档廉价产品；②容易扩大市场占有率，增加销售额；③可充分利用企业现有生产能力，补充产品项目空白，形成产品系列。

与向上延伸策略一样，向下延伸策略的实行能够为企业寻求新的市场机会，但同时也会带来一定的风险。如果处理不当，可能会影响企业原有产品的市场声誉和名牌产品的市场形象。

将这一策略运用得炉火纯青的当数美国的宝洁公司：1988 年进入中国市场，在经过多年的中国市场培育和品牌形象打造之后，宝洁品牌在中国市场已经深入人心。飘柔、海飞丝、潘婷、沙宣等品牌，分别以精准的功能定位和“高档”的品牌形象，赢得较高的知名度和美誉度。随着中国洗涤日化行业竞争的不断加剧，当越来越多的国产品牌以更占优势的价位和强力的广告宣传纷纷抢占市场时，宝洁不得不改变策略，推出一系列“平民价位”的产品，给竞争者以有力的打击。

案例 3-5

美国派克公司是世界闻名的跨国公司，创建于 1886 年。

过去，派克公司以生产优质、高档的钢笔而享誉世界各地，派克金笔曾被许多人用来显示自己的身份与地位。到 20 世纪 80 年代，美国克劳斯钢笔公司向派克公司发起进攻，大量生产新型的高档钢笔。派克公司的主管人员为在竞争中取胜做出了一个错误的决策：将公司生产重点由优质、高档钢笔转向廉价的低档钢笔。结果，派克公司的形象受到严重损害，许多失望的消费者转而去购买克劳斯等公司生产的钢笔，而派克公司开拓生产的廉价钢笔又无法适应消费者的特点，不能吸引新的消费者。在这种情况下，派克公司完全丧失了竞争优势。

案例评析

当企业面临强大的竞争者时，及时调整自己的策略是正确的。但是这种调整要在对竞争形势、本企业在市场上的地位与形象、自己的竞争优势进行充分分析与判断的基础上慎重决策。派克采取的是将产品线向下延伸的策略应对竞争者的挑战。这种策略是有风险的，其有可能会影响企业原有产品特别是名牌产品的市场形象。派克公司以生产优质、高档的钢笔而享誉世界各地，派克金笔曾被许多人用来显示自己的身份地位，在这种情况下，这种策略会导致其市场形象模糊，失去老客户的忠诚，进而失去原有的市场地位。

课堂随笔

（3）双向延伸。双向延伸是指企业在原有产品线的基础上同时增加高档和低档产品项目，即由中档向高档和低档延伸。企业采用这一策略，可以扩大市场阵容，增强自身的市场地位，提高竞争力。但应注意，企业只有在原有中档产品的市场已经取得优势，而且有足够的资源和能力时，才可以这样做，否则还是单向延伸较稳妥。

任务四　认识新产品开发

在当代科学技术水平迅速发展、消费者需求趋于多样化、市场竞争激烈的情况下，产品从上市到进入衰退期的时间越来越短。例如，信息产品的生命周期已从过去的四年缩短至现今的六个月。企业如果不开发新产品，一旦原来的产品步入衰退期，那么就可能面临被淘汰的命运。因此，每个企业都必须将开发新产品作为关系企业生死存亡的战略重点。

一、新产品的含义

对新产品的定义可以从企业、市场和技术三个角度进行。对企业而言，第一次生产、销售的产品都叫新产品；对市场来讲则不然，只有第一次出现的产品才叫新产品；从技术方面看，在产品的原理、结构、功能和形式上发生了改变的产品叫新产品。

市场营销意义上的新产品包括了上述三者的成分，但更注重消费者的感受与认同，它是从产品的整体概念角度来定义的。产品的整体概念中任何一部分的创新或改进，能给消费者带来某种新的感受、新的满足和利益的绝对新的或相对新的产品都叫新产品。

新产品按照不同的标准有多种分类方法，常见的有以下四种。

1. 全新型新产品

全新型新产品是指采用新原理、新技术、新材料、新工艺等研制出来的前所未有的产品，是科学技术应用于生产而得到的新成果。例如，汽车、电视、电话、飞机、计算机等产品的问世，都是全新产品的诞生。这类新产品是极其难得的，要依赖于科学技术的重大发明。而每项科学技术的发明，都要经历一个从理论到实践、从实验室到工艺生产的过程，要用很长的时间，需要花费大量的人力和资金，并且需要有一定的需求潜力，需要企业承担较大的风险，失败率也较高。调查表明，全新产品在新产品中只占10%左右。

2. 换代型新产品

换代型新产品是指在原有产品的基础上，部分采用新技术、新材料、新零件、新工艺等制成的在性能、结构等方面有显著提高，适合新用途、新需要的产品。例如，电视机由黑白电视机到彩色电视机再到数字电视机，照相机由普通照相机到全自动照相机再到数码照相机等，都属于换代型新产品。

3. 改进型新产品

改进型新产品是指对原有产品在质量、结构、功能、材料、款式、包装等方面做出改进的产品。改进后的新产品质量更加优良，结构更加合理，功能更加齐全，款式更加新颖，包装更加精美，材料更加易于获得等。例如，为电冰箱增加除霜装置，为电熨斗加上蒸汽喷雾装置等，大大方便了消费者的使用。与换代产品相比，改进产品受技术限制较小，且成本相对较低，便于市场推广和消费者接受，但容易被竞争者模仿。

4. 仿制型新产品

仿制型新产品是指以市场上已有的产品为基础，企业经过仿制、改进并初次投入市场的产品。开发这种新产品不需要太多的资金和尖端的技术，比研制其他类型的新产品要容易得多。但企业应注意对原有产品的某些缺陷和不足加以改造，而不应全盘照抄。同时一定要注意不能违反相关法律。

此外，企业将现有产品投向新的市场，对产品进行重新定位，或通过降低成本生产同样性能的产品，对企业或市场来说，都可以视为新产品。

案例 3-6

美国惠普公司是计算机行业中的大型企业。它在向市场投放新产品方面就很少抢占先机，一般采取后发制人的策略。竞争者的某种新产品进入市场后，惠普公司即向用户了解该产品在使用过程中的优劣，希望哪种产品具备哪些特点等。很快，惠普公司就会推出更适合用户需要、性能更好的新产品来占领市场，最终在竞争中获胜。

美国卡特彼勒公司是世界上最大的履带拖拉机制造企业之一，它的竞争策略是有意识地让竞争者在新产品发展方面领先，从竞争者的失败中得到借鉴，随后推出自己更完善的产品，依靠质量和产品使用的可靠性争取客户，从而在市场上跃居前列。

案例评析

在新产品的开发中，合理的仿制是允许的，只要既有市场需求，又有生产能力，就可以借鉴现成的样品和技术来开发本企业的新产品。当今世界，对于为数众多缺乏首创能力和适应能力的企业来说，追随模仿是一种大受欢迎的市场策略。追随模仿策略通常适用于那些人们需要经常购买的产品，尤其是在技术、法规、竞争、需求等因素多变的情况下，追随模仿策略更具优势，它能随时注意市场动向，并能迅速做出反应。当今时代，不仅小型企业在使用追随模仿策略，许多世界著名的大企业也在成功地运用它。

课堂随笔

二、新产品开发的必要性

企业之所以要大力开发新产品，主要出于以下几个原因。

1. 产品生命周期理论要求企业不断开发新产品

一般而言，当一种产品投放市场时，企业就应当着手设计新产品，使企业在任何时期都有不同的产品处在周期的各个阶段，从而保证企业利润的稳定增长。

2. 消费需求的变化要求企业不断开发新产品

随着生产的发展和人们生活水平的提高，消费需求也发生了很大变化，方便、健康、轻巧、快捷的产品越来越受到消费者的欢迎。消费结构变化加快，消费选择更加多样化，产品生命周期日益缩短，这一方面给企业带来了威胁，企业不得不淘汰难以适应消费需求的老产品，另一方面给企业提供了开发新产品、适应市场变化的机会。

3. 科学技术的发展推动着企业不断开发新产品

科学技术的迅速发展导致许多高科技新型产品的出现，并加快了产品更新换代的速度。企业只有不断运用新的科学技术改造自己的产品、开发新产品，才不至于被挤出市场的大门。

4. 市场竞争的加剧迫使企业不断开发新产品

现代市场上企业间的竞争日趋激烈，企业要想在市场上保持竞争优势，只有不断创新，开发新产品，增强企业的活力。另外，企业定期推出新产品，还可以提高企业在市场上的信誉和地位，并促进新产品的生产和销售。

案例 3-7

我国包装饮用水市场一直在快速增长，根据行业研究预测，未来几年，中国瓶装水市场规模将以 8% ～ 9% 的速度增长，到 2025 年市场规模有望突破 3 000 亿元。虽然瓶装水市场蛋糕大、增速快，但竞争的激烈程度也空前绝后。中国瓶装水行业基于人们饮水健康和健康饮水的基本需求，经历了三轮消费升级：1989 年开始第一轮瓶装纯净水时代；2000 年前后，纯净水向天然矿泉水转变；第三轮升级，便是 2016 年第一瓶熟水的诞生。2016 年，以人民健康饮水为创新基调，从中国人饮用熟水的习惯出发，今麦郎集团洞察市场需求，开创了中国乃至全球瓶装水市场的新物种，一个完全源自中国传统健康饮水文化、传承千年的饮用水品类——熟水凉白开。调研数据显示，2019 年和 2020 年，今麦郎凉白开连续两年蝉联熟水品类全国销售量第一，销售额超过 20 亿元。

案例评析

熟水产业发展反映了中国人优良饮食习惯的回归。在当代社会，人们的生活和工作节奏加快，熟水凉白开同时满足了人们的健康和便利需求，避免了采用化学方式杀菌消毒可能引起的隐患，应该说这正是一种“守正创新”，符合大健康的理念，防患于未然，因此必然拥有广阔的市场空间。

课堂随笔

议一议

什么是爆品？如何打造爆品？

爆品即迅速上量的产品，在行业里一段时间是第一，主要呈现特点为爆发烈、速度快、范围广、销量大。

打造爆品必须遵守四个原则：目标要准、产品要好、市场选对、引爆要快。

三、新产品开发的方式

企业开发新产品，选择合适的方式很重要。选择得当，适合企业实际，就能少承担风险，容易获得成功。针对不同的新产品和企业的研究开发能力，一般有以下几种开发方式可供选择。

1. 独创方式

从长远考虑，企业开发新产品的根本途径是自行设计、自行研制，即独创方式。它是指根据国内外市场和消费者的需求，或者针对现有产品存在的问题，从根本上探讨产品的原理与结构，开展有关新技术、新材料等方面的研究，在此基础上研制出换代新产品或全新产品。采用这种方式开发新产品，有利于产品更新换代及产品竞争，使企业取得技术上的领先地位，从而在市场上占据优势。

2. 引进方式

技术引进是新产品开发的一种常用方式，是指利用国内外市场上现有的已成熟的技术开发新产品。企业采用这种方式可以很快地掌握新产品制造技术，减少研制经费和投入的力量，从而赢得时间，缩短与其他企业的差距，有利于提高竞争能力和经济效益。但引进技术不利于形成企业的技术优势和企业产品的更新换代。

3. 改进方式

改进方式是企业以现有产品为基础，根据消费者的需要，采取改变性能、变换形式或扩大用途等措施来开发新产品的一种方式。采用这种方式可以依靠企业现有设备和技术力量，开发费用低，成功把握大。但是，长期采用改进方式开发新产品，会影响企业的发展速度。

4. 结合方式

结合方式是独创与引进相结合的方式，是指在对引进技术充分消化和吸收的基础上，结合本企业的特点进行某些创新；或在充分利用本企业技术的基础上，引进某些新技术以弥补自己的不足。采用这种方式开发新产品，可以充分发挥引进技术的作用，推动本企业科学研究的发展，并取得良好的效果。

案例 3-8

微波炉世界大王格兰仕，从零部件到核心元器件（磁控管、变压器等）都是自主研发和制造的，早已实现100%核心自我配套。从塑料、钢材等基础原材料的供应链，到注塑、冲压、钣金、模具等自主配套产业链，格兰仕都按行业“数一数二”的要求开发。这样的全产业链充分保证了产品质量的“全程如一”，提升品牌的品质，也提升了中国制造的口碑。

享誉全球三大家电及消费电子展之一的中国家电及消费电子博览会（AWE）在 2021 年 3 月 23 日于上海虹桥国家会展中心拉开帷幕。作为国民家电、民族品牌，格兰仕携众多科技转型的新成果亮相本届 AWE，通过诸多重磅新品发布和创意体验，为与会来宾献上了一场高品质生活的盛宴。

除了在中国建立家电研究院、研发中心，近年来格兰仕还在日本、英国等地建立海外研发中心，借助全球尖端人才，把握并引领世界家电产品和技术发展的脉搏。“我们要在 5G 万物互联时代，在全球技术高地中把握主导地位。”格兰仕相关负责人表示，从磁控管到开源芯片，格兰仕始终坚持的是要把饭碗端在自己手里，牢牢掌握核心技术，从而保障产业链以及大数据的安全、可控。

课堂随笔

案例评析

从大规模的低端制造向精品化的高端制造，从加工组装式的规模制造到产业链式的精品制造，从以成本为中心的制造向以消费者为中心的制造，这种自我革命无论是对格兰仕，还是对中国家电制造产业，注定要打破传统的利益格局、构建新的价值驱动体系，注定是一场“史无前例”的大考。格兰仕的这次转型，展示出中国家电制造的坚守、创新、信任和价值，最终会促使格兰仕厚积薄发。

四、新产品开发的步骤

新产品开发的步骤如图 3-9 所示。

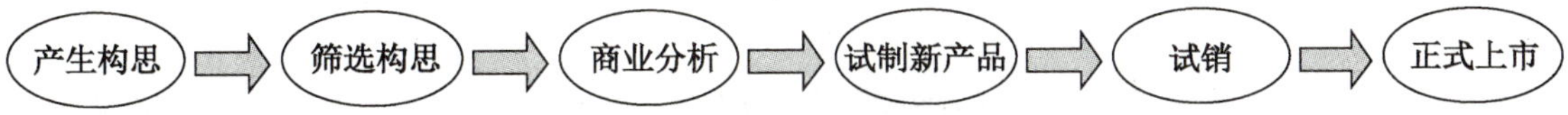

图3-9　新产品开发的步骤

1. 产生构思

提出新产品设想方案的过程就是构思产生的过程。在这个阶段，企业的主要任务是广泛收集新产品的构思方案，其来源主要有消费者、竞争者、科技人员、中间商、企业职工、大学、科研单位、咨询机构、专利机构、有关报纸 / 杂志等。

案例 3-9

某饮料公司进行了一次关于消费者沟通的调查。超过 12% 的人向 20 个或更多的人转述公司对他们抱怨的反应。对公司的反馈完全满意的人向 4 ～ 5 个其他人转述他们的经历，10% 对反馈完全满意的人会增加购买该公司产品的数量。那些认为他们的抱怨没有被完全解决好的人会向 9 ～ 10 个其他人转述他们的经历，而那些觉得抱怨没有被完全解决好的人中，只有 33% 的人完全抵制该公司的产品，45% 的人会减少购买数量。

课堂随笔

案例评析

消费者是产品的需求者和使用者，他们对原有产品的使用意见，往往是新产品构思的重要来源。因此，新产品的构思被认为是消费者抱怨、投诉的结果。企业可通过各种渠道广泛调查征询、收集消费者使用产品的意见，作为构思新产品的依据。

2. 筛选构思

企业对所有构思方案进行选择的过程就是筛选。企业所取得的构思方案不可能全部实施，需要通过筛选，淘汰那些不可行或可行性较低的构思方案，使企业有限的资金能集中于少数成功机会较大的构思，以避免资金的浪费。在筛选过程中，企业应着重考虑两个方面：一是构思方案是否有利于企业目标的实现；二是企业的生产条件是否适应所构思的新产品。

3. 商业分析

企业对新产品未来的销售额、成本和利润进行估计，预计该产品能否达到企业经营目标的过程就是对新产品开发的商业分析。它主要是对构思的新产品在商业运作中的可行性进行分析。

4. 试制新产品

经过商业分析，如有开发价值，就可以交付生产部门试制，并根据既定的产品概念，制造出一个或几个样品，这个过程就是试制新产品。试制新产品阶段主要包括三方面的工作：一是研制样品，将可行的新产品构思方案由观念产品试制成具体的产品；二是对新产品进行功能试验，主要是检验产品的性能、质量；三是对新产品样品进行消费试验，主要是邀请一些消费者试用样品，征求他们的意见，目的在于探测新产品在商业运作中的可行性。

5. 试销

企业通过对新产品反复进行试验之后，选择出商业运作可能性最大的新产品投入小量的生产，并将产品投放到市场上运作，观察消费者对新产品做出的反应，这个过程就是试销过程。试销过程中应重视回收市场反馈的信息，如有关产品本身的信息、消费者或中间商对产品其他相关方面（如企业营销策略等）的意见、消费者对该产品的重复购买率等。企业可以根据反馈的信息有针对性地改进产品，为今后新产品的正式上市打好基础。

6. 正式上市

试销成功的新产品就可以大批量投产上市了，新产品至此也就进入了商业化阶段。这时企业需要投入大量的资金，用来购置原材料，补充一些必要的设备来组织生产。同时企业还要对新产品进行广告宣传，培训专业的推销人员等。

有研究表明，新产品评估的失败率高达50%，在美国甚至达到95%，在欧洲也有90%。新产品失败的原因有很多：忽视或曲解市场研究的结果，高估市场规模，产品开发的成本较高，产品设计或性能不好，定位不恰当，没有有效的广告宣传，定价不合理，没有足够的渠道支持，竞争太激烈，投资收效率太低等。据尼尔森公司曾经的统计：在中国，平均每小时就有两个新产品上市，平均每小时也有至少两个产品退出市场；快速消费品行业新产品上市的平均成功概率在5%以下，一般新产品持续的时间仅有9个月。

任务五　认识产品的品牌

案例3-10

可口可乐原总裁曾说过："即使可口可乐公司在全球的工厂一夜之间被大火焚毁，但凭借可口可乐这个牌子，公司在第二天便能重新站起来，各大银行都会主动上门来向公司贷款。"这并非狂妄之言，这就是品牌的力量。因为在银行家看来，那些工厂不过是公司所有资产中较小的一部分，即使被毁，但公司的品牌名气犹在，恢复生产后，仍会带来财富。可口可乐的经理们甚至直言不讳地说："我们卖的不是饮料，而是可口可乐这个牌子。"

案例评析

在高度商业化的社会中，企业要在日趋激烈的全球化竞争中求得生存、发展和壮大，除了要在生产技术、经营管理等方面狠下功夫，关键是要创造出自己的品牌。市场在经历了价格竞争、质量竞争和服务竞争等阶段后，进入了一个新的阶段——品牌竞争。

课堂随笔

一、品牌的含义

品牌是用以识别某个销售者或某群销售者的产品或服务，并使之与竞争者的产品或服务区别开来的商业名称及其标志，通常由文字、标记、符号、图案和颜色等要素或这些要素的组合构成。

完整的品牌包括品牌名称和品牌标志两部分，如图3-10所示。品牌名称是指品牌中可以用语言表达的部分，如海尔和奔驰等。品牌标志是指品牌中可以被识别、辨认，但不能用语言表达的部分，如独特的符号、图案、色彩或字体造型等，如可口可乐英文字母的独特字体设计、麦当劳的金色M形拱门造型等。

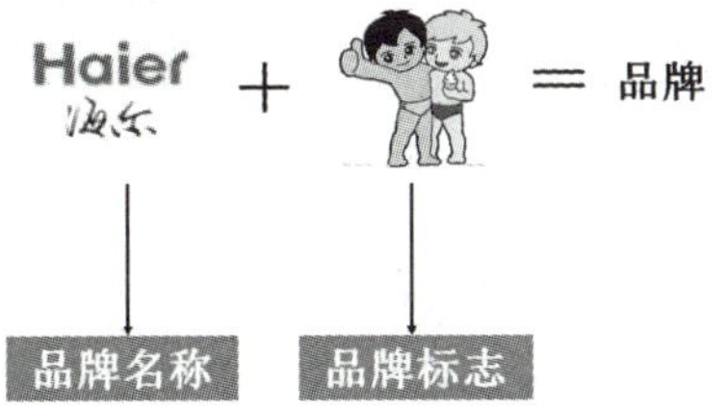

图3-10　品牌解析

指点迷津

商　标

品牌或品牌的一部分经过政府有关部门的审核，获准登记注册则成为商标。商标实行法律管理，企业因此拥有该品牌的专用权，该名称、标志均受法律保护，其他任何企业不得仿效使用。因此，商标是一种法律术语，也就是享有法律保护的某个品牌的一部分。企业的商标可在多个国家注册并受到各国法律的保护。

商标侵权行为是指在同一种产品或类似产品上使用与某商标雷同或近似的品牌，可能引起欺骗、混淆或讹误，损害原商标声誉的行为。

假冒商标行为是指以盈利或者以获取其他非法利益为目的，故意侵犯他人注册商标专用权的行为。

二、品牌的作用

案例3-11

有人做过一组实验，分别将百事可乐和可口可乐通过导管让躺在核磁共振扫描仪上的实验者品尝。当被告知饮用的是自己所钟爱的品牌的可乐时，实验者的扫描图像显示前额叶皮层明显被激活，反之则没有变化。而大脑被这两种饮料刺激时产生的基本愉快值是相近的。这个实验从科学的角度证明品牌的作用，实验者对品牌的偏爱激活了大脑中的记忆、联想、高级认知等区域，从而增加了饮用产品时大脑的愉悦感。

简而言之，品牌影响认知，认知影响产品体验，产品体验影响购买行为。哪个品牌获得了消费者认知上的优势也就等于获得了市场上的优势。人们“喝”的不仅是棕色液体的分子结构，还有品牌认知，并且这种认知极大地影响了人们的感觉。

案例评析

在产品日益同质化的时代，产品本身的物理属性已经相差无几，消费者已很难从产品的外在特征来区分不同企业的同类产品。品牌不仅是区分同类产品或服务的名称和符号，还是在消费者心目中针对企业竞争者所建立的认知优势。品牌聚焦于某个产品特性所建立的差异化概念，是获得消费者关注、建立认知优势的核心。

课堂随笔

1．品牌对生产者的作用

（1）有助于销售产品和占领市场。品牌知名度形成后，企业可利用品牌优势扩大市场，促进消费者对品牌忠诚，吸引更多消费者。

（2）有助于稳定产品的价格，降低价格弹性，增强对动态市场的适应性，减少经营风险。

（3）有助于市场细分和市场定位。企业可以在不同细分市场中推出不同品牌以适应个性消费需求。

（4）有助于新产品开发，节约新产品投入市场的成本。借助成功或成名的品牌，扩大企业的产品组合或延伸产品线，可以使新产品及早成功地进入市场，大大降低新产品的开发风险。

（5）有助于应对竞争者的进攻，保持竞争优势。品牌通过注册得到法律保护，是竞争者无法模仿的。当市场趋向成熟、市场份额相对稳定时，品牌忠诚是抵御行业竞争的有力武器。

（6）有助于塑造和宣传企业文化。

2．品牌对消费者的作用

（1）有助于消费者识别产品的来源或产品的制造企业，从而更有效地选择和购买产品。

（2）消费者可以得到相应的服务便利，如更换零部件、维修服务等。

（3）有利于消费者权益的保护，如选购时避免上当受骗，出现问题时便于索赔和更换等。

（4）有助于消费者避免购买风险，降低购买成本，从而更有利于消费者选购产品。

（5）好的品牌对消费者具有很强的吸引力，有利于消费者形成品牌偏好，满足消费者的精神需求。

三、品牌策略

1．品牌有无策略

品牌有无策略又称品牌化策略，指企业决定对其生产和经营的产品是否采用品牌的策略，具体包括品牌化和无品牌化。

所谓品牌化，即企业为其产品规定品牌名称、品牌标志，并在有关部门注册登记后再上市销售。使用品牌对企业的好处：①有利于订单处理和对产品的跟踪；②保护产品的某些独特特征不被竞争者模仿；③为吸引忠诚消费者提供机会；④有助于市场细分；⑤有助于树立产品和企业形象。因此，大多数企业都对其产品设定了品牌。

尽管品牌化是产品市场发展的大趋势，但对于单个企业而言，是否要使用品牌还必须考虑产品的实际情况，因为在获得品牌带来的诸多好处的同时，建立、维持、保护品牌也要付出巨大成本，如包装费、广告费、标签费和法律保护费等。所以在欧美的一些超市中也出现了一些无品牌的产品，如细条面、卫生纸等一些包装简单、价格低廉的基本生活用品，使得企业可以降低在包装和广告上的开支，以取得价格优势。

所谓无品牌化，即企业对其产品既不规定品牌名称和品牌标志，也不向有关部门注册登记，而直接在市场上销售。企业推出无品牌产品的主要目的是节省品牌化业务方面的费用，降低经营成本和价格，扩大销售。适用无品牌化的产品有：①未加工的原料产品，以及有固定规格、标准，不会因生产者不同而质量、特色不同的产品，如矿石、煤炭、钢材、水泥等；②消费者习惯上不认品牌购买的产品，如信封、信纸、练习簿等；③生产简单，无一定的技术标准，在加工过程中无法形成一定特色，同质性很高，选择性不大的产品，如橡皮筋、纽扣等；④临时性或一次性用品。

2．品牌使用者策略

企业决定对其产品使用品牌之后，还要对使用谁的品牌做出决策，这就是品牌使用者策略。一般来说有以下三种可供选择的策略。

（1）使用生产者品牌。一般情况下，绝大多数生产者都使用自己的品牌。享有盛誉的生产者还将其商标租借给其他中小生产者，并收取一定的特许使用费。

（2）使用经销商品牌（或称中间商品牌）。近年来，经销商的品牌日益增多。西方国家许多享有盛誉的百货公司、超级市场、服装商店等都使用自己的品牌。

有些著名商家（如美国的沃尔玛）经销的 90% 的产品都用自己的品牌。在欧洲市场中，自有品牌占比较高的是英国和瑞士，分别为 47% 和 43%。因此，欧洲做自有品牌开发的零售商有一个共识，即 50% 的占比是自有品牌的一个临界点，一旦达到就很难超越。

生产者是使用自己的品牌还是使用经销商的品牌应视具体情况而定。一般来说，如果生产者具备良好的市场声誉，企业的实力较强，产品的市场占有率较高，那么使用自己的品牌比较明智；反之，则可以考虑采用经销商品牌，这样可以借助经销商良好的市场声誉及完善的销售系统推销自己的产品。

（3）生产者品牌与经销商品牌混合使用，主要有以下三种情形。

① 生产者品牌与经销商品牌同时使用，兼备两种品牌单独使用的优点。

② 生产者在部分产品上使用自己的品牌，另一部分产品批量卖给经销商，使用经销商品牌，以求既扩大销路又能建立品牌形象。

③ 为进入新的市场，先采用经销商品牌，待产品在市场上受到欢迎后再改用生产者品牌。

案例3-12

屈臣氏集团起源于1841年，涉足保健品、美容产品、香水、化妆品、日用品、食品等的零售业务。至2022年年初，屈臣氏拥有沐浴露、洗发水等的1 200多种自有品牌的单品，销售占比已达到15%。

案例评析

屈臣氏的市场定位是要做“个人护理专家”。发展自有品牌正体现了屈臣氏在个人护理用品方面的专业性和创新性。消费者光顾屈臣氏不但选购其他品牌的产品，而且购买屈臣氏的自有品牌产品。自有品牌的增长将帮助公司增加和平衡利润，同时与其他独家代理的产品相得益彰，为消费者带来更多的选择空间。

课堂随笔

3．品牌名称策略

企业如果决定使用自己的品牌，那么接下来要决定其产品是统一使用一个或几个品牌，还是分别使用不同品牌，这就是品牌名称策略。品牌名称策略大致有以下四种。

（1）统一品牌名称，即企业决定其所有的产品都使用同一个品牌名称。当企业所生产经营的各种产品具有密切的关联性且质量水平大致相同时，就可以采用这种策略。这种策略的好处在于，可以节省品牌业务费用，尤其通过品牌扩展可以节省新产品的宣传和促销费用；有利于消除消费者对新产品的不信任感，借助原有品牌良好的声誉可以使新产品顺利上市、迅速打开销路；有利于壮大企业的声势，树立超级企业和超级品牌的市场形象。

这种策略的缺点在于，一旦企业的某个产品出现了问题，就会影响企业其他产品的声誉，从而毁坏整个品牌的形象。它适用于产品生命周期较长的耐用消费品，从跨国公司的发展趋势来看，建立全球化统一品牌是企业竞争国际市场的主要途径，如西门子、雀巢等。企业在采用统一品牌名称策略时应注意以下问题。

① 如果原有品牌声誉不佳，在推出新产品时就应考虑放弃使用统一品牌名称而采用新

品牌名称。

② 采用统一品牌名称策略时，新产品的质量应该与其他产品相同或超过其他产品，否则将会给品牌信誉及其他产品的销售造成不良影响。

（2）个别品牌名称，即企业决定其各种不同的产品分别使用不同的品牌名称。当企业的产品品种较多，生产条件、技术专长等在各种产品上有较大差别时，采用这种策略较为有利。这种策略的好处在于，为每种产品寻求不同的市场定位，有利于增加销售额和对抗竞争者，还可以分散风险，使企业的整体声誉不会因某种产品表现不佳而受到影响。

这种策略的缺点主要是品牌业务的工作量较大，企业要为每个产品分别进行品牌设计和广告宣传，相关的费用支出较大，创立品牌需要付出较多的努力和较长的时间。这种多重品牌策略由宝洁公司首创。宝洁公司认为，单一品牌并非万全之策。因为某种品牌树立之后，容易在消费者心目中形成固定印象，不利于产品的延伸，尤其像宝洁公司这样横跨多个行业、拥有多种产品的企业更是这样。因而宝洁公司不断推出新品牌。目前，这种方法在美容用品、洗涤用品等行业中的运用已经较为普遍。例如，海尔集团拥有海尔、卡萨帝、Leader、GE Appliances、Fisher&Paykel、AQUA、Candy 等品牌。

（3）分类品牌名称，即企业决定不同类别的产品分别使用不同的品牌名称。当企业生产经营多个不同种类的产品，各产品大类之间的相关性又很低时，适宜采用这种策略。这主要是因为企业生产或销售许多不同类型的产品，如果使用一个品牌名称，则这些不同类型的产品就容易互相混淆。

例如，美国某公司同时生产火腿和化肥，这是两种截然不同的产品，需要使用不同的品牌名称，以免互相混淆。因此公司就给它们分别起名。

而有些企业虽然生产或销售同一类型的产品，但由于品质等级的差异，往往也分别使用不同的品牌名称。

例如，美国某茶叶公司所经营的各种产品中，一等品的品牌名称为“安•帕格”，二等品的品牌名称为“苏坦娜”，三等品的品牌名称为“伊欧娜”。

（4）个别品牌名称与企业名称并用，即企业决定其各种不同的产品分别使用不同的品牌名称，同时在各种产品的品牌名称前都冠以企业名称。这种策略实际上是个别品牌名称策略与统一品牌名称策略的结合，因而它兼有两种品牌名称策略的优点。企业多将这种策略用于新产品开发，在新产品的品牌名称上加上企业名称，可以使新产品享受企业的声誉；而采用不同的品牌名称，又可使各种新产品显示出不同的特色。

例如，海尔集团就推出了“海尔—双王子”“海尔—帅王子”冰箱，“海尔—探路者”“海尔—先行者”彩色电视机，以及“海尔—神童”“海尔—小小神童”洗衣机等。

4. 品牌扩展策略

品牌扩展策略是指企业利用其成功品牌名称的声誉来推出改良产品或新产品，包括增加新的功能、包装、规格、式样和风格等。

例如，海尔品牌在冰箱上获得成功之后，又利用品牌优势成功地推出了海尔洗衣机、电视机、热水器、计算机等新产品；金利来从领带开始，扩展到衬衣、皮夹包、皮带等领域。

企业采取这种策略，可以加快新产品的定位，保证新产品投资决策的快捷准确；有助于减小新产品的市场风险，节约促销费用，使新产品能迅速、顺利地打入市场。这种策略的缺点是会影响原有强势品牌在消费者心目中的特定心理定位。当一个品牌在市场上取得成功后，就在消费者心目中有了特殊的形象定位，消费者的注意力也集中到该产品的功用、质量等特性上。若企业推出其他不具备此种形象定位的产品，就会干扰消费者对其品牌的定位，使品牌印象模糊。

案 例 3-13

近年来，人们或多或少都能感受到家电企业在弱化身上的“家电”标签，并总能在其他行业“偶遇”那些熟悉的名字。例如，进军手机、新能源汽车领域的格力；收购库卡后，明确将机器人和工业自动化作为集团发展方向之一的美的；致力于成为互联网企业，为消费者提供智慧家居解决方案的海尔；成立物流企业、不再只卖家电的苏宁；斥资亿元、成立互联网医院公司的国美……如今，纯粹的家电企业似乎已寥寥无几。家电行业为何会频频出现跨界现象？据业内人士分析，家电行业的主流产品（白色家电、黑色家电、传统小家电和厨卫电器）的发展基本全遭遇行业天花板。因此，家电企业想在行业里获得新增长点已成奢望，只能另辟蹊径，从其他领域寻找高增长点。

案例评析

家电企业想要走出一条成功的跨界之路，应当先考虑这条“路”能否为自己的本业所服务。对于格力、美的、海尔等家电大企业来说，跨界是为了寻求更大的提升空间而不得不走的多元化发展道路，这是企业获得更大发展的必经之路。可对于小企业来说，发展还是要讲究专业化战略，即专心把自家的产业做好，否则随意跨界将是“捡了芝麻丢了西瓜”。

课堂随笔

指点迷津

白色家电和黑色家电

白色家电和黑色家电是中国的分类方法，国外通常将家电分为三类：白色家电、黑色家电和米色家电。白色家电指可以减轻人们的劳动强度（如洗衣机、部分厨房电器）、改善生活环境和提高物质生活水平（如空调、冰箱等）的产品；黑色家电指可提供娱乐、休闲功能的产品，如彩色电视机、音响等；米色家电指计算机等信息类产品。

5. 多品牌策略

多品牌策略是指企业决定对同一种或同一类产品同时使用两种或两种以上的品牌。采取多品牌策略的优点：①多一个品牌，企业可以占用更多的零售货架位置，适应消费者不同的需求，挤压竞争者的产品；②新的品牌可以给消费者一个全新的感受，使品牌转换者有更大的选择空间，不致流失，促进企业销售总额的增长；③多品牌能给企业内部各产品部门、品牌经理之间带来竞争和效率，促使产品向各个不同的市场部分渗透，吸引更多消费者；④有利于提高市场占有率，分散企业风险。但是，企业实施多品牌策略必须考虑盈利水平，因为品牌建立需要一定的资源投入，若不能获得相应的市场份额，就会影响企业的经济效益。同时，还要注意协调好多品牌之间的矛盾。

案例 3-14

上海家化联合股份有限公司（以下简称“上海家化”）是中国历史悠久的日化企业，其前身是成立于 1898 年的香港广生行。经过百年发展，公司发展成年销售额逾 50 亿元的大型日化集团，于 2001 年在上海证券交易所上市。

1950—1978 年推出的友谊、雅霜两大品牌，成为新中国成立后最早的护肤品。1978—1990 年推出的“美加净”系列产品成为国内销售量最大、品种规格最全、获奖次数最多、知名度最高的中国民族化妆品品牌，创下多项全国第一。1992—1995 年，从庄臣公司回归上海家化，为打造民族品牌，上海家化向庄臣公司回购了“美加净”和“露美”。同时，上海家用化学品厂改制为上海家化联合公司。上海家化进行了意义深远的第二次创业，开始按当时全球领先的市场管理模式推行品牌经理制度，这为上海家化从一个计划经济下的工厂转变为市场经济下具备竞争力的现代化企业奠定了重要基础。1996—2000 年，上海家化集团诞生。

上海家化已推出六神、美加净、佰草集、双妹、玉泽、启初、高夫等主打品牌，另外还有主攻家居清洁护理领域的家安、主打入门级高端护肤的一花一木、收购的英国最大奶瓶公司汤美星等。

案例评析

上海家化旗下的品牌都有看点，如高国民度的六神、好口碑的佰草集与玉泽、针对潜力市场的启初和高夫，囊括了各个年龄段的消费者。在发展过程中，上海家化也有失败的品牌经历，而且消费者对这些品牌的认知度还不够，信任感也不及一些国外品牌，但是整体的潜力还是值得期待的。

课堂随笔

6．品牌更新策略

品牌更新策略是指废弃原有的品牌而代之以新的品牌。

例如，科龙集团原来生产容声冰箱，后来生产空调时改用科龙这一品牌；联想原先使用 Legend，现在使用 Lenovo 品牌。

随着企业经营环境的变化和消费者需求的变化，品牌的内涵和表现形式也要不断变化发展，以适应社会经济发展的需要。对陈旧的、不适应现有产品特点的品牌加以更换，可带来新的活力；有的产品名声不佳，可通过改用新的品牌重新进入市场。只要社会经济环境在发展变化，人们的需求特征趋向多样化，社会时尚在变，就不会存在一劳永逸的品牌。只有不断设计出符合时代需求的品牌，品牌才有生命力。

案例 3-15

李宁公司成立于 1990 年，经过 30 多年的探索，已逐步成为代表中国的、国际领先的运动品牌公司之一。

创业初始，李宁公司的广告语是“中国新一代的希望”。这是李宁公司的第一个广告语，也是李宁公司成为时尚运动品牌的最初定位。走“农村包围城市”路线后，李宁公司推出“步步为赢”“一切皆有可能”的口号。

从 1997 年开始，李宁公司认识到青年人蕴藏的巨大消费潜力，从而决心将品牌设计风格从单一的大众化塑造成“时尚年轻、具有个性”的城市品牌，相继使用“把精彩留给自己”“我运动　我存在”“季风新运动”作为其广告语。

2000 年，李宁公司在悉尼奥运会前推出的广告语以世界冠军、体操运动员李小鹏为主角，并配以广告语“出色源自本色”。

2001 年，李宁公司推出李宁高尔夫系列产品，希望由此塑造高端市场的品牌形象，广告语为“运动之美　世界共享”。

2010 年 6 月 30 日，李宁公司高调宣布品牌重塑战略，发布全新的标识和口号，并对品牌 DNA（基因）、目标人群、产品定位等做了相应调整，打造“90 后李宁”。李宁公司新口号为“Make The Change”，品牌新标识则抽象了李宁原创的“李宁交叉”动作。

经历了 2011—2014 年品牌年轻化转型的阵痛，2015 年，李宁开始以提供品牌体验价值为定位，成为“互联网＋运动生活体验”品牌，开始拓展国风方向道路。

2020 年以来，李宁的设计理念和整体风格有所转变，设计上逐渐远离国风，走向民族体育与国货潮牌文化相结合的道路。通过将人文思想融入产品，李宁开始以一种新的展现形式将自由、独立、个性的品牌思想传递给消费者。

课堂随笔

案例评析

近年来，随着经济的发展和人民生活水平的稳步提高，体育市场正朝着多元化、精细化和商业化的方向发展，体育产业随之不断发展变化。李宁公司，唯有适应市场的变化，才能“一切皆有可能”。

任务六　认识产品的包装

案例 3-16

2012 年 7 月 6 日，广药集团（王老吉）与加多宝公司于同日分别向法院提起诉讼，各自都主张享有“红罐王老吉凉茶”知名产品特有包装装潢的权益，并据此起诉对方生产、销售的红罐凉茶产品的包装装潢构成侵权。2017 年 8 月 16 日，最高人民法院对广药集团（王老吉）和加多宝公司的包装装潢纠纷案进行了公开宣判。判决称，广药集团（王老吉）与加多宝公司对涉案“红罐王老吉凉茶”包装装潢权益的形成均做出了重要贡献，双方可在不损害他人合法利益的前提下，共同享有“红罐王老吉凉茶”包装装潢的权益。这次宣判标志着历时长达 5 年的凉茶红罐包装争夺战正式落幕。

案例评析

王老吉这个商标已经过了创造知名度的阶段，如果双方不停地争斗，那么只能让消费者搞不清楚状况，降低品牌美誉度。没有永远的品牌，只有创新是永恒的。

课堂随笔

一、产品包装的含义

包装最初是指赋予产品实体一种外在的保护层，使产品在运输、储存及销售过程中避免遭受损毁或减少。在现代经济生活中，“包装”一词越来越被人们广泛地运用，从而也就具有了多种含义。它既可指盛装产品的容器，也可指将产品装入包装物中的行为，还可指对产品的包装物进行设计的管理活动。

包装一般分为三层：第一层是直接包装，指最接近产品的容器或包装物，如饮料瓶；第二层是间接包装，指保护第一层包装的包装物，当产品进入使用状态时，它一般被丢弃，如酒瓶外的包装纸盒；第三层是运输包装，指产品储存、辨认、运输时和方便进一步销售时所必需的包装，如一箱汽水的包装纸盒。

作为整体产品的组成部分，包装的意义已经远远超越了作为容器保护产品的作用，而逐步成为树立企业形象、促进产品销售的重要因素之一。其功能主要体现在保护产品、提供便利、促进销售、增加利润等方面。

二、研究产品包装的意义

产品包装最初的功能是承载和保护产品，使之避免损坏、散落、溢出或变质。随着人们生活水平和审美情趣的提高，消费者对产品包装的要求也越来越高，不仅要求它能妥善地保护产品，还要求它能美化产品，有效地展示产品的特性，使其达到实用化、艺术化和个性化的效果。在现代商品经济中，包装已融为产品的一部分，直接刺激着人们的购买欲望，具有强大的促销力，开始受到越来越多的生产者的重视。

首先，产品包装是消费者对产品的视觉体验，是产品个性的直接传递者和主要传递者，是企业形象定位的直接表现。好的包装设计是企业创造利润的重要手段之一。随着人们生活水平的提高，消费者对产品越来越挑剔，生产者和同类产品之间的竞争也日趋白热化。策略定位准确、符合消费者心理的产品包装设计，能帮助企业在众多竞争产品中脱颖而出。

其次，在产品极其丰富的今天，消费者对每个产品的关注时间都非常短暂。如何让消费者选择自己的产品？必须抓住消费者的目光从货架上扫过的一瞬间。只有包装能够综合利用颜色、造型、材料等元素，使产品醒目地摆在货架上，同时表现出产品、品牌等企业的内涵和信息，才能对消费者形成较直观的视觉冲击，吸引消费者，进而影响消费者对产品和企业的印象。

总之，一种产品能立足于市场、取信于消费者，往往与产品包装有着密切的关系。随着市场经济的发展、人们购买力的不断提高，产品包装对促进产品销售的作用越来越明显。研究设计出适应商业活动和消费者乐于接受的产品包装，对企业发展有着重要的意义。

指点迷津

美国著名认知心理学家、工业设计家唐纳德·诺曼在其代表作《设计心理学》中说，人类的大脑活动有三个层次，分别是本能层、行为层和反思层。

（1）本能层是天生的，指根深蒂固的无意识需求，比如“好看”。

（2）行为层是后天的，指学来的经验和动作，比如“好用”。

（3）反思层最高级，是主动的、有意识的思考，通过思考，人们发现更多乐趣——“好有趣”。

在设计产品时，需要同时考虑满足人们对于“好看、好用、好有趣”的要求。

三、产品包装策略

完善产品包装，美化装潢设计，无论对于增进消费者的利益，还是对于增进企业与社会的经济效益，都有积极的意义。因而，产品包装设计与装潢正成为产品整体设计中的一个重要决策。常见的产品包装策略主要有以下几种。

1. 类似包装策略

类似包装策略指企业对其生产的所有产品采用相同的图案、近似的色彩、相同的包装材料和相同的造型进行包装，体现出共同的特色，使消费者很容易就能识别出是来自同一企业的产品。这种策略便于企业节省包装的设计、制作费用，同时可以树立企业形象，扩大影响，特别是在推出新产品时，可以利用企业的声誉，使消费者首先从包装上辨认出产品，从而迅速打开市场。但类似包装策略只适用于质量相同或相近的产品，一旦质量水平相差悬殊，则优质产品的声誉将蒙受损失。

2. 组合包装策略

组合包装策略又称配套包装策略，指企业根据消费者的消费习惯，将多种有关联的产品组合在同一包装容器内成套供应。例如，化妆品组合包装、节日礼品盒包装等都属于这种包装策略。这种包装既便于消费者购买、使用和携带，又可促进产品的销售，特别是推销新产品时，可将其与老产品组合出售，创造条件使消费者试用、接受。

3. 再使用包装策略

再使用包装策略又称双重用途包装策略，指包装内的产品使用完后，包装物并不作废，还可用作其他用途。例如，各种形状的香水瓶，在香水用完后可作为装饰物；又如设计精巧的果酱瓶，在果酱吃完后可作为茶杯等。这种策略可使消费者感到一物多用，从而激发其购买欲望，促进产品的销售，有时，消费者甚至会为了得到包装容器而去购买产品。带有企业标志的包装物在消费者继续使用的过程中也起到了广告作用，增加了消费者重复购买的可能性。

4. 等级包装策略

等级包装策略指企业根据产品本身的市场定位或消费者的心理需求，为不同质量等级的产品分别设计和使用不同的包装，使消费者根据包装选择产品。若作为礼品，则包装要精致优良；若自己使用，则只需简单包装。这种策略将产品内在质量的差别体现在了产品的包装等级上，适应了不同购买力水平或不同需求层次的消费者的心理，从而促进产品的销售。

5. 附赠品包装策略

附赠品包装策略指在包装容器内除目标产品外另附有赠品，以引起消费者的购买兴趣，扩大销售量。例如，在儿童用品的包装物中附赠玩具、连环画、名人诗词卡片等。这种策略有时还能激发消费者重复购买的意愿，如在珍珠霜盒里放一颗珍珠，消费者买了一定数量之后就能穿成一条项链。

6. 改变包装策略

改变包装策略指企业放弃原有的产品包装，采用新的包装技术、包装材料、包装设计等，对原有产品包装加以改进，以改变产品的原有形象。由于包装技术、包装材料的不断更新，消费者的偏好不断变化，采用新的包装可以弥补原包装的不足，使之更加便于消费者使用，对提升产品形象、扩大销售、提高经济效益有一定的促进作用。

议一议

我国目前的农产品包装有哪些特点？

答案请扫描右侧二维码查看。

四、产品包装设计的未来发展趋势

1. 绿色环保包装设计

绿色环保包装是指可回收利用、不会造成污染的包装。经济的快速发展，加快了对自然生态环境的破坏，各种包装固体废弃物随着人们对产品需求量的增加而增多。包装所带来的环境问题日益突出，人们纷纷致力于研究新的包装材料和环保型设计方法来减少包装废弃物带来的环境问题，在包装设计上力求减少使用后期不易分解的材料，尽量采用质量轻、体积小、易压碎或压扁、易分离的材料；尽量采用无须生物及化学作用就易退化的材料，在保证包装的保护、运输、储藏和销售功能时，尽量减少材料的使用总量等。

2. 个性化包装设计

个性化包装设计是一种牵涉范围广泛、影响较大，主要针对超市、仓储式销售等因销售环境、场地的不同而采用的不同的设计方法。不论是对企业形象、产品本身还是对社会，均有较大影响。这样的产品包装在琳琅满目的货架上很容易引起消费者的兴趣，被消费者接受。

3. 网购包装设计

社会进入电子商务时代，对包装的功能提出了新的要求，随之产品的包装设计遇到了新的问题。网络技术彻底改变了消费者的消费行为和消费方式，包装装潢的促销功能也随之被淡化，但对产品包装的防伪设计提出了更高的要求。一般的包装防伪技术对造假者产生不了作用，可以在包装设计中采用特殊纹理的纸张、特定的颜料与包装设计工艺 / 技术来获得特定的效果，使那些生产假冒伪劣产品的商家因复制成本过高或效果不逼真而知难而退。

因此，包装设计的创新方法与融汇高新科技成果的印刷工业技术强强联手，追求原创性和独特视觉效果是未来包装设计业可持续发展的又一个方向。

案例 3-17

美国发明了一种鱼类保鲜方法：将刚捕捞到的鱼装入塑料袋，袋内注入混合气体（二氧化碳60%、氧气 21%、氮气 19%），密封包装后，放在普通仓库内四个星期后，鱼的外观和味道都不会改变，像刚捕捞到的鱼一样。

日本市场出现了一种活鱼罐头，将活鱼用一种麻醉液浸泡至昏迷状态后装入罐头盒中，两个星期内鱼不会死。烹调前从罐头盒中取出，放入清水中，10 分钟后鱼就会苏醒。活鱼罐头携带方便、清洁卫生、味道鲜美。

缅甸一家食品厂制作出鱼虾速冻产品，该产品经真空密封杀菌处理，耐久存、卫生、可口，可替代罐头食品。

案例评析

包装设计是为消费者服务的，从消费者使用、喜好的角度考虑，应是包装设计的起点。

课堂随笔

指点迷津

绿色包装

绿色包装的内涵：消费者不仅要求包装外观新颖美观，而且要求包装材料无污染、易回收、易降解。

绿色包装的种类：一是再生包装材料，指经物理和化学方法处理后，包装材料可用于再生包装材料；二是可食性包装材料，指人工合成的可食性包装，它无色、无味、无毒，具有韧性、抗油性，能食用；三是可降解包装材料，指包装材料能在自然界中分裂、降解和还原，最终以无毒的形式重新进入生态环境中，回归自然；四是以农业原料或副产品为包装材料，指利用农林原料、植物乳汁或粮食提炼成的蛋白质作为包装材料。

实训与练习

一、判断题

1. 产品就是消费者购买的有形物体。　（　　）

2．人们购买产品是为了得到产品的实体本身，而不是为了得到产品提供的效用或利益。（　）

3．产品生命周期是指产品从进入市场到产品损坏，直至丧失使用价值的全过程。（　）

4．某摄影用品公司经营相机、摄影器材，冲洗照片等，其中相机就是一个产品线，在相机这类产品中，海鸥 DF 相机就是一个产品项目。（　）

5．从市场营销角度看，只有采用新原理、新技术、新材料、新工艺等研制出来的前所未有的产品才能称为新产品。（　）

6．某厂生产的新型手机在广州市场上已经销售半年，最近又北上，在河北开拓新市场，对于河北来说该产品不能算新产品。（　）

7．新产品研制成功后，经过试销程序就可以进行大批量生产，正式投入市场销售。（　）

8．品牌标志是品牌中不能用语言表达，只能通过人们的视觉或触觉加以辨识，使用图案、符号、色彩等表达的部分。（　）

9．包装一般分为三层，其中最接近产品的容器，如润肤露的瓶子，是运输包装。（　）

10．某企业经营儿童“六一”礼品袋，将不同的玩具、学习用品装在一个袋子里，它采取的是附赠品包装策略。（　）

二、选择题

1．产品的整体概念体现了以（　）为中心的现代营销观念。

A．生产　B．利润　C．产品　D．消费者

2．当一位女性消费者购买香水的时候，她买的远远不止一些芳香的液体。香水的形象、香味、名字、包装以及它的制造公司和销售商店，所有这些都已经成为整个香水产品的一部分。香水的形象、香味、名字、包装属于产品整体概念中的（　）。

A．核心产品　B．有形产品　C．附加产品　D．实质产品

3．某电冰箱厂决定生产 170 升、500 升、1 000 升的电冰箱，并把这些不同型号的电冰箱都供应给饭店。该厂采取的产品组合类型属于（　）。

A．单一化组合　B．产品专业化组合

C．市场专业化组合　D．选择性组合

4．某皮鞋企业原来一直生产大众化、价格适中的皮鞋，后来根据市场需求开发了高档皮鞋投放市场，取得了良好的效果，同时还使企业增加了产品线的长度。这种产品组合策略可称为（　）策略。

A．向上延伸　B．向下延伸

C．双向延伸　D．扩充产品组合

5．产品的生产批量小、制造成本高是产品生命周期中（　）阶段的特征之一。

A．成长期　B．引入期　C．成熟期　D．衰退期

6．相对于黑白电视机而言，彩色电视机属于（　）。

A．全新型新产品　B．换代型新产品

C．改进型新产品　D．仿制型新产品

7．品牌的两个基本组成部分是品牌名称和（　）。

A．品牌称谓　B．品牌符号　C．品牌标志　D．品牌图案

8．皮尔卡丹是法国著名的时装品牌，公司推出的服饰、装饰品、日用品、眼镜等，也都使用皮尔卡丹这个品牌，显示其高贵、优雅、豪华的风格。该品牌策略为（　）策略。

A．扩展品牌名称　B．分类品牌名称

C．统一品牌名称　D．个别品牌名称

三、实训题

1．以某实物产品为例，分别描述其核心产品和有形产品，并为其设计附加产品。

2．案例分析一：为消费者设计形象

美国、德国的一些服装商店，不久前推出一种“形象设计服务”。店里专门聘请形象设计专家为每位前来的消费者设计形象。专家根据消费者的身材、气质、经济条件等情况，出主意、做参谋，指导消费者该买什么服装、配什么领带或饰物；头发做成什么式样与服装、身材相称；足蹬什么颜色和款式的鞋才能相得益彰等，从而使服装及其各种配套物品衬托消费者的长处，达到风度迷人的理想境界。这项服务推出后，立即受到广泛欢迎，一时间消费者如云，而且都是服装、饰物整套购买，使商店收入大增。

试运用产品整体概念的理论，分析服装商店为消费者设计形象为什么会使商店消费者如云、收入大增。

3．案例分析二：某食品企业的产品种类已发展到百余种，如表3-3所示。

表3-3　某食品企业的产品种类

方　便　面	饮　品	糕　饼	其 他 产 品	快　餐
小精灵	果汁系列	米饼	房地产	好滋味
小龙女	清凉系列	彩味卷	脱水蔬菜	
小虎队	乌龙茶	乐乐球	包装材料	
小辣椒	纯净水	苏打饼干		
小清新	实粒派	轻巧薄片		
	红茶系列	蛋酥卷		
	绿茶系列	礼包		
		礼盒		

根据表3-3，分析其产品组合。

（1）产品组合宽度为＿＿＿＿＿＿。

（2）产品组合长度为＿＿＿＿＿＿。

（3）产品组合深度：以“小精灵”方便面为例，有袋装、碗装两种规格，分别有葱香牛肉、香辣牛肉、翡翠鲜虾、上汤排骨、泰式酸辣、麻辣牛肉、韩式牛肉七种口味，深度为＿＿＿＿＿＿。

4．案例分析三：王女士是网购达人，平均每天都会收到两三个包裹。她说：“有一次，我买了10个玻璃储物罐，3.5元一个，一个小纸盒应该就能装下了，但收到一个电视机那么大的箱子。我惊呆了，拆开一看，发现卖家是用包红酒的气泡柱包的，每个气泡柱淘宝都要卖0.7元。卖家还用了大量的泡沫和气泡垫来填充。”虽然运费和包装费由卖家承担，但她还是觉得过度包装太浪费了。不过，卖家对此显然有不同的考虑。除了增加牢固度，卖家更多的是希望以此获得消费者好评。宁波曾经从事品牌服装天猫店经营的张先生说：“包装好，很多时候跟货损没多少关系，主要是为了提升消费者体验，得到更多好评。”

问题：你是如何评价网购产品过度包装现象的？你对有效遏制过度包装行为有何建议？

悦　读

为什么“苹果”产品很迷人

为什么“苹果”产品很迷人？为什么“苹果”产品爱好者们都疯狂追随？一个顶级产品的魅力体现在什么地方？“苹果”产品的迷人之处不仅仅在于它的使用价值，还体现在这个品牌本身所具有的品位、优雅、尊贵、时尚等元素。另外，乔布斯的成功更倾向于以消费者为导向，基于对人性的了解、对人的欲望的把握和对需求的细节的把控，把人性营销做到了极致。

（1）未曾营销先造势。往往越是未知的东西，人们便越迫切地想知道真相。而苹果公司利用了人们这种围观和看热闹的心态，让企业使用低成本也能做好宣传。

（2）饥饿营销。苹果公司的产品之所以如此受欢迎，很大程度上源于其对市场供应的控制，也就是使市场处于某种相对的“饥饿”状态。自上市以来，不管市场对这款产品的呼声多高，苹果公司始终坚持限量供应。不少人或许因为买不到，而想买一部试试。有的人甚至花很大的代价得到了自己并不了解的东西，却会满足于得到的喜悦，有时候甚至不清楚自己想要的究竟是什么，而苹果公司的饥饿营销则正好利用了人们这种赶潮流、追时尚的心理。这种强势的营销风格和它的产品一样，让人又爱又恨，欲罢不能。

（3）体验营销——让消费者享受不一样的神秘感受。乔布斯总是会考虑这样的问题：产品的消费者体验是怎样的？苹果公司每款新产品的推介会，都会选择在充满神秘色彩的剧场进行，通过独幕剧的形式对产品进行宣传，激起人们强烈的好奇心。乔布斯在 Macworld 大会上推出 iPhone 的时候，展示了谷歌地图是如何在 iPhone 上使用的。他通过 iPhone 查到了当地的星巴克商店清单，然后说：“让我们打一个试试。”于是他拨通了电话，当着全场观众对电话另一端说：“我要订 4 000 杯拿铁咖啡。不，只是开个玩笑。”虽然这只是一个玩笑，却让电视屏幕前的所有人都有了想买一部苹果手机体验一下的冲动。

（4）口碑营销——让手机从通信工具变成时代玩具。“苹果”产品爱好者们追逐苹果公司的各种产品，常常忘我地向周围的人炫耀自己的爱机，亲自演示，交流使用心得，炫耀爱机的个性配件。

项目四

掌握价格制定策略

学习目标

了解企业的定价目标；掌握产品定价策略和技巧；把控产品价格调整的尺度。

听故事

广东格兰仕集团有限公司（以下简称“格兰仕”）创建于1978年，1992年开始做家电，1998年做到微波炉销售量“世界第一”，并跻身世界最大微波炉生产企业的行列。格兰仕素有“价格杀手”“价格屠夫”的称号，以善用降价武器、不断抢占竞争者市场而著称。格兰仕的价格战的确打得比一般企业出色，其显著特点就是消灭散兵游勇的目标十分明确，微波炉的生产规模每上一个台阶，价格就大幅下调。当企业的规模达到125万台时，就把出厂价定在规模为80万台时企业的成本价以下；当规模达到300万台时，又把出厂价调整到规模为200万台时企业的成本价以下。此时，格兰仕还有利润，而规模低于这个限度的企业，多生产一台就多亏损一台。竞争者只有形成显著的品质技术差异，在某个较细小的市场获得微薄利润，才能抵挡住这种价格冲击，结果一大批规模小且技术无明显差异的企业陷入了亏本的泥潭。

故事感悟 从格兰仕的起家产品微波炉来看，格兰仕舞动的就是“规模—降价”和“降价—规模”的双刃剑，最终格兰仕赢了，一跃成为微波炉“巨无霸”。对于格兰仕而言，价格战只不过是一种表现形式，格兰仕选择的是总成本领先战略，这也是格兰仕进入微波炉行业以来始终坚持的策略。

学知识

在营销组合中，价格是唯一能产生收入的因素，其他因素表现为成本。价格也是营销组合中最为灵活的因素之一，它与产品特征和渠道承诺不同，它的变化是异常迅速的。

（1）从经济学的观点看，价格是严肃的，是产品价值的货币表现形式，是不可随意变动的。价格总是与利润的实现紧密联系在一起：价格 = 总成本 + 利润。从经济学角度来说，定价是一门科学。

（2）从市场营销学的观点看，价格是活泼的，是可以随时随地根据需要而变动的。从营销学角度来说，定价的艺术成分多于科学成分。

案例 4-1

马鞭的定价

宋朝时，开封的市场上来了个卖马鞭的人，他的马鞭看上去似乎并不出众。

有个人问他：“喂，卖马鞭的，你的东西多少钱呀？”

他开口就把人吓一跳：“5万文（货币单位）。”

买东西的人说道：“你是不是疯了？别人才卖50文，你怎么卖这么贵？50文怎么样？”

卖马鞭的人忽然笑了起来，不理睬他。这个人又试探道：“那500文呢？”

卖马鞭的人表现出很生气的样子。

这个人知道这根马鞭不值什么钱，存心逗他，就说：“5 000文总该行了吧？”

卖马鞭的人大怒道：“你不想买就走，不用啰唆，我是一定要5万文才卖的！”

这时，有个有钱的少爷来买鞭子，见这个卖鞭子的人态度如此坚决，以为这根鞭子真的有什

课堂随笔

么独特之处，就出5万文买了下来。然后，他就拿着这根昂贵的马鞭，到处去给人欣赏并炫耀说："瞧我这根马鞭，值5万文呢！"

案例评析

通过这个故事，可以看到营销定价的艺术性——一根普通的马鞭，可以卖50文，也可以卖500文、5 000文，甚至5万文。所以，有人讲：价格是一把剑，能削来利润，能击退对手，也能刺伤自己，就看舞剑者的功夫。为了达到预期的目标，让我们来共同练功吧！

任务一　明确企业的定价目标

当作为一个消费者购物时，你是否想过：商家为什么这样定价？价格是否可再定高一点？稍降低价格会出现什么情况？商家定价需要考虑哪些因素呢？

定价目标是企业制定价格时应该首先考虑的因素。一个企业的目标越清晰，制定价格越容易。

一、当期利润最大化目标

营销的最终目标是企业获得利润。所以，利润最大化是企业定价的重要目标之一，它是指企业将利润最大化作为企业财务管理的最终目标。追求最大利润，几乎是所有企业的共同目标。但利润最大化并不等于制定最高价格，因为定价偏高，消费者不能接受，产品销售不畅，反而难以实现利润目标。同时，高价会刺激竞争者介入及仿冒品增加，更不利于提高企业的市场地位与形象。所以，希望实现利润最大化也可以制定低廉的价格。

二、市场份额领先目标

这是很多企业采用的一种定价目标。较高的市场份额可以保证企业产品的销路，便于企业掌握消费者需求的变化，易于企业形成控制市场和价格的能力。拥有最大的市场份额后企业将享有最低的成本和最高的长期利润。为争取市场份额领先，企业需要制定一个尽可能低的价格，广开销路。

格兰仕微波炉，当初就是用低价来击退竞争者而获得市场份额最大化，形成规模效应的。格兰仕用价格这个武器为自己带来了丰厚的利润。

具有下述条件之一时，企业就可考虑通过低价来实现市场占有率的提高。

（1）市场对价格高度敏感；

（2）生产与分销的单位成本会随着生产经验的积累而下降；

（3）低价能吓退现有的和潜在的竞争者。

三、产品质量优化目标

如果企业想树立在市场上占有产品质量领先地位的目标，那么往往会用高价格来弥补高质量和研究开发的高成本。但不可忘记：产品优质优价的同时，应辅以相应的优质服务。

海尔在这方面就做得非常棒。在国内生产者大打价格战时，海尔结合产品档次和服务水平的提高，在产品价格方面始终坚持比同行高的价格策略，不断塑造海尔的品牌价值。在一波又一波的价格战中，海尔始终没有追杀，而是保持自己的良好形象。海尔也成了哈佛商学院写入哈佛案例的第一家中国企业。

四、生存目标

生存目标是企业处于不利环境中实行的一种特殊的过渡性目标。当企业生产能力过剩、竞争激烈或消费者需求改变时，为避免倒闭，企业必须制定一个低的价格，借助大规模的价格折扣，以保本价格甚至低于成本的价格出售产品，以期迅速收回资金，维持营业，争取研制新产品的时间，重求生机。

在“非典”期间和新冠肺炎疫情暴发以来，市场不景气，许多餐饮企业为了生存，在定价时只求保本，待抗疫胜利、市场需求回升后再提高价格。此外，也有一些企业集团或公司为方便接待来往的客户而开办餐饮企业，此类餐饮企业也通常以保本为定价目标。

案例 4-2

小A在多家美容院积累一定的工作经验后，考取了高级美容师证。在家人的帮助下，她在一个生活区内开了一家美容院。美容院虽然不大，但在她的精心布置下充满着家的温馨。在美容院创建初期，为了生存，她将美容项目的价格定得非常低，甚至是其他美容院同类项目价格的一半。初期，到她店里来的大多是她原来工作过的美容院的老客户。同样的美容师、同样的产品，价格却是原来的一半，通过口口相传，更多的消费者走进了她的美容院。于是小A的美容院在竞争激烈的市场上生存了下来。

课堂随笔

案例评析

小A明白，对于一个涉世不深的女孩来说，在美容院开张初期，生存下去是最重要的。所以，她首先采用低价来聚人气，再用优质服务、良好技巧留住消费者。当然，美容院要生存下去并获得越来越多的利润不能一直以低价位来取悦消费者，因此，她后来只是把美容院作为开展各项其他业务的固定场所，如她还从事保险等业务。

五、防止竞争目标

这种定价目标是指企业按照竞争需要来制定价格。一般来说，企业对竞争者的行为都十分敏感，尤其是价格。企业从有利于竞争的目标出发选择定价目标，一般有以下几种方法。

（1）力量较弱的企业，应采用以与竞争者相同或略低于竞争者的价格出售产品的方法。

（2）力量较强的企业想扩大市场占有率，可采用以低于竞争者的价格出售产品的方法。

（3）资本雄厚并拥有特殊技术，或产品品质优良，或能为消费者提供较多服务的企业，可采用以高于竞争者的价格出售产品的方法。

（4）为防止其他企业加入同类产品竞争的企业，在一定条件下，往往采用一开始就把价格定得很低的方法，从而迫使弱小企业退出市场或阻止竞争者进入市场。

案例4-3

2012年，京东商城、当当网、天猫、亚马逊、易迅、苏宁易购、国美网上商城七大电商展开的价格战就是一场以竞争为目标，被业界冠以“史上最强的电商价格战”。在这场战争中，各电商投入了近70亿元，产生了1.1万亿元的销售额。

与2012年只有“价格战”一个关键词相比，2013年的电商大战增添了不少新内容。但2013年的价格战热度丝毫未减。2013年6月，为了年中促销，各大电商摩拳擦掌，先是口水战，从京东商城推出“别闹”开始，其他电商纷纷用“别”字组词造句，像苏宁的“别慌”、国美的“都别装”、天猫的“别扯”、易迅的“别吹”、当当网的“都别吵”。随后就是实打实的价格战。这次价格战涉及面更广，不仅京东、苏宁易购、天猫等价格战老手参与其中，之前对价格战不怎么热衷的亚马逊和当当网也加入了战团。

与之前不同，近两年的6月18日并未突然出现流量井喷场面。一位业内人士说：“现在电商价格战不是集中在一个时间点，而是拉伸到整个6月。进入6月，各大商家都开始促销，并在17、18、19日形成小高潮。”

案例评析

自从电商的集中价格战诞生之时，就有业内人士分析，这种集中烧钱的发展模式不可能持续，但价格战依然有持续的趋势。电商有精力持续下去，消费者也乐享其成，只是其消费观念会变得越来越理性。电商经过比拼，优胜劣汰是必然的，只有在优胜劣汰之后，市场才能有序地发展。

课堂随笔

指点迷津

电子商务

“电子商务”一词是 Electronic Business 的翻译，指通过电子手段进行的商业事务活动。通过使用互联网等电子工具，使企业、供应商、客户和合作伙伴之间利用电子业务共享信息，实现企业间业务流程的电子化，配合企业内部的电子化生产管理系统，提高企业的生产、库存、流通和资金等各个环节的效率。

任务二　分析影响定价的因素

产品价格的上限取决于产品的市场需求水平，产品价格的下限取决于产品的成本。在最高价格和最低价格的范围内，企业能将产品价格定多高，取决于竞争者同类产品的价格水平、买卖双方的议价能力等因素。影响企业定价的因素很多，主要有以下几个方面。

一、成本

虽然从营销角度来看，定价是一门艺术，但进行产品定价时也不能异想天开。价格通常以产品的生产成本为主要依据。因此，产品的生产成本是影响企业定价的重要因素，也是产品价格的最低经济界限。产品成本是企业核算盈亏的临界点，产品售价大于产品成本时企业才有可能盈利，反之则亏本。

一般情况下，产品的成本越高，其价格也越高；成本越低，其价格也越低。产品的总成本除包括生产成本外，还包括产品在流通环节的流通费用。工商企业并不以个别成本去决定产品的价格，而是以社会平均成本为依据制定产品的价格，所以企业应努力降低其个别成本。如果企业个别成本低于社会平均成本，那么可获得高额利润，并有充分的调价余地，企业的市场竞争力也较强。

二、需求

考虑需求因素对定价的影响时，应建立在对下述几点理论的理解基础之上。

1．产品供求关系

通常，当产品供小于求（供不应求）时，形成卖方市场，价格可定得较高；当产品供大于求时，形成买方市场，价格应定得较低。

中秋节前几个月，因月饼制作量大，导致蛋黄需求量大，所以，鸡蛋的价格会涨；春节期间，少数餐饮店营业，用餐价格会比平时上涨一些。

2．需求弹性

需求弹性是指因收入和价格等因素变动而引起的需求量的相应变动率，反映需求变动对收入变动、价格变动的敏感程度。

（1）需求收入弹性（因收入变动引起需求相应变动的变动率）。需求收入弹性大的产品一般包括耐用品、消费品、高档食品、娱乐支出等。在消费者货币收入增加时会导致对这类产品需求量的大幅度增加。

当收入增加后，消费者心理也会发生改变，考虑的消费项目就不仅仅是温饱问题，还会视收入增加的幅度考虑美容、美发、旅游、购车、购房等。

需求收入弹性小的产品一般包括生活必需品。在消费者货币收入增加时会导致对这类产品需求量的增加幅度比较小。

盐、油等生活必需品并不会因为人们收入增加而大幅度增加其使用量。

需求收入弹性为负值的产品，意味着消费者货币收入的增加将导致对这类产品的需求量下降。

收入增加、生活质量提高后，人们通常会减少对一些低档食品、低档服装等低档次商品的购买。

（2）需求价格弹性（因价格变动引起需求相应变动的变动率）。需求价格弹性用弹性系数 E 表示：

$$E=(\Delta Q/Q)/(\Delta P/P)$$

式中，E 为需求价格弹性系数；P 为原价格；Q 为原需求量；ΔP 为价格的变动量；ΔQ 为需求的变动量。变动曲线如图 4-1 所示。

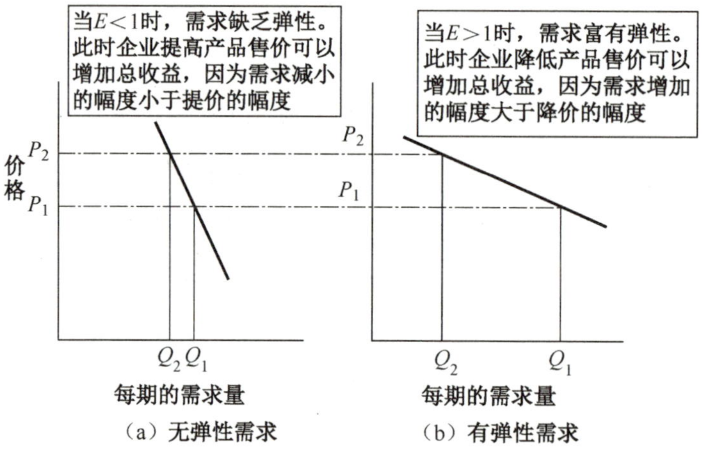

图4-1　需求价格弹性变动曲线

有的产品价格稍微变动，就会引起需求量发生很大变化，如价格从 10 元降到 9 元，价格降低 10%，可使需求量增加 100%，需求量的变动是价格变动的 10 倍。而有的产品大幅度变动价格，引起需求量的变动很小，如价格从 10 元降到 5 元，价格降低 50%，需求量只增加 25%，需求量的变动只是价格变动的一半。一般来说，需求价格弹性可分为以下几种。

① $E>1$，为弹性充足，即需求量的相应变化大于价格的自身变动，价格的升降与总收入的增减成反比，可采取降价策略。定价时，可通过降低价格、薄利多销达到增加盈利的目的。

② $E<1$，为弹性不足，即需求量的相应变化小于价格的自身变动，价格的升降与总收入的增减成正比，可采取提价策略。定价时，较高水平的价格往往会增加盈利，低价对需

求量的刺激效果不大，薄利不能多销，反而会降低收入水平。基本生活用品、生产资料多属于这种情况。

③ E=1，为弹性不变，即需求量与价格等比例变化，是弹性大和弹性小的分界点。定价时，可选择实现预期盈利率的价格或通行的市场价格，同时把其他市场营销策略作为提高盈利水平的手段。

影响价格敏感度的九个因素如下。

- 独特价值效应：产品越独特，消费者对价格的敏感度越低。
- 替代品知名效应：消费者对替代品知之越少，对价格的敏感度越低。
- 难以比较效应：消费者越难以对替代品的质量进行比较，对价格的敏感度越低。
- 总开支效应：开支在消费者收入中所占比重越小，消费者对价格的敏感度越低。
- 最终利益效应：开支在最终产品的全部成本中所占比例越低，消费者对价格的敏感度越低。
- 分摊成本效应：一部分成本由另一方分摊时，消费者对价格的敏感度低。
- 积累投资效应：产品与以前购买的产品可合在一起使用时，消费者对价格的敏感度低。
- 价格质量效应：消费者认为某种产品质量更优、声望更高或是更高档时，对价格的敏感度更低。
- 存货效应：消费者越无法储存产品，对价格的敏感度越低。

三、市场竞争

企业必须考虑竞争者的价格情况，力求定出对竞争更有利且受欢迎的价格。市场竞争一般分为完全竞争市场、不完全竞争市场、垄断竞争市场和完全垄断市场四种情形。

1. 完全竞争市场

完全竞争市场即不存在任何垄断的市场，主要特点如下：①有大量的买者和卖者；②产品是同质、无差异的；③各种资源可以自由流动；④买卖双方均拥有完整的信息和知识体系等。如果出现完全竞争，那么企业可采取随行就市的定价策略。例如，对于一些生产简单、供应来源便捷的日用小商品，任何企业都不可能通过加强营销措施来提高价格，只能接受市场竞争中形成的价格。

2. 不完全竞争市场

不完全竞争市场即竞争和垄断并存，并以竞争为主的市场，主要特点如下：①生产者数量多；②产品存在差异；③竞争激烈，竞争方式多为价格竞争或非价格竞争等。如果出现不完全竞争，那么企业在制定价格时，应当认真周密地分析、研究竞争者的价格和价格策略，制定针锋相对的价格措施，力争竞争的主动性。

3. 垄断竞争市场

垄断竞争市场即竞争和垄断并存，并以垄断为主的市场，主要特点如下：①生产者数量少；②存在垄断组织；③规模经济显著；④存在进入障碍等。如果出现寡头竞争，那么企业不能随意改变价格，只能相互依存，彼此价格接近。例如，汽车、飞机制造业、钢铁业等都可能出现垄断竞争。

4. 完全垄断市场

完全垄断市场即完全由一个生产者控制的市场，主要特点如下：①该生产者代表行业；②该生产者是价格的制定者；③该生产者的产品缺乏相近的替代品；④存在进入障碍等。如果出现完全垄断，那么垄断企业可以控制市场价格。拥有资源垄断、专卖、专利产品的企业，如电信公司、电力公司、自来水公司等，都处于垄断地位。非垄断性企业定价时应十分谨慎，以防垄断者的价格报复。

四、消费者行为

消费者在消费过程中会产生复杂的心理活动，并支配消费过程。因此，在企业制定产品价格时，不仅应迎合不同消费者的心理，还应促使或改变消费者行为，使其向有利于企业营销的方向转化。

冲动型和情感型消费者对产品价格不十分重视，而主要注重产品的质量、花色、式样等，对这类消费者，产品定价可视市场状况略调高；习惯型消费者对零售商或品牌等产生了信任或偏爱，企业定价可略高；对理智型和经济型消费者，企业应依质定价。

例如，英国某百货公司推出售价为148美元的三明治。此三明治以昂贵的日本和牛牛肉为原料，佐以法国鹅肝、新鲜黑块菌、欧洲优等的布里奶酪。这个价格的三明治对于一般消费者来讲是天价，但对于高收入、讲究生活情趣、喜欢新鲜事物的消费者而言，则是一种消费体验。

五、国家政策法规

企业在定价过程中要充分考虑政府宏观调控政策、市场管制措施及有关法规。政府主要运用经济、法律和行政手段对经济运行进行调控，或直接对市场价格实行最高限价和最低限价的管制。

例如，设立雄安新区的消息公开后，一大批“炒房团”开始观望，准备在新区置业，“炒房团”的行为无疑会带动此地房价飞速上涨。针对有上涨趋势的雄安新区房价，雄安新区临时党委、筹委会坚持“房子是用来住的、不是用来炒的”的定位，严禁大规模开发房地产，对新区区域内的有关土地、房地产开发等项目逐一摸底调查，逐一核对登记，分门别类、集中清理、依法整治，坚决严厉打击土地、房地产领域的违法犯罪行为，对炒房炒地、圈地囤地等行为，持续保持严管、严打的高压态势。

除了上述主要因素，企业定价还必须考虑企业实力的强弱、企业经营政策、分销渠道、营销组合等其他因素。企业在制定价格策略时，必须综合、充分地研究影响价格的多种因素，制定出合理的产品价格。

任务三　选择产品定价方法

指点迷津

占领了一个价格带，就等于占据了一个时代。主流价格带，也就是销售量最大的价格带。无论是传统的大单品，还是互联网的爆品，都产生在主流价格带上。一个价格带，在相当长的时间内是稳定的。所以主流价格带就是社会需求的“最大公约数”，是诞生超级大单品的价格带。

所有的营利性组织和许多非营利性组织都面临着一个给产品或服务制定价格的任务。一般来讲，小企业是由老板来制定的；在大企业里，由高层管理者制定企业总的定价目标和政策，然后由下一级管理部门提出建议价格。部分企业不知如何科学地制定价格，就只好用开会举手表决的方式来处理。一些专业的企业将价格作为一个关键的市场战略工具，根据产品的基本价值和成本来制定价格和提供服务。

依照不同的价格制定依据，大体上可将定价方法分为以下三大类。

一、成本导向定价法

1．成本加成定价法

成本加成定价法，即在单位产品成本基础上加上一定比例的预期利润和税金构成价格的方法。其基本计算公式如下：

单位产品价格 =（单位固定成本 + 单位变动成本）×（1+ 成本加成率）

固定成本又称固定费用，是指成本总额在一定时期和一定业务量范围内，不受业务量增减变动影响而能保持不变的成本，如厂房和机器设备的折旧、财产税、房屋租金、管理人员的工资等。

变动成本是指成本总额在相关范围内随着业务量的变动而线性变动的成本。直接人工支出、直接材料支出都是典型的变动成本。

【例题】某生产企业制造 A 产品的固定成本是 300 000 元，单位变动成本是 10 元，预计销售量是 50 000 个，则 A 产品的单位固定成本为多少元？企业想在销售额中实现 20% 的利润，该以多少元出售 A 产品？

解题思路：

单位固定成本 = 固定成本 / 预计销售量 =300 000÷50 000=6（元）

单位产品价格 =（单位固定成本 + 单位变动成本）×（1+ 成本加成率）

=（6+10）×（1+20%）=19.2（元）

如果某品牌的价格弹性低，那么加成率可相对高些；如果其价格弹性高，那么加成率可相对低些；如果其价格弹性适中，那么加成率也应保持相对稳定。

成本加成定价法的优点：计算简单、简便易行，可以使企业获取预期利润。

成本加成定价法的缺点：忽视市场需求和竞争状况，缺乏灵活性。

2．目标利润定价法

目标利润定价法，即根据估计的销售收入和估计的销售量来制定价格的方法。其计算公式如下：

单位产品价格 = 单位变动成本 +（总固定成本 + 目标利润）÷ 预计销售量

运用这种定价方法时若不能正确测算价格与销售量间的关系，则可能因价格过高而导致销售量达不到预期水平的被动局面，以致企业难以实现投资回报。故此方法适用于产品市场潜力很大，而需求价格弹性不大、市场占有率较高的企业或垄断企业。

上例中，假设预计销售量是 50 000 个，只想保本的话，则保本点价格为

单位变动成本 + 总固定成本 ÷ 预计销售量 =10+300 000÷50 000=16（元）。

上例中，假设预计销售量达到 50 000 个时，想赚取 200 000 元的目标利润，则价格为

单位变动成本 +（总固定成本 + 目标利润）÷ 预计销售量 =10 +（300 000 + 200 000）÷ 50 000 =20（元）。

利用上述公式，也可以计算保本销售量，如果以 20 元的价格出售上述产品，则保本销售量为

总固定成本 ÷（单位产品价格 – 单位变动成本）=300 000÷（20–10）=30 000（个）。

3．边际成本定价法

边际成本定价法又称边际贡献定价法，即在定价时只计算变动成本，不计算固定成本的方法。只要定价高于变动成本，就可获得边际收益。此方法的重点是在考虑变动成本的回收后尽量补偿固定成本。其计算公式如下：

单位产品价格 =（总变动成本 + 边际贡献）÷ 预计销售量

这种方法一般在竞争十分激烈、市场形势严重恶化的情况下采用。此时高价会导致产品滞销积压、丢失市场，因此不如低价保市场，减少库存积压，减少企业损失。只要售价不低于变动成本，生产就可以维持；如果售价低于变动成本，那么生产越多，亏本越多。

上例中，单位固定成本为 300 000÷50 000=6 元，单位变动成本为 10 元，因此单位成本为 16 元，这意味着价格低于 16 元就要亏损。现在假设出现一个机会，有人愿意以 13 元的价格购买企业积压的产品，这时企业应不应该抓住这个机会呢？如果市场竞争激烈，答案是应该。企业的短期目标是生存，生产能力过剩，或者固定成本已经收回，可以利用边际成本定价法抓住这个机会。因为 13 元除了可以弥补 10 元的变动成本，还可以弥补 3 元的固定成本。

二、需求导向定价法

1．认知价值定价法

这是以买方对产品价值的认知和需求强度为定价依据而不是依据卖方的成本定价的方法。

例如，被誉为“现代营销学之父”的菲利普•科特勒，2002 年曾在中国某个城市演讲，讲座门票分 9 800 元、5 880 元和 3 980 元三档。2011 年 6 月，他在广州、宁波、苏州三个城市的演讲门票高达 19 800 元，但仍吸引了近 4 000 名企业家、学术专家等商业领袖参与。这是因为主办方在制定价格时已准确预测到菲利普 • 科特勒的讲座价值。

消费者对产品的认知价值，是消费者根据自己对产品的功能、效用、质量、档次等多方面的印象，综合购物经验、对市场行情和同类产品的了解而对价格做出的评判，其实质是产品的效用价格比，其关键是消费者对价值的理解和认可。因此，运用认知价值定价法的关键有两点。

（1）充分运用各种营销策略影响和提高消费者对产品同竞争者的同类产品相比较而言的认知价值。

（2）尽量准确估测消费者对产品的认知价值。估测过高，会造成定价过高而使消费者感到企业漫天要价，从而抑制购买；估测过低，又会造成定价太低而使消费者怀疑产品的质量，从而也不愿购买。

认知价值定价法的步骤如图 4-2 所示。

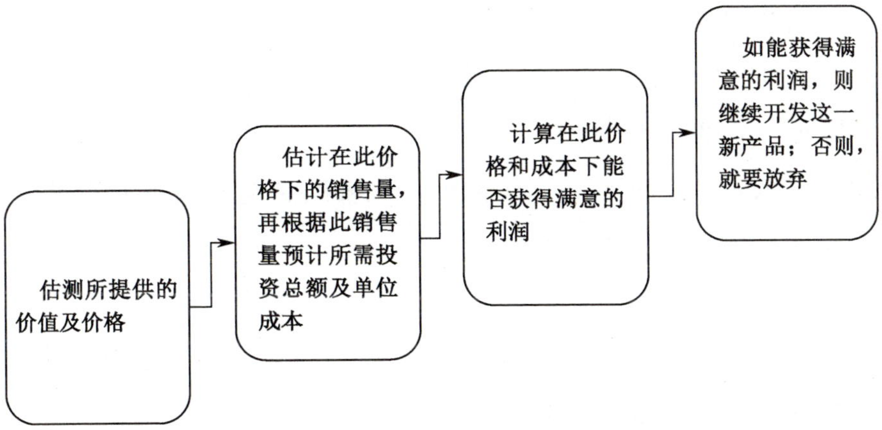

图4-2　认知价值定价法的步骤

2．反向定价法

反向定价法是指企业依据消费者能够接受的最终销售价格，逆向推算出产品的出厂价、批发价、零售价的方法。这种定价方法不以实际成本为主要依据，而是以市场需求为定价的出发点，力求使价格为消费者所接受。分销渠道中的批发商和零售商多采取这种定价方法。在如今的商业渠道中，此方法已成为批发商或供应商向终端零售商提供价格参考的常用计算方法。其思路如下：消费者愿意支付的价格→（零售价、批发价）→出厂价→（总收入、总成本）→利润总额→是否合算。

三、竞争导向定价法

一般有三种竞争导向定价法，即随行就市定价法、密封投标定价法和主动竞争定价法。

1．随行就市定价法

随行就市定价法是指企业按照行业的平均现行价格水平来定价的方法。随行就市定价法有利于与竞争者和平相处，避免因价格竞争带来的风险，保证企业获得利润。同时，市场通行价格也易于被消费者接受，从而保证产品销路。

例如，某大型商超开业初期，采用低价策略成功地打开了市场后，下一步便是针对主要竞争者制定价格。该商超每周三都要派出大量人员到两个主要竞争者处采价，然后迅速汇总，星期四晚上调整价格，迎接周末的销售高峰。在竞争导向定价法中，它主要运用了随行就市定价法，以主要竞争者的价格作为基础，稍微进行下调，从而既保证了价格的优势，又不致使收入过分降低。

以下情况适合采用随行就市定价法。

（1）产品难以核算成本，或打算与同行和平共处，或另行定价揣摩不准竞争者和消费者的反应时；

（2）在完全竞争市场销售相同产品时，实际上只能随行就市；

（3）寡头垄断市场上，由于企业太少，也难以用不同价格增加收益。

2．密封投标定价法

密封投标定价法即由密封投标竞争的方式确定产品价格的方法。企业定价的基点主要以预期竞争者的价格为基础。

投标竞争的过程中如果报价高，利润就大，但中标机会小，失标利润为零；如果报价低，中标机会就大，但利润低。因此，企业为了中标，会将价格定得低于其他投标者，但一般不得低于边际成本，否则会亏损。

报价时既要考虑成本大小和利润水平高低，又要结合竞争者的状况和中标概率的大小，正确处理好利润与失标风险之间的关系。

3．主动竞争定价法

主动竞争定价法即企业根据产品实际情况及与竞争者的产品差异状况来确定价格的方法。例如，东鹏特饮就是运用的此定价法。

案例 4-4

在市场区隔上，红牛作为曾经的行业老大，主要在一、二线市场，而东鹏特饮将目标定在二、三线及以下市场，成功避开了跟红牛的正面冲突；在渠道上，红牛主要集中于关键客户和连锁便利店，而东鹏特饮在小店领域做得非常棒；在价格上，容量同样为250毫升的产品，红牛主流终端价为5.5～6元/罐，而东鹏特饮终端价为3.5元/瓶。

以上这些定价方法不仅各自有其特点和要求，而且相互补充。在实际营销活动中，企业应在全面考虑成本、需求及竞争状况的基础上选择适宜的定价方法。

任务四　选择产品定价策略

指点迷津

菲利普·科特勒说：营销不是卖产品，而是卖价格。

中国著名营销实战专家金焕民说：销售是通过价格把产品卖出去，营销是通过产品把价格卖出去。

定价方法着重于确定产品的基础价格，而定价策略是根据市场中不同的变化因素对产品价格的影响程度，运用不同的定价艺术与技巧，制定出适合市场变化的产品价格，从而实现定价目标的企业营销战术。定价策略的宗旨在于使产品的价格既能为消费者所接受，又能为企业带来较多的利润。

一、新产品定价策略

新产品刚上市时一般采用以下三种定价策略。

1．高价定价策略——撇脂定价策略

高价定价策略，即在新产品上市之初，将价格尽可能定得很高，以期在短时间内获得更大利润，就像从牛奶中撇取油脂一样。

高价定价策略适用于具有独特的技术、不易被仿制、有专利保护、生产能力不太可能迅速扩大等特点的新产品，同时市场上要存在高消费或时尚性需求。

高价定价策略的优缺点分析如图4-3所示。

图4-3　高价定价策略的优缺点分析

案例4-5

1996年，中国大陆的第一家哈根达斯专卖店在上海开业。哈根达斯颠覆了人们对冰激凌的想象，一个便宜的冰激凌球也要25元，一份豪华的主题冰激凌动辄上百元 。广州繁华的天河城、上海热闹的南京路、杭州别致的西湖边上，哪里的位置高级，哈根达斯就往哪里开。“爱她就请她吃哈根达斯”这句广告词让哈根达斯成为年轻情侣的爱情信物。

案例评析

当时的中国冰激凌市场中，大多是价格低廉的普通冰激凌，而打着“进口”“优质”名号的哈根达斯，正好可以填补高端冰激凌市场的空白。麦肯锡在中国的一项调查显示，20%的消费者为体验支出更多，而为产品本身支出更多的人只有13%。因此，哈根达斯正是瞄准了中国人对高端消费体验的需求，填补了国内同类消费情境的空白。不过，随着越来越多新潮网红店的出现，哈根达斯“进口”“奢华”的标签，越来越难打动今天的年轻人。赢惯了的哈根达斯，如今也面临着全新的市场挑战。

课堂随笔

2．低价定价策略——渗透定价策略

低价定价策略即在新产品投入市场时，以较低的价格吸引消费者，从而很快打开市场，就像倒入泥土的水一样，很快从缝隙里渗透到底，从而获得更大的市场份额。

低价定价策略作为一种长期价格策略，适用于能尽快大批量生产、产品差异小、特点不突出、易仿制、技术简单、消费者对价格敏感的新产品。

低价定价策略的优缺点分析如图4-4所示。

图4-4　低价定价策略的优缺点分析

3．温和定价策略——适中定价策略

对于一般产品来说，价格定得过高，不利于打开市场；价格定得太低，则可能出现亏损。因此，稳妥可靠的策略是将产品的价格定得比较适中。温和定价策略吸取了上述两种定价策略的长处，采取比高价定价低、比低价定价高的适中价格，使企业既能获得一般利润，又能吸引消费者，赢得消费者的好感。

二、心理定价策略

企业在进行定价时，不能只从经济学角度出发，还要多研究消费者的心理。消费者的价格心理是非常微妙的。

案例4-6

意大利奢侈品牌阿玛尼、美国服装零售商GAP所出售的女士黑色T恤实际上并没有太大的区别，但它们的价格有着天壤之别。阿玛尼的标价为275美元，GAP的标价为14.9美元。而实际所含成分，阿玛尼的T恤含70%的尼龙、25%的涤纶、5%的蛋白纤维，GAP的T恤则是全棉。

案例评析

阿玛尼的T恤看起来比较时尚，产自意大利，带有明显的意大

课堂随笔

利原产地烙印，作为一个全球著名的奢侈品牌，阿玛尼因其价格高达数千美元的套装、手袋和晚礼服而出名，在这种情况下，它的T恤不可能采用与GAP相类似的价格，否则有悖于阿玛尼的形象价值；275美元一件的阿玛尼女士黑色T恤通常属于限量版，因为没有太多人会购买价格如此高昂的T恤，这又凸显出阿玛尼限量版T恤所能够彰显出的身份价值，所以支撑阿玛尼的限量版T恤卖到了两三百美元一件的高昂价格。

指点迷津

消费者价格心理

消费者价格心理是消费者在购买活动中对产品价格认识的各种心理反应及表现，是由消费者自身的个性和其对价格的知觉判断共同构成的，受到社会生活各个方面的影响。

1. 整数定价策略

整数定价策略是将产品价格采取合零凑整的办法。企业有意将产品价格定为整数，以显示产品具有一定质量，这样给人以高档的感觉。

炫耀性产品、贵重物品、价格较贵的耐用品，以及车、房、名贵礼品等适合整数定价策略。

10万元左右的汽车一般不会定为99 999元，因为车是家庭的重要大件物品，消费者不会在乎几元钱，如果定价为100 008元，就会比99 999元要高一个档次，能显示消费者的地位、身份，满足其“自尊心理”的需要。

2. 尾数定价策略

尾数定价策略是利用消费者的某种数字认知心理，尽可能在价格数字上不进位，而保留零头。消费者会认为这种价格经过精确计算，购买不会吃亏，从而产生信任感。同时，价格虽离整数仅相差几分或几角钱，但给人一种低一位的感觉，符合消费者求廉的心理愿望。这种策略具有一定的促销作用，通常适用于基本生活用品，对名牌、优质产品不一定适合。

经常可见换季打折衣服处写着：现价19元！商家为什么不定价为20元呢？因为一元之差，却让消费者觉得产品的性价比不一样。如果定价为20元，那么它的十位数是“2”；而定价为19元，它的十位数是“1”，给人的感觉是两种定价差了10元。再如，有的药品定价为5.9元，而不是6元。

3. 声望定价策略

声望定价策略是利用消费者“一分钱一分货”的心理和仰慕名牌产品或名店的声望所产生的某种心理，制定高于其他同类产品的价格。消费者购买名牌产品不仅仅是为了消费，还要显示他们的身份和地位。豪华轿车、高档手表、名牌时装、名人字画、珠宝古董等在消费者心目中享有极高的声望和地位，价格越高，其心理满足的程度也越高；价格定得低，反而不能满足消费者的心理需要。

摩托罗拉、诺基亚等公司的移动手机进入中国市场时，一开始就定价为人民币20 000元左右，便是一种典型的声望定价。德国的奔驰轿车、巴黎里约时装中心的服装，以及我国的一些国产精品也多采用这种定价方式。

4. 招徕定价策略

招徕定价策略又称特价产品定价策略，指零售商利用部分消费者的求廉心理，特意将几种产品的价格定得较低，以吸引消费者到商店里来，借机带动其他产品的销售，以扩大销售业绩。采用此策略的关键是“特价品”必须是大多数消费者熟悉且日常生活必需、购买频率较高的产品，“特价品”的数量也要适宜，既不可太多，也不可太少。

在节假日或换季时，常看到商家打出来这样的招徕广告：大减价、大出血、大拍卖、清仓处理、跳楼价等。

有一家小店，它的招徕定价策略让人忍俊不禁。

第一个月：“老板娘跑了，老板娘跑了，老板无心经营，清仓大处理。”

第二个月：“老板娘回来了，老板娘回来了，老板庆祝，打折大酬宾。”

最终，这家小店长年累月地用这个方式促销，不仅起不到促销的效果，反而让周围的居民感到是一种干扰。所以，在使用招徕定价策略时，要不断创新才能达到预期效果。

5. 习惯定价策略

某些产品需要被经常、重复地购买，因此这类产品的价格在消费者心理上已经“定格”，成为一种习惯性的价格。许多产品尤其是家庭日常生活用品，在市场上已经形成了一个习惯价格。消费者已经习惯于消费这种产品时，只愿付出这么大的代价。对这些产品的定价，一般应依照消费者的习惯确定，不要随便改变价格，以免引起消费者的反感。

案例 4-7

某高校市场营销专业的教师组织学生在校门口附近开了一家学生实习超市。因为学校免了租金和水电费，所以超市的产品价格都较周围便利店低。学生们热情高涨、信心满满。但一位大妈的购买行为让他们有些费解：她连着几天到超市逛，可就是没买任何物品。于是店长与她进行沟通。大妈的话让他们吃惊：“这种包装的盐在任何超市都是卖3元，你们为什么只卖2.5元，是不是有什么问题？你们的进货渠道正规吗？”经历这个小插曲后，实习的学生们意识到是定价策略出现了问题。

案例评析

对消费者经常、重复购买，特别是消费者在购买时甚至习惯到不问价格直接购买的产品，超市最好采用习惯定价法，否则就会出现与这个实习超市同样的问题。

课堂随笔

三、折扣定价策略

企业为了鼓励客户或消费者及早付清货款、大量购买、淡季购买或配合促销，常常给予一定的价格折扣和折让。折扣定价策略的形式有以下五种。

1. 现金折扣策略

现金折扣策略又称销售折扣策略，是企业给那些在规定时间期限内付清货款的客户的一种折扣。采用现金折扣策略可以减少企业的收账费用，鼓励客户及时付款，加速资金周转，避免坏账、呆账。

客户在30天内必须付清货款，如果10天内付清货款，那么给予2%的折扣；如果20天内付清货款，那么给予1%的折扣。

2. 数量折扣策略

数量折扣策略是企业给那些大量购买某种产品的消费者的一种折扣，以鼓励消费者购买更多的产品。

某些商场做促销，购买2件服装打7折，购买3件服装打6.8折。

3. 季节折扣策略

季节折扣策略是企业给那些购买过季产品的消费者的一种折扣，以鼓励消费者提前购买或在淡季购买其产品，使企业的生产和销售在一年四季保持相对稳定。

电风扇生产企业对在冬季进货的客户给予大幅度让利，羽绒服生产企业则为夏季购买其产品的消费者提供较大折扣。

4. 功能折扣策略

功能折扣策略又称交易折扣策略，是企业向履行了某种功能，如推销、储存和账务记载的贸易渠道成员提供的一种折扣。

某机械企业产品的零售价格为500元，如给予零售商的折扣是25%，给予批发商的折扣是零售商价格的20%，则该企业对零售商的销售价格为500×（1－25%）=375（元），企业对批发商的销售价格为375×（1－20%）=300元。

5. 价格折让策略

价格折让策略分为以旧换新折让和促销折让两种。

一个新热水器标价为350元，商家允许消费者以旧热水器折价80元购买，因此只需支付270元，这种为以旧换新折让。如果经销商同意参加生产企业的促销活动，则生产企业卖给经销商的物品可以打折，这种为促销折让。

沃尔玛能够迅速发展，除了正确的战略定位，也得益于其首创的“折价销售”策略。每家沃尔玛商店都贴有“天天廉价”的大标语，同一种产品，沃尔玛比其他商店要便宜。沃尔玛提倡的是低成本、低费用结构、低价格的经营思想。低廉的价格、可靠的质量是沃尔玛的一大竞争优势，吸引了一批又一批的消费者。

议一议

拼多多是怎么做到价格那么低的？

拼多多发布的2021年第二季度财报显示，拼多多的用户已经超过8亿人，把京东甩开了一大截，与阿里巴巴的差距也缩短到不到1亿人。低价的原因如下。

（1）拼团方式实现了以价换量、薄利多销；

（2）产地直供模式，打掉中间商，直接降低成本；

（3）拼多多平台运营成本低；

（4）卖家物流成本低得超乎想象；

（5）卖家为清仓、减少库存而降价促销；

（6）低价可提高销售量，给店铺带来流量，从而起到推广作用。

拼多多之所以能从零做到近几百亿美元的体量，之所以仅用三四年时间就走完了淘宝、京东十多年才走完的路，恰好是因为它踩中了低价的底层逻辑，击中了大多数消费者的心窝。

四、差别定价策略

差别定价策略是指企业按照两种或两种以上不反映成本费用的比例、差异的价格销售某种产品或服务。差别定价策略主要有以下几种形式。

1. 客户差别定价策略

客户差别定价策略是指企业把同一产品或服务卖给不同的消费者采用不同的价格。

许多博物馆和展览馆对学生给予价格优惠；公园对晨练的人给予价格优惠；我国火车客运对军人、学生给予价格优惠；电力部门对工商企业和居民用电也分别制定了不同的价格。

2. 形式差别定价策略

形式差别定价策略是指企业对不同型号或样式的产品分别制定不同的价格，但不同型号或样式的产品价格之间的差额和成本之间的差额是不成比例的。

某超市里，喜之郎果冻布丁散装价格为15元/千克，但装在塑料玩具小背包或塑料玩具坦克里，600克就分别卖到13元和18元。再如，一个帽子50元，成本10元，如果在帽子上点缀一组花，那么需追加成本5元，但价格可定到100元。

3. 地点差别定价策略

地点差别定价策略是指企业对处在不同位置的产品或服务分别制定不同的价格，即使这些产品或服务的成本没有任何差异。

体育馆或电影院的座位，虽然前后排的成本一样，但由于观赏效果有所不同，因而可制定不同的价格；由于舒适度不同，所以火车卧铺从下铺到中铺、上铺，价格逐渐减少；由于看到的景观不同，感觉也不同，开发商对离湖越近的房子定价越高。

4. 时间差别定价策略

时间差别定价策略是指企业对不同季节、不同时期甚至不同重点的产品或服务分别制定不同的价格。

旅游服务企业在淡季和旺季的收费不同；电影院、KTV、网吧等娱乐场所晚场和日场定价不同。

表4-1是民航机票的差别定价依据。

表4-1 民航机票的差别定价依据

按 旅 客	一般人、教师、学生、军人、团体、儿童等
按 时 间	早班、晚班、首班、寒暑假、节假日等
按 距 离	单程、来回程、联程等
按 档 次	头等舱、普通舱、包机等
按出票时间	预购、既购等

想一想

还有其他的差别定价策略吗？

五、地区定价策略

产品的产地与消费者的购买地之间必然存在着一定的空间距离，在产品的交易过程中，为了完成产品的实体转移，或多或少地会发生一些费用，如运输、仓储、装卸、整理、保险等费用。这部分费用由谁承担及如何承担，是企业销售过程中必须面对的一个问题，不同的费用处理方式会直接影响到企业的最终产品定价，也就形成了地区定价策略。地区定价策略一般有原产地离岸价格（FOB）定价策略、统一定价策略、分区定价策略、基点定价策略等。

1. FOB定价策略

FOB定价策略即卖方负责在约定的地点（如车站、码头、机场等）将货物运到买方指定的运输工具（如卡车、火车、船舶、飞机等）上交货，并承担此前的一切风险和费用。交货后的一切风险和费用（包括运费）则由买方承担。

广东某制鞋厂向美国一家公司出口功夫鞋30 000双，约定价格为“每双FOB深圳蛇口港：2.75美元”。这一价格指的是该制鞋厂负责将30 000双功夫鞋运送到深圳蛇口港的货船上，并负责运送到船上以前的一切费用，而美方则需要承担从深圳蛇口港到美国销售地的全部费用。

2. 统一定价策略

统一定价策略与FOB定价策略相反，完全没有地区差价。企业对不同地区的客户实行统一价格，按照相同的厂价加上相同的运费即平均运费计算，实际上是让近处的客户承担了部分远方客户的运费，对近处的客户不利，但很受远方客户的欢迎，并且便于计算。这种方法比较适用于运费占总成本比例较小的产品。客户往往认为运费是一项免费的附加服务，有利于促进销售。

3. 分区定价策略

分区定价策略介于前两种定价策略之间，企业把全国（或某些地区）分为若干价格区，对卖给不同价格区客户的某种产品分别制定不同的地区价格。距离企业远的价格区，价格定得较高；距离企业近的价格区，价格定得较低。在各个价格区范围内实行一个价。

4. 基点定价策略

基点定价策略即企业选定某些城市作为定价基点，然后按一定的厂价加上从基点城市到消费者所在地的运费来定价。有些企业为了提高灵活性，选定多个基点城市，按照最近的基点计算运费，这样有利于企业市场的扩大。

六、产品组合定价策略

当企业同时经营多种产品时，定价需着眼于整个产品组合的利润最大化，而不是单个产品。具体的策略有以下几种。

1．产品线定价策略

产品线定价策略是指企业对属于同一产品线的某一大类产品进行定价。在进行产品线定价时，要区分两种情况。

一种情况是同一产品线中的各个产品有大致相同的目标市场，这样它们之间的价格就应当有较大的关联性。

宝洁公司在中国市场的洗发水产品线包含飘柔、潘婷和海飞丝等多个品牌，主要目标客户群体都是城市内中高收入的消费者。尽管使用了不同的品牌，但宝洁公司仍然将这些产品的价格定得比较接近，而不会将某个品牌的价格定得比其他品牌低很多，以保证产品的高品质名牌形象。

另一种情况是相同产品线中的各项产品有不同的目标市场，这时各产品间价格的关联性相对较弱，企业只要针对不同目标市场的情况及产品的成本情况对相应的产品进行定价，而无须过多考虑各产品之间的价格差异。

某集团的皮鞋生产线同时提供 A、B 两个不同品牌，它们分别代表高档和中档两个不同的等级。A 品牌的皮鞋，价格一般在 500 元以上；而 B 品牌的皮鞋，价格则在 200 元左右。两类产品的价格差距恰恰反映了不同的目标市场特征。

2．选择品定价策略

许多企业在提供主要产品的同时，还会附带一些可供选择的产品或特征。

消费者除了可以在饭店订购饭菜，也可以购买饮品。许多饭店的饮品价格很高，而食品的价格相对较低。食品收入可以弥补食品的成本和饭店的其他成本，而饮品收入可以带来利润。这就是服务人员极力推荐消费者买饮品的原因。也有的饭店会将饮品价格定得较低，而将食品价格定得较高，以吸引喜欢饮品的消费者。

3．互补品定价策略

当企业同时生产与主要产品一起使用的附属产品或补充产品时，可以有意识地降低价格弹性大、购买频率低的产品价格，同时提高价格弹性小、购买频率高的产品价格。

销售打印机时不妨定价稍低，而将墨盒和纸张的价格提高。因为打印机是一次性购买，墨盒和纸张却是长期消费品。

4．分部分定价策略

企业经常将原本可以以整体形式销售的产品拆开来出售，并对不同的产品组件单独定价，这些拆分开的产品组件在功能上往往具有一定的互补性。

吉列公司在销售剃须刀时将刀架和刀片分开定价。

还有一些汽车生产企业，首先为消费者提供一种只具有基本设备的车型，然后提供电动门窗、真皮座椅等可以提高汽车舒适度的选购设施。消费者如果希望安装这些设施，那么必须支付额外的价款。

再如，你是否意识到单独购买鸡爪、鸡翅等鸡的某个部分时，价格比购买整只鸡还贵？

分部分定价策略在服务行业也得到了较为广泛的运用。服务性企业经常收取一笔固定费用，再加上可变的使用费用。在很多健身俱乐部，消费者不仅要支付一定的门票费或入会费，而且要为他们所得到的服务项目付费。游乐园一般先收门票费，如果游玩的地方超过规定，那么再交费。服务性企业一般收取较低的固定成本，以推动人们购买服务，利润可以从其他物品的使用费中获取。

5. 组合产品定价策略

企业经常以某一价格出售一组产品。例如，化妆品、计算机、家具、厨具等企业会提供一系列活动方案。一组产品的价格低于其中每件产品的价格的总和。因为消费者可能并不打算购买其中所有的产品，所以组合产品的价格必须有较大的降幅，以此来推动消费者购买。

例如，2020 年，房企通常将区域内多个楼盘的特价房进行“打包”营销，形成几十套甚至上百套的规模，其中还囊括了一些不错的房源，相当于一种变相折扣。

6. 副产品定价策略

在生产加工食用肉类、石油产品和其他化学产品时，常常会有副产品。如果这些副产品对某些客户具有价值，那么必须根据其价值定价。副产品的收入多，将使企业更易于为其主要产品制定较低的价格，以便在市场上提高竞争力。

例如，棉的副产品包括棉粕、棉油、棉籽、棉短绒等。在不同的时间，这些副产品的价格不一样。

任务五　调整产品价格策略

产品的价格一般不会一成不变，而会随着市场环境的变化而不断进行调整。调整的主要方式有两种：一是降价，二是提价。

一、降价策略

1. 企业降价的原因

（1）生产能力过剩，产品积压。

（2）维持或提高市场占有率。

（3）产品生产成本下降。

（4）竞争产品降价。

图 4-5 所示为企业对竞争者降价的评估及对策示意图。

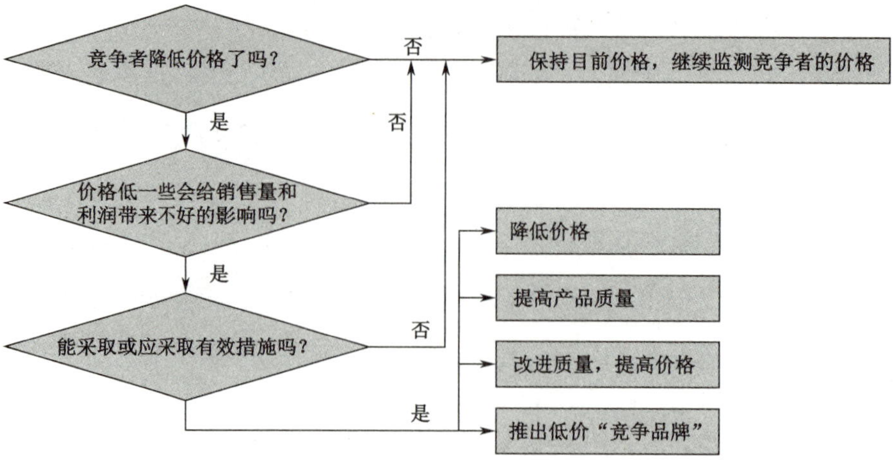

图4-5　企业对竞争者降价的评估及对策示意图

例如，2017年上半年，为了改善品牌印象，迎战互联网竞争者，吉列公司的产品平均降价12%，最大降幅达到20%。

2．企业降价常用的方法

降价并不是一降了之，而是要讲策略和方法的，否则后果将不堪设想。最简单的降价方法是将产品的目录价格直接调低，但是企业更多地会采取一些间接手段来降低价格。常用的间接降价的方法有以下几种。

（1）实行价格折扣，如数量折扣、现金折扣和津贴等。

（2）采用营业推广方式，产品的标价不变，只是在销售时赠送物品或购物券，或实行有奖销售、允许分期付款或赊销等。

（3）增加产品价值，在产品标价不变的情况下增加产品的附加价值，如提高产品质量、改进产品性能；提供免费送货及安装服务；延长产品的免费保修服务期；免费提供技术培训等。

近几年房地产降价有哪些方式？一般有如下两种。

① 直接降价。面对国家政策的调控压力，部分房地产企业采取了“以价换量”的促销手段。

② 送赠品。这是大多数房地产企业采用的间接降价方式，如送面积、送电器、送车位、送装修、送物业管理费等。

珠海市某在售楼盘曾推出“买房子赠菜地”的降价方式：购房者有机会获赠一块菜地并租种30年，居住在该小区内的业主可以充分享受田园生活，并且吃到自己种植的放心蔬菜。

3．消费者对降价的反应

有利的反应：企业让利。

不利的反应：产品过时；产品有缺陷；企业资金周转困难；企业进一步降价的前奏等。

二、提价策略

1．企业提价的原因

（1）同行业竞争者少或替代品少。

（2）企业产品供不应求，不能满足市场的需要。

（3）由于通货膨胀，物价上涨，企业的成本、费用提高，迫使企业不得不提价以确保获取目标利润。

2017 年，由于家电生产原材料价格都有明显上涨，导致家电企业生产成本的提升达到 5%。业内人士表示：原材料、运费上涨后，各行业产品涨价不可避免。本轮成本激增若延续，将开启新一轮家电市场洗牌，附加值低、抗风险能力差的生产企业将被淘汰出局。

2．企业提价常用的方法

在通货膨胀条件下，除直接提高产品实际价格外，企业还可采用以下变相提价的方式。

（1）推迟报价。

（2）在合同中规定按物价指数调价的条款。

（3）将原来低价或免费提供的服务分解出来，单独定价。

（4）降低价格折扣。

（5）采用低价原料或配件，采用廉价包装材料，减少产品的功能、服务和分量，降低产品质量等。

3．消费者对提价的反应

有利的反应：质量提高；产品供不应求，不及时买就可能买不到；价格可能继续上涨等。

不利的反应：企业想要获取更多的利润。

案例 4-8

2013 年下半年，各个乳制品企业明显感觉到原奶供应日趋紧张。中国奶业协会表示，“奶荒”是刚性需求所致，奶牛增长缓慢，新西兰奶粉进口受到限制，多重因素叠加从而导致原奶供应紧张，自然导致终端产品价格上扬。2013 年 8 月下旬，部分超市接到蒙牛、光明、三元等品牌的上调价格通知，多款国产液态奶价格涨幅普遍在 5% ～ 17%。

蒙牛方面表示：为了应对原奶价格上涨，公司部分液态奶产品提价，提价幅度平均在 4.9%。公司也在不停地压缩成本，不希望因为提价而丢失原有市场。普通液态奶产品不赚钱，主要是为了走量，占据市场份额，如果提价过高就有可能丢失这个市场份额，而且很难再重新夺回来。

伊利方面表示：即使公司部分液态奶提价，也是因为原奶成本压力过大，公司做出的无奈之举，从公司方面讲也不希望提价。

案例评析

国内奶牛养殖一直存在一个怪圈：牛奶降价—杀牛卖肉—奶荒—牛奶涨价—奶农买牛—牛奶过剩降价—再杀牛卖肉。而这样的现象其实在近几年一直循环发生，每次都给奶农、乳制品企业、消费者带来伤害。要避免或改善“奶荒”的现象，只有通过提高奶牛规模化养殖程度、维持奶农积极性、规范生鲜牛乳和复原乳使用、加强奶源检测和监管等方式，稳定和扩大生产。保障奶农利益，保障市场供应稳定、安全，才能真正防止“奶荒”来袭。

课堂随笔

三、企业对竞争者调价的反应及对策

在异质产品市场上，对于竞争者的调价，企业做出反应的自由度很大。而在同质产品市场上，如果竞争者提价，企业认为提价有好处，那么可以跟进；如果企业不提价，那么竞争者的价格最终也会降下来。而如果竞争者降价，那么企业也只能降价，否则消费者会转而购买竞争者价格较低的产品。

1．了解竞争者调价的相关信息

面对竞争者的调价，企业在做出反应前，应对下列问题进行调查和分析研究。

（1）为什么竞争者要调价？

（2）竞争者调价是长期的还是临时的措施？

（3）如果企业对此不做出反应，那么会对企业的市场占有率和利润产生什么影响？

（4）其他企业对竞争者的调价是否会做出反应？这又会对企业产生什么影响？

（5）对企业可能做出的每种反应，竞争者和其他企业又会有什么反应？

2．企业的应对策略

企业经常会受到其他企业以争夺市场占有率为目的而发动的挑衅性降价的攻击。

当竞争者的产品质量、性能等方面与企业的产品没有差异时，竞争者产品的低价有利于其市场份额的扩大。在这种时候，企业可以选择的应对策略主要有以下几种。

（1）维持原来的价格。如果企业认为降价会导致企业利润大幅减少，或认为企业消费者的忠诚度会使竞争者市场份额的增加极为有限，那么可以采取这一策略。但如果由于竞争者市场份额的增加而出现竞争者信心增强、企业消费者忠诚度减弱、企业员工士气动摇等情况，那么这一策略可能会使企业陷入困境。

（2）维持原价并采用非价格手段（如改进产品、增加服务）进行反攻。

（3）追随降价并维护产品所提供的价值。如果企业不降价将会导致市场份额大幅度下降，而要恢复原有的市场份额将付出更大的代价，那么企业应该采取这一策略。

（4）提价并提出新品牌来围攻竞争者的降价品牌。这将降低竞争者降价品牌的市场定位，提升企业原有的品牌定位，也是一种有效的价格竞争手段。

（5）推出更廉价的产品进行竞争。企业可以在市场占有率正在下降时，在对价格很敏感的细分市场上采取这一策略。

竞争者发动的价格竞争通常是经过周密策划的，留给企业的反应时间很短。因此，企业应该建立有效的营销信息系统，加强对竞争者有关信息的搜集，以便对竞争者可能的调价行动做出正确的预测。同时企业最好事先制定反应程序，到时按程序处理，以提高反应的灵活性和有效性。

实训与练习

一、判断题

1．从市场营销学的观点来看，价格是灵活的，是可以随时随地根据需要而变动的。（　）

2．利润最大化并不等于制定最高价格。（　　）

3．生存目标是企业处于不利环境中实行的一种特殊的过渡性目标。（　　）

4．价格通常以产品的生产成本为主要依据。（　　）

5．撇脂定价策略就是低价定价策略。（　　）

6．渗透定价策略适用于具有独特的技术、不易被仿制、有专利保护、生产能力不太可能迅速扩大等特点的新产品。（　　）

7．声望定价是利用消费者"一分钱一分货"的心理和仰慕名牌产品或名店的声望所产生的某种心理，制定高于其他同类产品的价格。（　　）

二、填空题

1．价格总是与利润的实现紧密联系在一起：价格 =________+ _________。

2．产品价格的上限取决于 _____________，产品价格的下限取决于 ____________。

3．渗透定价策略又称 _____________ 定价策略。

4．竞争导向定价法一般有三种，即 ___________ 定价法、________ 定价法和 ________ 定价法。

三、选择题

1．企业对部分产品实行"大减价""大甩卖""大派送"，采用的是（　　）定价策略。

A．声望　　B．习惯　　C．招徕　　D．整数

2．英特尔公司是美国占支配地位的计算机芯片生产企业，当推出一种新产品时，它的定价总是比市场上同类产品的定价低，在销售的第一年可能获利很小，但很快就可以将产品打入市场，第二、第三年便会大量销售产品而获利。英特尔公司采用的是（　　）定价策略。

A．撇脂　　B．渗透　　C．温和　　D．高价

3. 体育馆或电影院的座位，虽然前后排的成本一样，但由于观赏效果有所不同，因而制定不同的价格，采用的是（　　）定价策略。

A．时间差别　　B．形式差别　　C．地点差别　　D．客户差别

4．价格调整的主要方式有（　　）和（　　）两种。

A．降价　　B．重新定价　　C．提价　　D．价格组合

5．以下各种定价策略中，属于心理定价策略的有（　　）。

A．撇脂定价策略　　B．尾数定价策略　　C．组合定价策略　　D．声望定价策略

6．某企业在情人节时做了一个非常梦幻的蛋糕，定价为 9 999 元，该企业采用的定价策略是（　　）。

A．整数定价策略　　B．尾数定价策略　　C．声望定价策略　　D．差别定价策略

四、实训题

1. 阅读以下资料，分析"天价"苹果为什么无人问津。

2016 年的某天，南京新街口的一个超市推出产自日本的"天价"苹果：一个苹果标价 6 800 元，这个苹果约 1.2 千克重，差不多有足球那么大，苹果表皮上面还印有一个观音像。在 6 800 元"天价"苹果旁边，还有一盒生肖苹果，六个苹果售价 8 800 元，每个苹果大小都差不多，直径约为 12 厘米，每个苹果上面都印有一个生肖图案。为了让苹果"长出"精美的图案，在每个苹果刚结出的时候就要开始贴膜，经过百次以上的换膜，才能得到现在苹果上的精美图案。"天价"苹果吸引了许多市民的眼球，但近两个月以来无人问津。

2．阅读以下资料，回答问题。

进入 2022 年，在国际形势复杂多变、供需矛盾日益加剧的情况下，与大家息息相关的一些大宗产品交易价格出现了不同幅度的上涨。例如，中国机动车保有量为 3.95 亿辆，新能源汽车只占汽车保有

量的 2.6%，所以绝大部分是燃油车。油价的连续上涨让很多家庭感受到了养车的压力。4 月初到中旬就有 3 家车企先后对旗下的燃油车价格进行了上调。涨价车型涉及混动车型和燃油车型。

请分析油价的连续上涨及车价的上涨会对国内消费者造成什么影响。

悦　读

花钱后为什么两手空空还吹嘘

好的消费者体验，一定要具备以下三点。

（1）要超出消费者预期，给消费者带来惊喜。某房地产开发商为每个房间都配备了五种枕头，适合不同的人睡眠，是国内第一个这么做的经济型酒店。这也算不上什么革命性创新，但客人打开衣柜后十分惊喜，完全超出了他们的预期。

（2）让消费者感知到。消费者体验就是产品外观和包装吗？错了，产品体验贯穿在消费者使用产品时的每个细节。曾经有一家著名的电信公司，策划一款手机的卖点是绿色无辐射。但这个卖点没有成功，因为消费者根本无法判断、无法感知，看不到就等于没有。不是说绿色无辐射不好，而是说必须有一种形式，让消费者感知到这些技术带来的好处。

（3）从细节开始，并贯穿于每个细节。《商业秀》一书的作者 Scott McKain 要到美国一个城市做演讲，很不幸，他装西装的行李箱被航空公司塞进了另一个航班。于是，他试着通过电话，让另一家男装品牌店根据他的尺码准备西装。他此前知道这个品牌，但从来没有买过。但这一次紧急情况下的服务，让他彻底成为该品牌的忠实消费者。发生了什么？这家店为他准备了两种颜色的西装——藏青色和炭黑色，质地都相当不错，还准备了领带、衬衫、皮鞋。这就是细节的魅力。

项目五

选择分销渠道

学习目标

深刻理解分销渠道的类型，掌握中间商的选择技巧，正确选择合适的分销渠道。

听故事

两个人在丛林中露营，突然看到一只老虎。其中一个人赶紧穿鞋，另外一个人说："别穿鞋了！你真以为穿上鞋子能跑得过老虎吗？"这个人回答："我不需要跑得比老虎快，我只要跑得比你快就行了。"

故事感悟 行业生存空间很窄，胜者为王，败者为寇。谁先跑出第一步，谁的生存概率就大一些；谁能首先投身"渠道革命"，强化渠道管理，谁就会淘得第一桶金。

学知识

任务一　认识分销渠道

俗话说：人走路需要人行道，车行驶需要车道，飞机航行需要航道。同样，产品的流通也需要营销渠道。

一、分销渠道的含义

大多数生产者一般都不将其产品直接出售给最终消费者。在生产者和最终消费者之间有一系列的营销中间机构执行不同的功能，这些中间机构共同组成了分销渠道（又称贸易渠道或营销渠道）。分销渠道是一整套相互依存的组织，这些组织促使最终消费者能顺利地使用或消费产品或服务。它们是产品或服务在生产环节后所经历的一系列途径。

有的中间机构，如批发商和零售商买进商品，取得商品所有权，然后再出售商品，被称为买卖中间商。其他中间机构，如经纪人、生产者代理人和销售代理人则寻找消费者，有时也代表生产者同消费者谈判，但是不取得商品所有权，被称为代理中间商。运输企业、独立仓库、银行和广告代理商等则支持分配活动，但是既不取得商品所有权，也不参与买和卖的谈判，被称为辅助机构。

二、中间商

中间商是指介于生产者和消费者之间，专门从事组织或参与商品流通业务、促进交易行为完成的企业和个人。在流通领域，中间商履行商品从生产者到消费者的信息沟通、所有权转移和实物转移等各种职能。它们是生产者和消费者之间的纽带与桥梁，如图5-1所示。

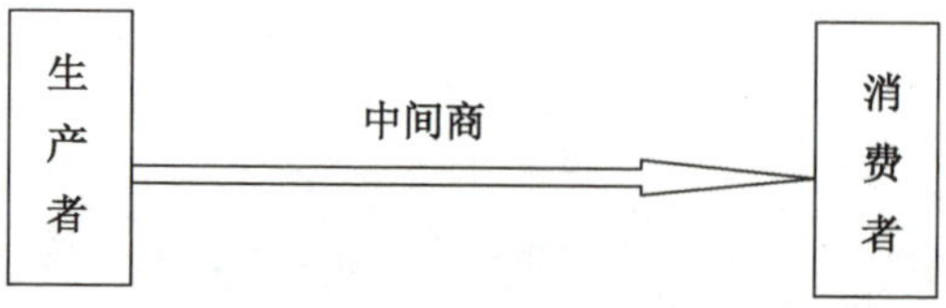

图5-1　中间商

中间商的作用如下。

（1）促成商品交换。中间商作为生产者和消费者之间的流通中介，促成商品交换。

（2）简化交易。如有3家生产企业，每家都向3个消费者出售自己的产品，总计要发生“3×3=9”笔交易。而如果有一个中间商介入，那么只需发生“3+3=6”笔交易。由此可见，中间商的介入将减少交易次数、节约交易成本。

（3）扩大交易范围。中间商是专门化的市场营销组织，熟悉市场，市场信息灵通，接触面广，能为生产者联系到更多的消费者。

（4）加快商品流转速度，保证市场供应，减少生产者的商品占用资金。

（5）沟通信息。中间商了解市场状况、掌握市场信息，可以随时向生产者和消费者传达信息，使产品适销对路，既可以避免生产的盲目性，又能指导消费。

依据中间商在商品流通过程中是否取得商品的所有权，可将其分为买卖中间商和代理中间商，如图 5-2 所示。

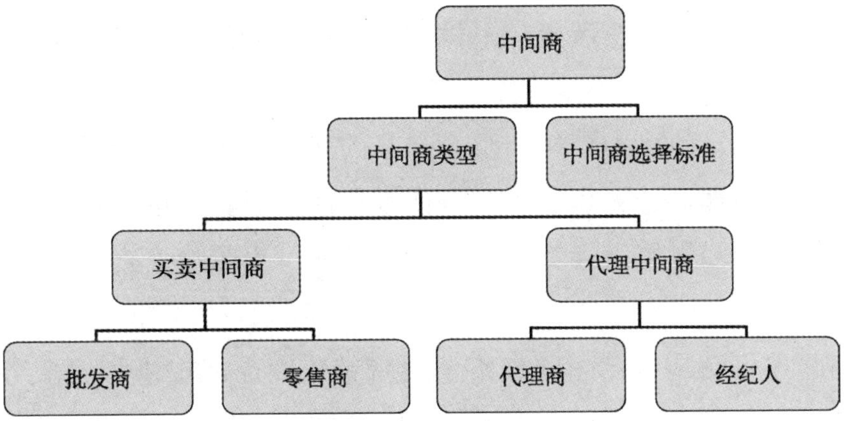

图5-2　中间商类型

1. 买卖中间商

买卖中间商是从事商品交易业务，在商品买卖过程中拥有商品所有权的中间商。按商品销售对象的不同，买卖中间商又可分为批发商和零售商。批发商、零售商的概念、特点、作用和类型对比如表 5-1 所示。

表5-1　批发商、零售商的概念、特点、作用和类型对比

名　称	批发商	零售商
概　念	不直接服务于消费者，而是将产品或服务卖给零售商或中间商	将产品或服务直接销售给最终消费者的中间商
特　点	① 不直接与消费者打交道 ② 不注重促销、店址选择和装饰 ③ 业务量大 ④ 覆盖地区广	① 零售商数目多 ② 经营形态变化大 ③ 分布广、网点多 ④ 业务活动受季节的影响大
作　用	① 连接作用 ② 推销和促销 ③ 运输和储存 ④ 融资作用 ⑤ 信息沟通 ⑥ 咨询服务 ⑦ 分担风险	① 出售货品 ② 提供销售情况 ③ 反映货品的意见 ④ 提供货品 ⑤ 提供选购意见 ⑥ 提供售后服务

续表

类　型	① 完全职能批发商：提供存货、信贷、送货及协助管理等全面服务。主要包括为零售商服务的批发中间商和为生产者服务的工业分销商 ② 有限职能批发商：只提供有限服务。主要包括现金交易批发商、卡车批发商、直送批发商、专柜寄售批发商、生产者合作和邮购批发商六类	① 有店铺零售商：包括专业商店、百货公司（或商场）、超级市场、便利店、折扣商店、仓储式商场、超级商店和样品目录展示室 ② 无店铺零售商：直接销售、自动售货、购物服务、直邮营销、电话营销、电视营销和网络营销

（1）批发商。批发是指将商品出售给为了转售或再生产的客户时所发生的一切活动，批发商是指主要从事批发活动的企业。批发商处于商品流通的起点和中间阶段，交易对象是生产者和零售商。

对生产者来说，批发商的购买，将减少产品库存，加速周转；批发商可以凭借自己的资金实力，为生产者解决部分生产资金；批发商还可以为生产者提供市场信息，帮助生产者促销产品。

对零售商来说，批发商可为零售商组合产品的花色、规格，便于其配齐品种；批发商通过对产品的加工、整理、分类和包装，方便零售商进货、勤进快销；批发商利用自身的仓储设施储存产品，减轻零售商存货负担；批发商还可为零售商提供各种支持，帮助其开展营销业务。

（2）零售商。零售商是直接面向最终消费者销售商品或提供相关服务的企业或个人，是分销渠道的最终环节和出口。零售商处在商品流通的最终环节，直接为广大消费者服务。零售商的交易对象是最终消费者，交易结束后，商品脱离流通领域，进入消费领域。零售商销售产品的数量比较少，但销售频率高；零售商数量多、分布广。

零售商一般按业态进行分类，零售业态总体上分为有店铺零售和无店铺零售。有店铺零售是指有固定进行商品陈列和销售所需要的场所和空间，并且消费者的购买行为主要在这一场所内完成的零售业态。无店铺零售是指不通过店铺销售，由生产者或零售商直接将商品销售给消费者的零售业态。

目前，国内外的零售商根据其经营特征可分为如下几种类型。

① 专业商店。专业商店是专门经营某类商品，或专门经营具有连带性的几类商品，或专门为特殊消费对象经营特殊需要商品的商店，如钟表店、眼镜店、妇女用品商店、体育用品商店、文化用品商店等。专业商店的经营要求具有较高的专业知识和操作技能，将销售与服务密切结合，能提供周到的服务。

② 百货公司（或商场）。百货公司是一种大型零售商店，分门别类地销售品种繁多的商品，其特点是经营范围广、商品类别多、花色品种全，能满足消费者多方面的购买需要。

③ 超级市场。超级市场又称自选商场，其特点是由消费者自取自选、自我服务、定量包装、预先标价，消费者离店时一次交款，因而可以节约售货时间，节约人力和费用，避免

或减少消费者与售货员的矛盾。

④ 购物中心。购物中心是一种由多家商店组合而成的大型商品服务中心，一般设在公共建筑物内，以一家或数家百货商店、超级市场为骨干，由各类专业商店、书店、餐馆、旅馆、银行、影院等组合而成，融购物、服务和娱乐休闲于一体。

⑤ 便利店。便利店是一种以经营基本的日常消费用品为主，规模相对较小，位于住宅区附近的综合商店。其特点是营业时间较长，很多是 24 小时营业，且每周 7 天均营业。因能随时满足消费者的即时需要，所以商品的价格相对较高。

⑥ 折扣商店。严格来说，折扣商店是百货公司的一种。商品以日常用品为主，同一产品有两种价格——吊牌价和折扣价，消费者按折扣价购买。因其价格具有吸引力，所以深受消费者喜爱。这种商店经营品牌的产品，质量可靠，折扣形式也多变。

⑦ 连锁店。连锁店是由多家出售同类商品的零售商店组成的一种规模较大的联合经营组织。其特点是由中心组织统一向生产者进货（选购商品），以较大的订购批量，获得较大的价格优待；采取薄利多销的方针，争取消费者；商品价格经常浮动，有竞争者时便减价以争取消费者，无竞争者时则提价以争取多赢利。

⑧ 邮购商店。邮购商店主要通过向消费者寄送商品目录来吸引消费者邮购商品。

此外，还有很多形式的零售商，如直接销售、自动售货机、街头摊贩、外汇商店等。

2．代理中间商

代理中间商是从事商品交易业务，接受生产者委托，为生产者寻找消费者、销售产品，借此赚取佣金作为报酬，但不拥有商品所有权的中间商。代理中间商又分为代理商和经纪人，两者的概念、特点和类型对比如表 5-2 所示。

表5-2 代理商、经纪人的概念、特点和类型对比

名 称	代理商	经纪人
概 念	不拥有所经营商品的所有权，受委托代理商品采购和销售业务，从代理业务中获得一定佣金的中间商	为买卖双方撮合并从中取得佣金的人
特 点	①不发生独立的购销行为 ②不具有产品所有权 ③不承担市场风险 ④有广泛的社会关系 ⑤信息灵通	①无商品所有权 ②无现成的货物 ③不承担市场风险 ④为买卖双方提供产品、价格和一般的市场信息
类 型	①企业代理商 ②销售代理商 ③采购代理商	①房地产经纪人 ②保险经纪人 ③证券经纪人 …

3．买卖中间商与代理中间商的区别

买卖中间商与代理中间商的区别如表 5-3 所示。

表5-3　买卖中间商与代理中间商的区别

名　称	理论上的区别	实务上的区别
买卖中间商	经销的双方是一种买卖关系	以买卖商品为专业，为满足客户需要，需配备适当的库存，而且自己多半拥有销售组织
	以自己的名义从事销售	一般是自己承担售后服务
	收入是买卖差价收入	发生索赔事件时，一般是自己承担
代理中间商	代理的双方是一种代理关系	多半只有样品而无存货，依订单进货
	以生产者的名义从事销售	一般在合同中订明不负售后服务责任
	收入是佣金收入	一般在合同中订明不负索赔责任

4．分销渠道的作用

产品在分销渠道中流动，可以看到其中存在几种以物质或非物质形态运动的“流”。同时，一些企业，如银行、保险公司、运输公司、仓储公司、广告公司及其他机构（如海关、国家质量监督检验检疫总局等）虽不在渠道之中，或不介入商品所有权的转移过程，但与渠道运行有着密切的联系。分销渠道的五个流程是商流、物流、信息流、货币流和促销流。在这五个流程中，商流是分销活动的基本前提，物流是分销活动的实质内容。

（1）商流。商流是产品从生产领域向消费领域转移过程中所实现的产品所有权由一个机构向另一个机构的实际转移。

其运动方向：生产者→消费者。

（2）物流。物流是产品从生产领域向消费领域转移过程中的一系列产品实体的运动。它从实质上保证了产品由生产领域向消费领域的安全转移。

其运动方向：生产者→消费者。

（3）信息流。信息流是产品从生产领域向消费领域转移过程中的一切信息收集、传递和处理活动。

其运动方向是双向的：生产者←→消费者。

（4）货币流。货币流是产品从生产领域向消费领域转移过程中，由于交易活动所引发的货币运动。它一般与商流的方向相反，而且在其运动中需要金融中介的参与。

其运动方向：生产者←金融中介←消费者。

（5）促销流。促销流是产品从生产领域向消费领域转移过程中，生产者通过广告公司或其他宣传媒体向中间商及其消费者所进行的一切促销努力。

其运动方向：生产者→中间商→消费者（生产者另有箭头直接指向消费者）

分销渠道的基本功能是实现产品从生产者向消费者的转移。它消除了产品或服务与使用者之间的差距与矛盾；减少了交易次数，提高了流通效率；有利于收集和传播信息，促进销售；洽谈生意时实现了商品所有权的转移，承担了商品储存运输、分类、包装、资金融通等市场风险，帮助企业开拓市场。

三、分销渠道的模式

产品分销渠道可根据其渠道层次的数目来划分类型、确定模式。在产品从生产者向消费者转移的过程中，任何一个对产品拥有所有权或负有推销责任的机构，都被称为一个渠道层次。渠道层次的多少决定了渠道的具体模式。由于产品的消费目的与购买特点等具有差异性，形成了消费品市场的分销渠道和产业市场的分销渠道两种基本模式，每种基本模式中又存在具体的分销渠道模式，如图 5-3 所示。

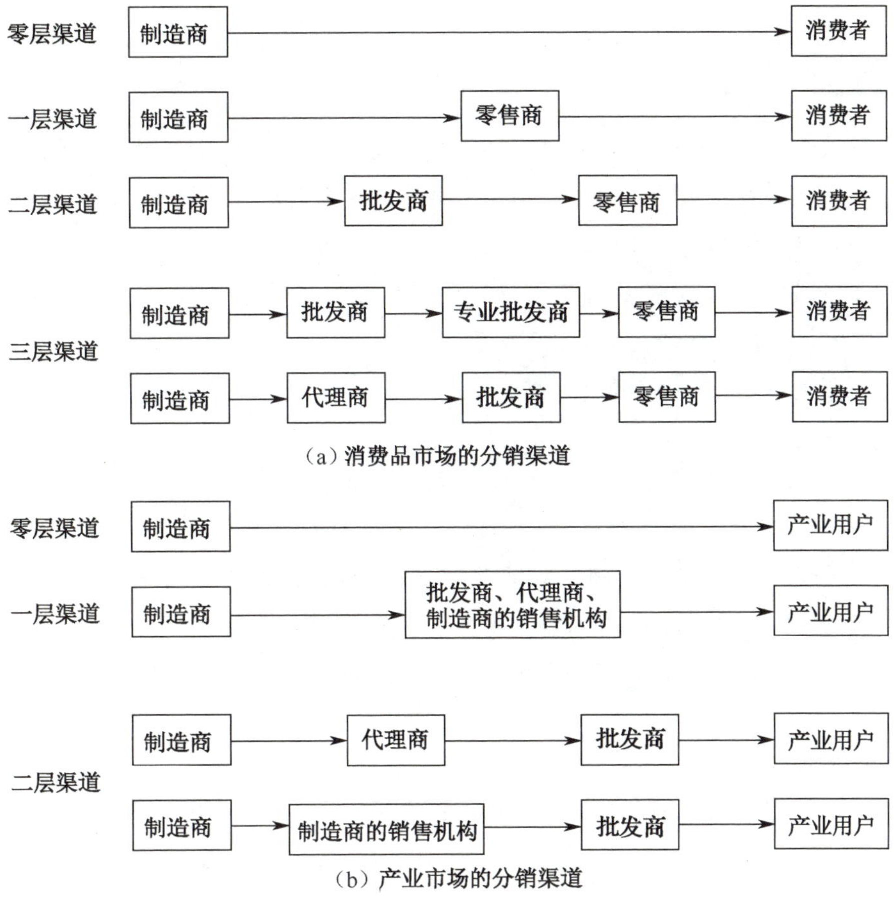

图5-3　分销渠道模式

四、分销渠道的类型

分销渠道首先可以根据中间层次的数目来区分。不算处于渠道起点的生产者和处于渠道终点的消费者，产品每经过一个直接或间接转移商品所有权的中介机构，就被称为一个流通环节或中间层次（如代理商、批发商、零售商等）。

1. 直接渠道和间接渠道

按商品在交易过程中是否经过中间环节，可以分为直接渠道和间接渠道。直接渠道是指生产者不通过流通领域的中间环节，将产品直接卖给消费者的分销渠道。直接渠道是最简单、最直接的渠道之一，其优点是产销双方直接见面，环节少，有利于降低流通费用，及时了解市场行情，便于生产者开展维护服务等。其缺点是由于生产者自办销售直接为消费者服务，所以必须承担销售所需的全部人力、物力和财力；在市场相对分散的情况下，使企业背上沉重的包袱，给企业的生产经营活动带来不利影响。

间接渠道是指商品从生产者转移至消费者手中经过若干中间商的分销渠道。间接渠道是社会分工的结果，其优点是通过专业化分工使得商品的销售工作简单化；中间商的介入，分担了生产者的经营风险；借助于中间环节，可增加商品销售的覆盖面，有利于扩大商品的市场占有率。其缺点是中间环节太多，会增加商品的经营成本。

更多层次的市场分销渠道虽然存在，但不多见。从生产者的角度来看，渠道层次越多，越难控制，出现的矛盾和问题也会越多。

案例 5-1

靠着直销模式迅速崛起的戴尔，在经营实践中以精益求精的创新精神将直销模式不断改进和完善，一度成为科技公司研究的课题。应该说，戴尔将定制化、低成本、高效率的标准化作业流程和全球供应链管理系统的魔力发挥到了极致。戴尔于 1998 年进入中国市场，深耕国内市场 20 多年，在大中华区拥有数千名研发人员、超过 7 000 家销售网点、覆盖 1 600 多座城市。

案例评析

在戴尔这家公司诞生之前，PC（个人计算机）行业一直是分销模式主导的市场，直到迈克尔·戴尔开创了 PC 业直销的先河，为成就今天的戴尔奠定了基础。在新冠肺炎疫情、“双循环”发展格局及“国产替代”趋势等大环境变化的影响下，戴尔作为一个美国品牌，只有“以新应新”才能应对国内外市场环境的种种变化。

课堂随笔

2. 长渠道和短渠道

分销渠道的长度是指分销渠道中中间商层级数量的多少。如果用中间商的级数来表示渠道的长短，那么级数越多，表明渠道越长，反之表明渠道越短。

（1）零层渠道又称直接市场营销渠道。直接市场营销渠道是指产品从生产者流向最终消费者的过程中不经过任何中间商转手的市场营销渠道。生产者直接销售的主要方式有上门推销、产品展示会、邮寄销售、电视直销、网上直销和生产者自设商店等。

（2）一层渠道是指包括一种类型的中间商。在消费品市场中，这个中介机构通常是零售商；在产业市场中，则可能是批发商、代理商或经纪人等。

（3）二层渠道是指包括两种类型的中间商。在消费品市场中，通常是批发商和零售商；在产业市场中，则可能是代理商和批发商。

（4）三层渠道是指包括三种类型的中间商。在消费品市场中，通常有专业批发商处于批发商与零售商之间，即专业批发商向批发商进货，再卖给无法直接从批发商处进货的零售商；或生产者通过代理商将产品批发给批发商、零售商。

零层渠道最短，三层渠道最长。长渠道是指产品分销过程中经过两个或两个以上的中间环节，短渠道是指企业仅采用一个中间环节或直接销售产品。

案例 5-2

商务部发布的《2015 年直销行业发展报告》显示：安利（中国）日用品有限公司直销员人数达到 1 550 261 人，而曾经有 35 万名直销人员的雅芳则只剩 709 人。公开资料显示，雅芳 1990 年进入中国，是第一个在中国拿到直销牌照的老牌外国企业，凭借直销模式迅速占领中国市场，到 1997 年，雅芳招聘的直销人员一度达到 35 万人。但是，雅芳在渠道整合上一直摇摆不定，1990 年，雅芳入驻中国以直营模式打开市场；1998 年，中国政府出台《国务院关于禁止传销经营活动的通知》，雅芳开始在全国各地开设专卖店，走“专卖店 + 推销员”的经营模式；2006 年，雅芳拿到直销牌照，又转向“专卖店 + 直销”的混合模式；2008 年，雅芳又回归全直销模式；2012 年，雅芳第四次转型——放弃直销，重启专营店模式；2016 年，雅芳开始改造门店形象，力图促进品牌的年轻化。雅芳从 2013 年就开始从直销模式转向全渠道发展。近几年，雅芳在中国已经完成“美容专卖店 + 电商 + 化妆品专营店 / 商超”的全渠道布局，并计划通过产品区隔、资源整合逐步实现“三足鼎立”的局面，实践“消费者在哪里，雅芳就在那里”的理念。目前只有中国市场采用全渠道布局，其他国家还在采用直销的方式。

案例评析

作为最早进入中国的跨国直销巨头之一，雅芳曾是化妆品行业的翘楚，最大的资本之一是麾下有数十万名销售人员，然而直销与专柜混营的商业模式令它备受争议。雅芳在中国市场上采取的“直销 + 零售”复合经营模式，相继出现雅芳销售渠道存在内部相互砸价、无序布店的问题。它从全球样板变成了改造对象。雅芳重生的关键在于品牌力的提升、品牌形象的重新塑造。

课堂随笔

指点迷津

传销与直销

合法的直销公司和非法的传销公司根本的区别：合法的直销公司有自己的工厂，有自己的科研机构，生产和销售的产品都是国家批准的，公司和直销员是合作关系，利益是建立在销售商品的基础之上的；非法的传销公司没有自己的工厂，而是将其他工厂生产的粗劣产品逐层传销给下线会员，每层都要加上中间利润，这种借着商品的转换而赚取中间利润的“间接贩卖”，使商品和实际的价格相差甚远，而且传销的层次越多，商品价格就越高，这样底层人员的产品根本卖不出去，而传销又不准退货，最终使得消费者经济上受到极大的损失。

3. 宽渠道和窄渠道

分销渠道的宽度是指分销渠道中每一流通层级中中间商数量的多少。如果用每级中间商的数量来表示渠道的宽度，那么数量越多，表明渠道越宽，反之则表明渠道越窄。

生产者使用的同类中间商多，产品在市场上的分销面广，被称为宽渠道。宽渠道适用于购买频率高、购买量不多的商品，如一般的日用消费品。

如图 5-4 所示，为饮料类产品采用的宽渠道分销模式图例。

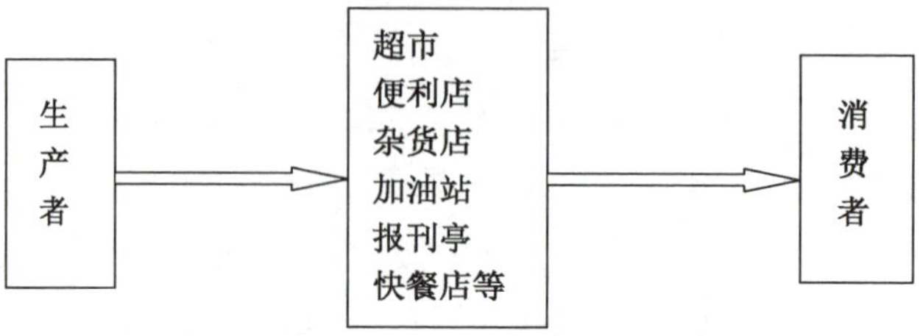

图5-4　饮料类产品采用的宽渠道分销模式图例

可口可乐和百事可乐公司销售饮料时就选择了宽渠道，单单零售商这个层级中就拥有成千上万的零售商（超市、便利店、杂货店、加油站、报刊亭、快餐店、网吧等）。可口可乐和百事可乐公司像毛细血管一样的分销渠道，显然是其他品牌饮料无法比拟的。

任何一种渠道方式都不能达到十全十美。宽渠道范围广，广大消费者可以随时、随地买到企业的产品，而且可以造成中间商之间的竞争。但由于同类型的中间商数目多，使中间商推销产品时不专一，不愿为企业付出更多的费用；另外，在宽渠道下，生产者和中间商之间的关系松散，使得在交易中中间商会不断变化。

生产者使用的同类中间商少，分销渠道窄，被称为窄渠道。窄渠道适用于销售技术强、生产批量小或贵重的耐用消费品。生产者只选择那些熟悉本企业产品技术性能的中间商经销自己的产品。例如，劳力士手表在营销中选择了窄渠道，在零售商这个层级中只选择某个珠宝店推销商品。如图 5-5 所示，为劳力士手表采用的窄渠道分销模式图例。

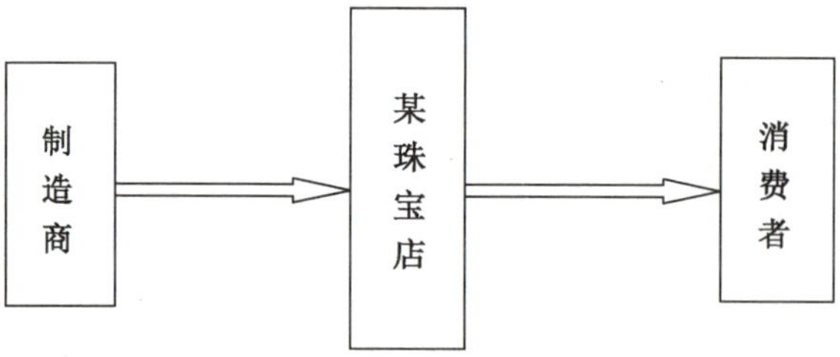

图5-5　劳力士手表采用的窄渠道分销模式图例

窄渠道的优点是生产者和中间商之间的关系密切，相互间有较强的依附关系，销售和生产相互促进。但市场分销面受到限制，风险较大，一旦双方关系出现变化，便会影响生产或销售。

生产者必须决定每个渠道层次使用多少中间商，即决定渠道的宽窄。分销渠道的宽与窄体现在以下三种中间商的选择策略上，如图 5-6 所示。

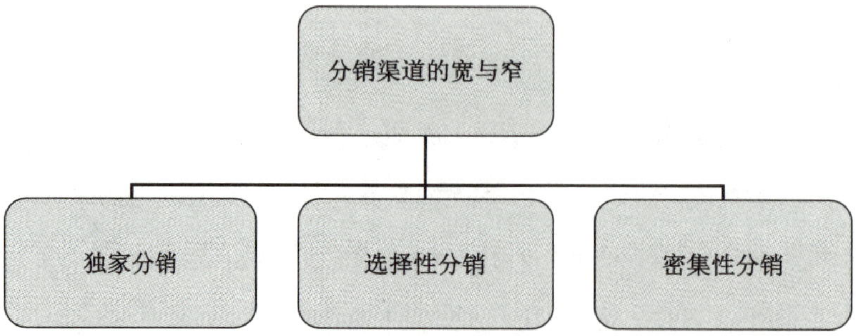

图5-6　分销渠道的宽与窄

（1）独家分销。独家分销是指生产者在某一地区严格地选择一家适合的中间商经营本企业产品或服务的策略。通常双方协商签订独家分销合同，规定独家分销商不得经营竞争品牌。它适用于生产者想对分销商进行有效控制的情况，如汽车、家用电器、时装等名牌或声望品。

美国通用汽车公司针对汽车市场的竞争状况，首先创立了独家代理的销售渠道。在一个城市、一个地区，甚至一个国家只选择一家代理商，由它独家经营通用汽车公司的产品。这一渠道模式使通用汽车公司和代理商均获得了理想的收益，并为通用汽车公司取得世界汽车的霸主地位奠定了基础。这一模式很快在汽车行业推广开来。

（2）选择性分销。选择性分销是指生产者精心挑选愿意经销本企业产品的少数几家中间商的策略。选择性分销市场覆盖面较宽，利于实施市场控制和节约成本。一些有较高信誉的企业大多都采用选择性分销方式来寻找和选择经销商。例如，消费品中的选购品（如时装、鞋帽、家用电器等）适合选择性分销，新产品开发的试销阶段也适宜采用选择性分销模式。

李宁公司在全国各地精心挑选愿意经销“李宁”牌服装的少数几家中间商加盟，这样既统一了“李宁”牌服装的企业形象和产品形象，又利于实施市场控制和节约渠道建设成本，可以在耐克、阿迪达斯、安踏等品牌的夹缝中稳步前行。

（3）密集性分销。密集性分销是指生产者尽可能多地使用经销商来销售本企业的商品或劳务，以求迅速进入目标市场或扩大市场的策略。一些日用小商品、生活必需品（如牙膏、肥皂、通用小工具等）和工业品中的通用机具多采用宽渠道的密集性分销模式。

耐克在以下六种不同类型的商店中销售其生产的运动鞋和运动衣。

① 体育用品专卖店，如高尔夫职业选手用品商店。

② 大众体育用品商店，供应许多不同样式的耐克产品。

③ 百货商店，集中销售新样式的耐克产品。

④ 大型综合商场，仅销售折扣款式。

⑤ 耐克产品零售店，设在大城市中的耐克城，供应耐克的全部产品，重点是销售新款式。

⑥ 工厂的门市零售店，销售的大部分是二手货和存货。

以上三种分销渠道策略，应根据企业自身和产品市场变化情况灵活运用，具体比较如表 5-4 所示。

表5-4　分销渠道宽度三种策略比较

类　　型	独家分销策略	选择性分销策略	密集性分销策略
渠道的长度、宽度	短而窄	较短而窄	长而宽
中间商数量	一个地区一个中间商	有限中间商	尽可能多的中间商
销售成本	较低	较低	高
宣传任务承担者	生产者、中间商	生产者、中间商	生产者
商品类别	高价品、特色商品	选购品、特殊品	便利品、消费品

企业的产品处在生命周期的不同阶段时，其分销渠道策略也应随之发生变化。

- 在产品的投入期，消费者对新产品不了解，企业可采取选择性分销策略，选择几家有影响力的中间商经销自己的新产品。
- 到了产品的成长期或成熟期，大部分消费者对产品已有所了解，企业可采取密集性分销策略，扩大市场面，全面打开市场。
- 当产品处于衰退期，企业则可缩小销售面，以待产品的更新换代。

4. 单渠道和多渠道

单渠道是指生产者采用同一类型渠道分销企业的产品，渠道比较单一。多渠道是指生产者根据不同层次或地区的消费者的情况，选用两种或两种以上不同类型的分销渠道。

2021 年中国平安寿险业绩信息显示，作为寿险改革内容的重中之重，渠道端已实现从单一渠道向多渠道转型，呈现四大渠道并重发展的格局。除代理人渠道转型之外，平安银行优才、社区网格化、下沉渠道三大创新渠道贡献的边际新业务价值（NBV）占比持续提升。平安寿险积极探索社区网格化渠道，构建“线上 + 线下”“农夫式”社区深耕经营模式，发展高素质网格化专员队伍，助力寿险多渠道发展，已在上海、深圳、沈阳三地试点落地，据悉已经招募千余名中高端专员，跑通线上与线下联合服务、续保、综合开拓和加保全流程，试点区域续保率提升 20 个百分点以上。电话销售渠道优化业务结构和服务模式，市场份额保持领先。

归纳起来，影响渠道结构选择的主要因素如图 5-7 所示。

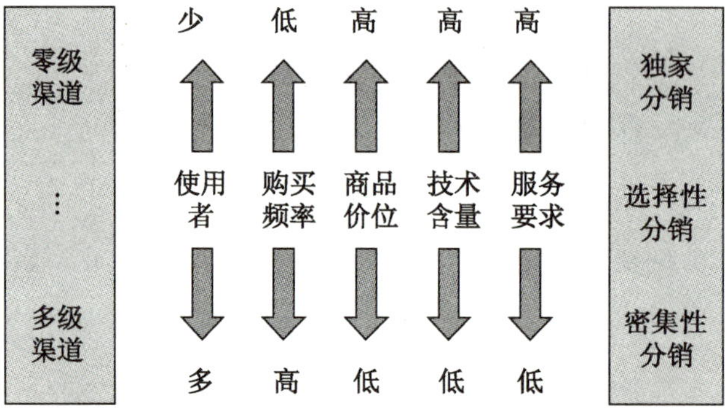

图5-7　影响渠道结构选择的主要因素

议一议

移动互联网对消费者的改变，主要表现在哪些方面？

（1）手机让用户获取信息的边际成本几乎为 0。

（2）手机几乎吞噬掉用户的一切碎片时间，人们的娱乐、学习、社交等活动大部分都可以通过手机来完成。

（3）用户越来越追求个性化、与众不同。

任务二 设计分销渠道

案例 5-3

乐华彩电渠道调整酿悲剧

2002 年乐华彩电扮演了彩电渠道变革的急先锋。乐华渠道改革的核心是全面推行“代理制”。为了完成从渠道自营制到代理制的根本转变，乐华彩电对企业结构进行了必要调整后，就开始了疾风暴雨式的渠道革命。

乐华彩电一口气砍掉了旗下 30 多家分公司及办事处，同时对其选定的代理商提出了严格要求——现款拿货。从理论上分析，全面推行代理制后，企业集中精力搞研发、品牌，代理商做渠道、分销、售后服务;又因为现款现货，企业提高了现金流转速度，还可节省自营渠道的运营支出，可谓益处多多。

然而是否有经销商愿意加盟呢？对代理商来说，他们没有账期、没有了企业的终端和市场支持，风险和压力大增。这样的话，代理制能否推行下去，就取决于企业的品牌和实力。而作为二线彩电品牌，乐华彩电并不具备吸引经销商的足够实力和品牌资源。

从公开资料上看，乐华彩电也估计到了这种情况。乐华彩电在调整渠道前预想，可以借助国内新出现的强力家电连锁终端进行销售，继而争取专业代理商加盟。在这种思路下，乐华彩电匆匆砍掉了自己的自建渠道，从全国各大商场、超市中撤柜，并大量裁撤售后服务人员。

乐华彩电的激进做法很快让自己尝到了苦果。强力家电连锁终端主要集中在一、二线城市，而在这些城市中，乐华彩电不具备品牌优势，对消费者吸引力不强，因此其销售额直线下降。最终因为乐华彩电大量裁撤其售后服务人员，致使正常的售后服务无法提供。

销售量的锐减切断了乐华彩电的现金流，售后问题则直接打击了消费者和终端商对乐华彩电的信心。2002 年 11 月，曾被乐华彩电寄予厚望的连锁家电销售商对乐华彩电丧失信心，北京国美率先对乐华彩电撤柜，至此，乐华彩电无力回天。2003 年 5 月，处在内忧外困环境中的乐华彩电宣布易主。

案例评析

乐华彩电进行渠道调整，从主观愿望看无可非议，其调整之所以会酿成悲剧，一是对市场特别是经销商、代理商情况把握不准，一厢情愿；二是纸上谈兵，调整方案脱离实际，无法推行；三是渠道调整用力过猛，没有过渡、缓冲，企业内外都难以适应。因此，悲剧的酿成就无法避免。

课堂随笔

一、渠道设计的含义

渠道设计是指为了实现分销目标，对各种备选渠道结构进行评估和选择，从而开发新型的营销渠道或改进现有营销渠道的过程。

广义的渠道设计包括在企业创立之时设计全新的渠道，以及改变或再设计已存在的渠道。后者现在也被称为渠道再造。

二、渠道设计的原则

在选择具体的分销渠道模式时，无论出于何种考虑、从何处着手，一般都要遵循以下原则。

1. 畅通高效原则

畅通高效原则是渠道选择的首要原则。任何正确的渠道决策都应符合物畅其流、经济高效的要求。商品的流通时间、流通速度、流通费用是衡量渠道效率的重要标志。畅通的分销渠道应以消费者的需求为导向，将产品尽快、尽好、尽早地通过最短的路线，以尽可能优惠的价格送达消费者方便购买的地点。畅通高效的分销渠道模式，不仅要让消费者在适当的地点、时间以合理的价格买到满意的商品，而且应努力提高企业的营销效率，争取最大化地降低营销费用，以尽可能低的营销成本，获得最大的经济效益，赢得长期竞争优势。

正如美国铝业公司一位管理高层人员所说："有的时候，当分销商堆放滑板时，他们并没有在外面放置包裹清单，这样对叉车司机来说，要按照分销商内部文件的要求分开和挑选滑板就是一件非常困难的事。为什么不在仓库的两头都放置包裹清单呢？如果这样，当工作人员堆放滑板时，不管以何种方式堆放，他们都可以看到包裹的号码。这不是一件大事，但是它将使客户更易于同我公司而非其他公司的竞争者进行商务合作。"

2. 覆盖适度原则

随着市场环境的变化及整体市场的不断细分，传统渠道已经很难满足批发商对市场份额及覆盖范围的要求。更重要的是，随着人民生活水平的提高，消费者的消费习惯发生了翻天覆地的变化，消费者要求购买更便捷、更物有所值、更有选择性。因此，批发商应深入考察目标市场的变化，及时把握原有渠道的覆盖能力，并审时度势，对渠道结构做相应的调整，勇于尝试新渠道。另外，批发商在选择分销渠道模式时，仅仅考虑加快速度、降低费用是不够的，还应考虑及时、准确送达后，商品能不能销售出去，是否有较高的市场占有率足以覆盖目标市场。因此，不能一味强调降低营销成本，这样可能导致销售量下降、市场覆盖率不足的后果。成本的降低应是规模效应和速度效应的结果。在分销渠道模式的选择中，也应避免扩张过度、分布范围过宽过广，以免造成沟通和服务的困难，导致无法控制和管理目标市场。

固特异公司是世界闻名的轮胎生产企业。最初，固特异公司是通过专业的轮胎经销商销售产品的。然而，为了满足消费者购买更便利的要求，固特异公司决定授权西尔斯、沃尔玛这样的大型零售商及轮胎折扣商店销售其轮胎。当然，固特异公司的这种做法必然触及专业轮胎经销商的利益，双方甚至诉诸公堂。但固特异公司坚持认为，市场环境已经发生了巨大变化，原有渠道根本无法满足其对市场覆盖率的要求。最终，固特异公司在付出很大代价、做出让步后，仍坚持采用新渠道，并取得了良好效果。

3. 稳定可控原则

对批发商来说，分销模式一旦选定，就需要花费相应的人力、物力和财力去建立和维护，且整个建立和维护的过程是复杂而缓慢的。因此，批发商一般不会轻易更换自己的渠道成员，也不会随意转换渠道模式。事实上，任何企业要想提高渠道的效益，就必须保持渠道的稳定性，否则，企业就很容易在渠道竞争中"翻船"。当然，由于影响分销渠道的各种因素总是在不断变化，一些固有的分销渠道难免会出现某些不合理的问题。这时，就需要分销渠道具有一定的调整功能，以适应市场的新情况、新变化。批发商在具体调整时应综合考虑各个因素，使渠道始终都在可控制的范围内保持基本的稳定状态。

4. 市场导向原则

批发商确定渠道层次结构时，必须重点考虑消费者的需求，要树立以消费者为导向的经营思想。所确定的渠道层次结构，不仅要能提供符合消费者需求的产品，而且必须使渠道满足消费者在时间、地点及售前、售中、售后服务的需求。

5. 协调平衡原则

对批发商来说，保持与上下游渠道成员之间的协调与合作是保证渠道畅通的关键。因此，批发商在确定渠道层次结构时，不能只简单地追求自身的利益最大化，忽视乃至损害其他渠道成员的局部利益，否则将影响整个渠道的高效运转。批发商在选择渠道模式时，应综合考虑各渠道成员之间的利益，使各成员之间的利益达到综合平衡。批发商应制定一套科学、合理的分配制度，根据各渠道成员担负的职能、投入的资金与精力，以及取得的绩效，对渠道所能获得的利益进行科学、合理、公平的分配。事实上，渠道成员之间发生渠道冲突的关键原因就在于利益分配不均。

6. 精耕细作原则

市场覆盖面变大了之后，如果缺乏管理，缺乏精耕细作，那么分销渠道的危机将非常明显。因此，在竞争越来越激烈的今天，抛弃粗放经营，实行精耕细作是很重要的，它保证了网络的正常运转和健康发展。在精耕细作的网络设计中，所有的网络管理工作必须做到定点、定时、定人、定路线、定效应，推行细致化、个性化服务，及时准确地反馈市场信息，全面监控市场的动向。

7. 不断创新原则

在不同的企业发展阶段，在不同的品牌发展阶段，分销渠道的设计应该有所不同，应注重求新、求变的原则。根据竞争趋势和市场的发展，根据消费者的变化和个性化需求，不断调整分销渠道，让分销渠道与企业、产品、品牌共同进步。

案例5-4

小米的成功大家有目共睹。创始人雷军深度剖析总结了小米成功的六大因素：一是电商，二是社交媒体，三是将手机当计算机做，四是群众运动，五是粉丝经济，六是硅谷式创业。在这六种成功经验中，电子商务模式体现了小米的渠道创新。除了运营商的定制机，小米手机只通过电子商务平台销售，最大限度地省去了中间环节。通过互联网直销，市场营销采取按效果付费模式，这样的运营成本相比传统品牌大大降低，从而最终降低了终端的销售价格。

案例评析

小米销售的火热表现超出了人们的预期。从硬件配置上并无明显优势的小米手机，当其将拥有的各类资源整合在一起的时候，就拥有了一种神奇的力量。小米的成功源于分销模式、商业模式及竞争战略上的创新。

课堂随笔

三、渠道设计的影响因素

分销渠道选择的好坏很大程度上决定了企业营销的成败，谁掌握了主动权，谁就取得了终端的胜利。生产者在选择分销渠道时，必须对几方面因素进行系统的分析和判断，如图5-8所示。

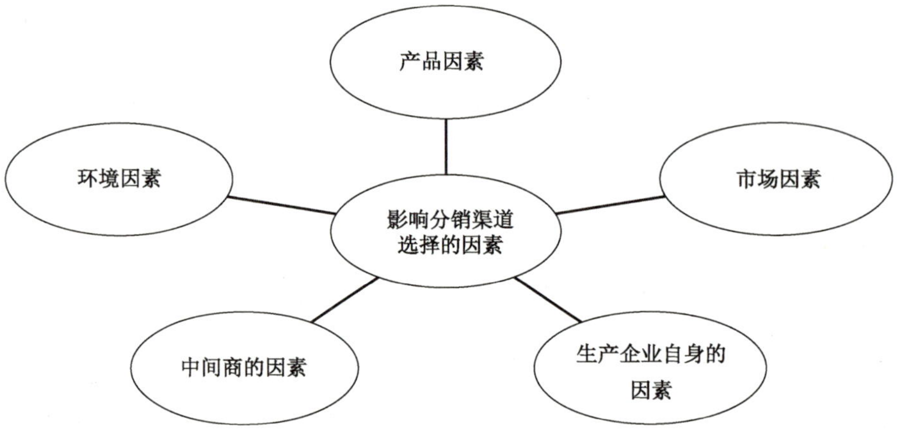

图5-8 影响分销渠道选择的因素

1. 产品因素

生产者在选择中间商时，首先要考虑如下产品特性。

（1）产品的性质。有的产品易毁或易腐烂，产品有效期短，这些产品应尽量减少中间商，采取尽可能短的分销渠道甚至专用渠道，尽快送到消费者手中。还有一些体积大、分量重、移动不便的商品，适宜选择较短的分销渠道。

（2）产品的价值。一般来说，产品价值越高，越倾向于减少流通环节，否则会造成销售价格的提高，从而影响销售量，这对生产者和消费者都不利。而价值较低的产品，则通常采用多环节的间接分销渠道来拓展市场。

（3）产品的技术。对于技术性强、专用性强的商品或需要专门、复杂的技术服务与维修的产品，应使用直接渠道，采取产销见面的直接销售模式。直接销售给消费者，向消费者提供专门技术标准的产品和及时良好的技术服务。

（4）定制品和标准品。定制品一般由产需双方直接商讨规格、质量、式样等技术条件，不宜由中间商销售。标准品具有明确的质量标准、规格和式样，分销渠道可长可短。

（5）新产品。许多新产品在试销阶段需要大量的售后服务工作，加上市场需求不稳定，商业利润低，中间商往往不愿意经销，迫使生产者组织自己的推销队伍，直接与消费者见面，推介新产品和收集消费者意见。

（6）产品的季节性。季节性强的商品，为了尽快销售出去，可考虑利用中间商来进行分销。

随着社会的发展，个性化消费的趋势越来越明显，那些需要高附加值服务的商品也以选择直接渠道为宜。产品因素对分销渠道选择的影响如表 5-5 所示。

表5-5 产品因素对分销渠道选择的影响

产品因素	产品属性	渠道短	渠道长	举例说明
单位价格	高	√		大型机械设备
	低		×	
体积与重量	整、大	√		大型机械设备
	细、小		×	
易腐性和易毁性	强	√		鲜活产品
	弱		×	
技术与服务要求	高	√		医疗设备
	低		×	
标准化	高		√	小配件
	低	×		
专用性	高	√		医疗设备
	低		×	

2. 市场因素

渠道的选择还要受市场因素的影响，主要表现在以下几个方面。

（1）目标市场范围。目标市场范围越大，渠道相应地越长、越宽。

（2）购买量的大小。对于一次购买量小、购买频率高的商品适宜选择长渠道；一次购买量巨大、购买频率低的商品则适宜选择短渠道。

（3）消费者和客户集中程度。某些商品的消费者和客户分布比较集中，适合直接销售；反之，则适合间接销售。工业品的客户相对集中，适合选择直接渠道；生活消费品的消费者数目多且分散，流通成本偏高，就需要较多层次的中间商来建立分销渠道。

（4）消费者的购买习惯。消费者对各类消费品的购买习惯，如可接受的价格、购买场所偏好、对服务的要求等，都会影响企业的渠道选择。例如，消费品中的便利品，消费者对这类商品的购买表现为购买频率高，希望能随时随地买到，所以这类商品只能通过批发商，最后由为数众多的中小型零售商销售给消费者。

（5）竞争状况。一般情况下，应尽量避免与竞争者采用相同或者相近的分销渠道，除非自己的产品有独特的地方。

市场规模越大，位置越集中，消费者一次购买量大，可采取直销或短渠道；对日用品，消费者习惯现买现用，所以选择大量且分布广泛的零售中间商；对高端产品，消费者往往要在充分了解信息并做出选择后才会购买，这时渠道就不必长。另外，随着消费者消费习惯的改变，市场潜力的变化，企业也要适时地调整自己的分销渠道。

当前鞋业市场的竞争越来越趋向于渠道的竞争，而渠道的竞争也越来越表现为终端的竞争。下面就从温州市场的案例来看中国鞋业的渠道建设。

案例5-5

1998年11月，奥康在温州创办第一家皮鞋专卖店，从此以后，“专卖连锁”开始风行于温州鞋业界，一些大中型鞋企纷纷跟进。在当时，鞋企在终端开设专卖店的多少一度成为衡量其品牌实力的一个标准。一时间，统一形象、统一价格的温州品牌鞋专卖店如雨后春笋般在全国涌现。到2001年，温州鞋业专卖店数量达到顶峰，突破3万家，但相当一部分企业的效益却一路滑坡。到2003年年底，一些难以支撑下去的企业不堪重负，开始转变思路。一些运作相对较为成功的品牌专卖店，也开始销售一些杂牌皮鞋，以期维持生计。

案例评析

鞋服连锁是连锁的一种形式，是鞋服零售业的高级商业形态。这种单一形式的鞋服连锁目标市场比较狭窄，和连锁超市相比，其影响力非常小。现在，这种单一的鞋服连锁形式正向着为消费者提供“一站式购物”的超市型鞋服连锁形态发展。

课堂随笔

3. 生产者自身的因素

（1）生产者自身的资源条件。若生产者自身规模大、财力雄厚、声誉高，则可以建立自己的销售网点，或选择短渠道策略。

（2）经营能力与管理经验。若生产者具备市场营销所需的人才、设施、技术和经验，具有经营能力和管理渠道的经验，则应选择直接渠道或短渠道；反之，则必须借助中间商，选择间接分销渠道。

（3）服务能力。若生产者有能力为最终消费者提供很多服务项目，如维修、安装调试、广告宣传等，则可以取消一些中间环节。

2005年4月18日，美的空调在井冈山甩出了乡镇市场开发的四大“撒手锏”：投资

1亿元在全国新建数千家经销商网络；营销中心全面下移；针对三、四级市场和消费者需求开发革命性产品;“满意100”服务工程城乡同步推出。此举宣告了美的“乡镇空调普及革命”活动的全面启动，该活动随后引发了全国整个空调业的“上山下乡”运动。截至2012年12月，美的专卖店数量已超过1.5万家，涵盖8万多个经销商网点，农村市场销售网络普及率超过95%，形成了不同层次、不同地区的立体销售网络。

4. 中间商的因素

（1）中间商对生产者的态度和要求。

（2）中间商的规模。如果大型零售商多，进货批量大，则生产者可以直接跟零售商交易，此时宜使用短渠道策略。

（3）中间商提供服务的能力。如果中间商开拓市场的能力和提供服务的能力强，那么应该使用长渠道策略。

案例5-6

斯地勒公司是美国一家生产办公设备的生产企业，该生产企业拥有优质的产品、有竞争力的价格及有效的促销手段，并通过使用一家优秀的代理商，为消费者提供了满意的服务，从而取得了较好的市场业绩。

事情发生在一个星期二的晚上，斯地勒公司在纽约地区的代理商麦克正与家人共进晚餐，这时接到纽约一家大银行的设备经理打来的电话。这位设备经理在电话里冲着麦克大叫大嚷，暴跳如雷。原来这家银行通过麦克向斯地勒公司订购了一批价值50万美元的米色开放式办公室专用隔板系统，可是刚收到的第一批500张隔板全是深橘红色的！当时，墙壁已经粉刷好了，门已经漆好，地毯也已铺好，就等银行董事长前来视察安装情况了。时间只剩一个星期。

麦克接到电话后，本可以推卸责任，因为颜色出问题并不是他的过错，他只是代理商。但麦克没有这样做，他在电话里向设备经理真心诚意地道歉并保证马上纠正错误，并承诺在董事长视察之前安装好米色隔板。

麦克积极想办法协助斯地勒公司解决问题：①尚未交货的部分隔板立即改成米色的；②已运到银行的500张深橘红色隔板暂不退货，但必须尽快运来1 800码米色纤维布。

待米色纤维布运到后，麦克组织人力，在500张深橘红色隔板上刮掉了深橘红色纤维布，全部套上了米色纤维布并安装好，银行对此十分满意。

案例评析

显而易见，正是纽约这家代理商一流的经营素质为斯地勒公司挽回了名誉，让斯地勒公司在竞争中占据一席之地。

课堂随笔

5. 环境因素

渠道选择还要考虑到政治、经济、科技、法律、文化等因素。整个社会的经济形势好、发展快，分销渠道的选择余地就大；在经济萧条时，市场需求下降，生产者为控制销售费用，降低售价，常常减少流通环节，使渠道变短变窄；还有一些国家实施医药、烟酒专卖制度，这些产品的分销渠道就必须依法选择，其分销自由度大大下降；某些按国家政策（如专卖制度、反垄断法规、进出口规定等）应严格管理的商品或计划分配的商品，企业无权自销和自行委托销售。此外，随着电子信息和网络技术的发展，电子商务已逐步成为许多企业的渠道选择。

四、渠道设计的程序

企业在设计分销渠道时，必须在理想的渠道和可能得到的渠道之间做出选择，最后确定符合目标市场的最佳渠道。最佳渠道是指对目标市场的覆盖能力更强、使目标市场的消费者满意度更高、能给企业提供较多利润的渠道。企业的分销渠道设计的程序一般由以下几个步骤构成。

1. 建立分销渠道目标

建立分销渠道目标，即在企业营销目标的总体要求下，选择分销渠道应达到的服务产出目标。企业在认真分析影响分销渠道决策的主客观因素的基础上，划分出若干分市场，然后决定服务于哪些分市场，并为之选择和使用最佳渠道。

2. 确定分销渠道模式

确定分销渠道模式，即决策分销渠道的长度。渠道长度是以渠道层次（或中间环节）的数量来衡量的。在进行渠道决策时，企业应根据产品、消费者、中间商、竞争者等因素，决定选择什么类型的分销渠道。是派推销人员上门推销或自设商店的直接渠道？还是选择通过中间商的间接渠道？是选择一层还是二层渠道？选择什么规模和类型的中间商？

3. 确定中间商的数目

确定中间商的数目，即决策分销渠道的宽度。每个渠道层次使用多少个中间商，这一决策在很大程度上取决于产品本身的特点、市场容量的大小及市场需求面的宽窄。常用的有独家分销、选择性分销、密集性分销三种形式。

4. 确定渠道成员的权利和责任

生产者必须确定渠道成员的权利和责任。生产者应给予中间商供货保证、产品质量保证、退换货保证、价格折扣、广告促销协助等；经销商应向生产者提供市场信息和各种业务统计资料，保证实行价格政策，达到服务水准。确定渠道成员的权利和责任时必须十分谨慎，并要得到各相关方面的配合。

5. 选择渠道成员

中间商选择合理与否，对企业产品进入市场、占领市场、巩固市场和发展市场有着重要的影响。选择中间商时，应主要考虑以下因素，如表 5-6 所示。

6. 对分销渠道方案进行评估

分销渠道方案确定后，生产者根据各种备选方案进行评估，找出更优的渠道路线。通常渠道评估的标准有三个：经济性标准、可控性标准和适应性标准。其中最重要的是经济性标准。

表5-6　选择中间商要考虑的因素

考虑因素	基本要求
中间商的地理位置	接近目标市场
中间商的信誉	选择资信状况好、知名度高的企业
中间商的资本实力	中间商资本实力强，一般经营管理实力也强
中间商的经营能力	中间商市场覆盖面广，人员素质高，储存、运输、服务能力强
合作的意愿	有合作愿望和动机
与公众、政府及消费者的关系	要获得公众、政府的支持和包容，受到消费者的欢迎

（1）经济性标准评估。比较每个方案可能达到的销售额及费用水平。首先，比较由本企业人员直接推销与使用销售代理方式的销售额水平哪个更高；其次，比较由本企业设立销售网点直接销售所花费用与使用销售代理方式所花费用，哪种方式支出的费用高。企业进行权衡后，最终选择最佳的分销方式。

（2）可控性标准评估。企业对分销渠道的选择不仅应考虑短期经济效益，而且应考虑分销渠道的可控性。分销渠道稳定与否，与企业能否维持并扩大市场份额、实现长远目标有重大关系。企业自销对渠道的控制能力更强，但由于人员推销费用较高、市场覆盖面较窄，因此不能完全自销。利用中间商分销就应充分考虑渠道的可控性。一般来说，建立特约经销或特约代理关系的中间商较容易控制。对分销渠道的控制讲究合理适度，以较好地实现企业的销售目标。

（3）适应性标准评估。每个分销渠道的建立都意味着渠道成员之间的关系要持续一定时间，不能随意更改和调整。而市场是不断变化的，企业在选择分销渠道时就必须充分考虑渠道对市场的适应性，如地区适应性、时间适应性等。

任务三　管理分销渠道

在渠道确定后，企业还要对渠道进行管理。分销渠道管理，主要是指对间接分销渠道中的成员进行管理，即对中间商的管理。选择分销渠道后就产生了相互联系、相互影响的渠道成员。因此分销渠道管理主要包括激励渠道成员、评估渠道成员、调整渠道成员。

一、激励渠道成员

企业在选择了分销渠道以后，为了保证中间商努力扩大对本企业产品的销售，不断提升业务水平，就必须对中间商进行激励与扶持。企业与中间商在一定程度上是一种利益共同体，因此必须“风险共担、利益共享”，这就要求企业必须合理分配双方利润，否则中间商就会失去销售积极性。中间商是独立经营者，乐于接受受到消费者欢迎的产品，关心的是所有产品的销路。企业应向中间商提供适销对路的优质产品，只有经销畅销商品，才是较好的激励。当生产者满足了中间商的要求时，中间商会积极扮演好产品销售和消费者购买代理的双重角色；当生产者不能满足中间商要求时，中间商会转向销售其他生产者的商品。一般来说，生产者激励渠道成员的方式有三种：合作、合伙和分销规划。

1. 合作

合作是指当中间商比较依赖生产者时，生产者往往会采用较高的利润、特殊优惠等正面激励和减少提供服务、终止双方关系等消极制裁措施相结合的办法。合作这种方式采取直接激励的方法。直接激励往往借助于物质的刺激，给予中间商附加利益，如较高的毛利、特殊优惠、各种奖金、返利、合作性广告补贴、陈列津贴及推销竞赛等。合作是一种授之以鱼的做法。

2. 合伙

合伙是指生产者致力于和中间商建立长期的合伙关系，共同从市场覆盖面、市场开发、产品供应、技术支持、市场信息等方面来衡量的办法。一些老牌企业往往试图与经销商建立长期合伙关系，这要求生产者深入了解能从经销商那里得到什么，以及经销商可从生产者那里获得什么。生产者希望经销商能同意有关政策，并根据遵守政策的具体程度确定付酬办法。

某企业不直接付给经销商25%销售佣金，而是按如下标准支付：如果保持适当的存货，则付5%；如能达到销售配额，则再付5%；如能有效地为消费者服务，则再付5%；如能及时报告最终消费者的购买水平，则再付5%；如能对应收账款进行适当管理，则再付5%。

3. 分销规划

分销规划是指生产者和中间商之间较为先进的联系方法，旨在建立一个有计划的、专业管理的纵向营销系统，将二者的需求有机地结合起来的办法。合伙和分销规划方式使用间接激励的方法。间接激励着眼于对中间商的长期激励，帮助中间商提高管理效率，是授之以渔的做法。制造企业建立一个有计划的、专业管理的纵向营销系统，把生产者和中间商双方的需求结合起来。生产者的任务是分析中间商的各种需求，制定推销方案，帮助中间商的经营达到最佳水平。生产者和中间商联合制定销售目标，共同确定存货水平、铺面空间和商品陈列方式、销售培训要求及广告促销计划等。过去中间商可能认为之所以能赚钱是因为他与消费者站在一起共同对抗生产者的结果，现在中间商可能改变了看法，认为之所以能赚钱是因为他与生产者站在一起。

案例5-7

某食品有限公司是一家以生产醋饮和果饮为主的食品生产企业，为避免春节市场缺货而公司库存过多的压货现象，在春节来临之前采取了一系列改善政策：① 凡在春节前20天内批量进货的经销商，一律给予10%的随车搭赠政策；② 与经销商签订书面协议，凡在春节前批量进货的二批商和零售商，一律给予每10件苹果醋赠送名牌不粘锅一套的促销奖励政策；③ 箱内增设刮刮卡，其形式新颖，有现金奖、礼品奖等多种奖项，且100%中奖。

案例评析

该公司通过这一系列的渠道利益再分配，以及终端拉动措施，有效地刺激了各级销售渠道购进的积极性，并直接促进了产品的终端消费和购买，确保了产品流的畅通，使其产品在春节期间无论是流通渠道还是餐饮酒店终端都销售较好，火了一把。

课堂随笔

有些情况下，正面激励并非总是有效，这时就需要一些负面强化激励。如果中间商不能很好地合作，那么可以减少毛利、放慢供货，甚至终止合作关系。在中间商对生产者高度依赖的情况下，这种方法尤其有效。

二、评估渠道成员

生产者除了选择和激励渠道成员，还必须定期评估他们的绩效。企业根据自己的营销目标，对中间商的工作绩效制定考核的办法，通常包括积极性、销售额、增长率、市场占有率、平均存货水平、回款速度、宣传推广、服务水平、消费者满意度等。对企业有较大影响的中间商，应成为企业合作的重点；对于绩效一般或低于企业要求的中间商，要找原因及补救办法，必要时可剔除绩效差的中间商来保证渠道的效能。评估渠道成员应遵循经济性原则、发展性原则、适应性原则和合作性原则。

案例 5-8

娃哈哈渠道政策

（1）实行双赢的联销体制度。娃哈哈采用保证金的方式，要求经销商先打预付款。打了保证金的经销商，与娃哈哈的距离大大拉近，极大地改变了娃哈哈的交易组织。

（2）实行级差价格体系。娃哈哈的销售网络构成：公司—特约一级经销商—特约二级经销商—二级经销商—三级经销商—零售终端。娃哈哈实行严格的价格管理体系，保证每个梯度都存在价格空间。

（3）全面的激励措施。娃哈哈的返利机制不是单一的销售返利的直接激励，而是采取包括间接激励在内的全面激励措施。间接激励通过帮助经销商进行销售管理，以提高销售的效率和效果来激发经销商的积极性。

（4）制定严明的奖罚制度。娃哈哈对越区销售行为严惩不贷。对于没有遵守协议的销售商，公司将扣除经销商的保证金用以支付违约损失，情节严重的取消经销资格，不讲任何情面。

课堂随笔

案例评析

娃哈哈对经销商的选取和管理十分严格。选取合适的经销商，规范经销商的市场行为，为经销商营造一个平等、公正的经营环境，对于防止串货是十分重要的。

三、调整渠道成员

渠道的建成，仅是迈向消费者的第一步。随着市场容量、消费者需求和产品寿命周期的变化，生产者需要动态地进行调整，重新选择目标市场、细分市场与产品再定位，适当进行中间商的增减，整合优化配置与渠道创新等。

1. 增减渠道宽度

当生产者发现现有的渠道过少，不能使产品有效抵达目标市场而影响了产品的销路时，应增加新的渠道，即增加同一层次的中间商数目；反之，则应减少、缩小渠道宽度。

2. 增减渠道长度

当生产者在某个目标市场上只通过增减个别中间商不能解决根本问题时，就会采取增减某一特定分销渠道的措施。效率低下、分销不力、对渠道整体运作有较大影响的中间商应予以剔除，如有必要可另选合适的中间商加入。

例如，饮料公司发现其经销商只注重成年人市场而忽视儿童市场时，为了促进儿童饮料市场开发，就可能增加一条新的分销渠道。

当生产者的产品市场扩大，而中间商销售范围变化不大时，就可以增长渠道。

3. 调整整个渠道结构

渠道是为营销服务的，当企业原有的渠道产生严重的矛盾、冲突或不能满足市场需要时，或企业调整战略目标、营销组合发生重大变化时，就需要对渠道进行重新设计和组建。实际上，由于市场竞争激烈，生产者往往需要对整个分销模式进行调整，通过多种渠道模式将相同的产品送到不同的市场。

案例5-9

红糖细莫茶，是湖南传统工艺炒制的特产，千百年来，湖南人都用这种茶作为饮料调养身体。莫静波将此茶拍成照片发到朋友圈，很多朋友便向莫静波订购此茶。初期，红糖细莫茶对外地的客户是发货，附近的客户是送货。红糖细莫茶的销售量越来越大，于是莫静波成立了湖南细莫食品有限公司，开始招募代理。所有的代理只有一个级别，只有拿货价和卖货价。有了70多个代理商之后，公司的生意越来越好。很快，公司将原来一级的代理模式变为三级代理模式，代理商由70多人迅速裂变为500人。公司的业绩也由2014年的600多万元爆炸式增长到2015年的2 700多万元。

2015年7月，莫静波又做了一个重要的决定——实行产销分离。于是莫静波调整规划，成立了湖南细莫电子商贸有限公司，

课堂随笔

并将核心代理商直接转成了公司的股东。2015 年 11 月，公司又推出了一个关键政策——平级推荐，所有能够平级推荐五个代理商的代理商，可以无条件升一级，拿货价大大优惠。在新政的刺激下，公司实现了大的飞跃，引爆全网，代理商团队很快裂变到近 15 000 人。

案例评析

莫静波的公司在不断的发展中逐渐完善公司分销渠道，虽然在开始的时候并不怎么专业，但在不断的试错过程中总结积累，逐渐让自己变得专业起来。任何公司的渠道管理都需要顺应市场的变化。

任务四　关注渠道发展新趋势

尼尔·鲍顿第一次总结了市场营销活动中与渠道有关的各项活动内容，并进行了初步的分析。他指出在市场营销活动中，在渠道方面应该如何做好有关“供销路线、人员销售、陈列、扶持、实体分配”等活动，对需要注意的问题进行了分析。

20 世纪 60 年代，麦卡锡提出了影响深远的 4Ps 组合策略，即“产品策略、价格策略、渠道策略和促销策略”，这一组合策略使人们从较为繁杂的营销变数中找到了尤为重要的因素，其中第一次提出“渠道策略”的概念。

渠道策略包括为使目标消费者能接近和得到其产品而进行各种活动的策略。生产者必须有效地利用各种中间商和营销服务设施，以便更有效地将产品和服务提供给目标市场；生产者必须了解各种类型的零售商、批发商和从事实体分销的企业，以及他们是如何进行决策的。

20 世纪 90 年代，强调渠道的便利。在渠道策略方面更多地强调便利（Convenience），即为消费对象提供尽可能方便的消费通道，使其消费的非货币成本降低，如现在兴起的大型连锁卖场和网络营销就为居民提供了方便快捷的服务，体现了便利性。解决了为消费者创造便利的消费通道的问题，往往会使铺货率或市场占有率有戏剧性的巨大的提升。便利只是渠道战略的重要组成部分。

进入 21 世纪，开始在渠道策略方面强调关系营销，强调生产者应当与消费者建立长期、稳定且密切的关系，降低消费者流失率，建立消费者数据库，开展数据库营销，从而降低营销费用。

现在的市场经济中，商业合作伙伴之间强调合作、双赢，在生产者与客户之间也是如此。留住一个老客户的成本只是开发一个新客户的 1/5；而且一个满意的老客户往往会带来更多的新客户，口碑广告是最有效的广告之一；由于现代信息管理技术的进步，为生产者与客户建立长期、稳定且密切的关系创造了技术条件，使生产者能够更快、更准地找到老客户。渠道的目的就是使生产者与客户建立联系，从而实现商品的流通。从这个意义上说，强调关系营销的渠道战略开始回归营销渠道的核心和本义。

我国一些学者认为现在的渠道策略新趋势表现为以下四个方面。

1. 渠道结构以终端市场建设为中心

以前企业大多注重销售通路的顶端和中端，通过市场炒作和大户政策来展开销售工作；

如今市场转为相对饱和的状态，对企业的要求由“经营渠道”变为“经营终端”。

2. 渠道成员发展伙伴型的关系

传统的渠道关系是“我”和“你”的关系，即每个渠道成员都是一个独立的经营实体，以追求个体利益最大化为目标，甚至不惜牺牲渠道和生产者的整体利益。在伙伴式销售渠道中，生产者与经销商由“你”和“我”的关系变为“我们”的关系。生产者与经销商一体化经营，实现生产者渠道的集团控制，使分散的经销商形成一个有机体系，渠道成员为实现自己或大家的目标共同努力。

3. 渠道体制由金字塔形向扁平化方向发展

销售渠道改为扁平化的结构，即销售渠道越来越短，销售网点越来越多。销售渠道变短，可以增加企业对渠道的控制力；销售网点增多，则有效地促进了产品的销售量。例如，一些企业由多层次的批发环节变为一层批发，即形成“生产者—经销商—零售商”这样的模式，企业直接面向经销商、零售商提供服务。

4. 全渠道流通成为焦点

从国内政策到企业，再到业内资本，各种资源一并导向线上线下融合，强力推进全渠道的发展。如零售市场，电子商务已渗透实体零售多业态（连锁商超、大卖场），利用实体零售的区域网络及体验优势抢夺用户场景。实体零售凭借电子商务在互联网、大数据等方面的技术优势，帮助自身拓展渠道，实现经营升级。

案例5-10

百雀羚曾几度面临折戟沉沙的尴尬局面。然而，就在人们纷纷担忧本土老字号在国际化竞争中何去何从的时候，百雀羚却以一种崭新的面貌，在“洋枪大炮”的夹击之下畅销起来。众所周知，建立品牌必须渠道先行，没有渠道，再好的产品也无法销售出去。因此，百雀羚在“复兴”过程中，自2008年开始，舍弃“耕作”多年的三、四线流通渠道市场，把资源大规模向一、二线市场终端倾斜，开拓终端KA（关键客户）、专卖店、电子网络多元化的渠道，并将核心渠道确定为商超与专营店系统。正是近400家代理商、近3 000家商超网点及电子网络渠道，让百雀羚广告传播得到落地，销售业绩持续提升。

案例评析

“渠道是个大众情人”，渠道占有已经成为各品牌建立、营销、推广的重要舞台。同时，渠道已成为传播品牌的一大重要媒介。作为快速消费品的化妆品，老字号在与国际巨头、本土优势品牌的同台竞争中，想要迅速成为全国性强势品牌，全面提升经营业绩，其“品牌管理”和“渠道管理”一定要相匹配。只有在终端渠道，通过对消费者的促销推广与有效沟通，才能够不断洞察市场和消费者需求，才能够精准地进行传播与营销，才能够真正建立品牌。

课堂随笔

实训与练习

一、判断题

1. 便利品分销渠道是“较短而窄”的。（　　）
2. 生产者自身的规模决定了它的市场规模及它所要求的中间商能力的大小。（　　）
3. 具有高度技术性或需要经常服务与保养的产品，分销渠道要长。（　　）
4. 有些行业，生产者要尽量避免和竞争者使用一样的分销渠道。（　　）
5. 法律法规不会影响分销渠道的设计和选择。（　　）
6. 产品是影响渠道结构的唯一因素。（　　）

二、填空题

1. ________ 营销渠道指没有中间层次的营销渠道。
2. 企业的分销策略通常可分为 ________、________、________ 三种。
3. 分销渠道的每个层次使用同种类型中间商数目的多少，被称为分销渠道的 ______。
4. 在商品交易过程中拥有商品所有权的中间商是 ________。
5. 评估渠道方案的标准包括 ________、________、________。
6. 生产者与经销商的关系依不同情况可采取合作、合伙和 ________ 的方式。
7. 实体产品及劳务从生产者转移到最终消费者的过程，在渠道管理中称为 ______。
8. 向最终消费者直接销售产品和服务，用于个人及非商业性用途的活动是 ______。

三、思考题

1. “分销渠道层次越多，越难控制”是否意味着分销渠道层次越少越好？
2. 哪些产品适合直接渠道？哪些产品适合间接渠道？

四、实训题

训练目的：训练学生分析、解决问题的能力。

生意人中有吴老板这种人吗

吴老板，四十多岁，几年来，靠给生产企业做代理，拖欠生产企业货款，像吹气球一样发达了起来。生产企业来催款，找人找不到，打手机关机，万一让你碰到了，你来要钱的反而不对了，“咋了？谁说不给你钱了，排队！”你问排到啥时候，他说：“你问我我问谁去？等着吧。”好了，你等吧，一个月、两个月，一年、两年……直到你厂子倒闭。

想打官司？打吧，人家奉陪，并决战到底。他欠你十万元，你付出两个十万元终于把这场官司打赢了，没想到法院强制执行时，他一把鼻涕一把泪：“没钱，真没钱啊！要房产？你去要吧，那是我老婆的——离婚了；要车？有两台，已经抵债了，抵给我老爸了！要货？行，你去仓库搬吧，不过你那冰箱洗衣机电饭锅都没了！”最后按两倍的进价退给你一堆过了期的方便面、变质的饮料……

生意人中有吴老板这种人吗？这种现象的存在说明了什么？万一碰上吴老板这种人，你该怎么办？

悦　读

数字化重构美的

一直以来，传统渠道销售被诟病的就是效率问题，这源于销售模式的老化。美的分销渠道存在着多级的层层代理、层层分销的现象，以产定销的方式带来大规模生产、大规模分销形式，导致诸多问题：在销售模式上，压货式销售掩盖了市场真实现状；在交付上，订单交付周期长，不能适应市场快速反应的需要；在库存上，成品仓储面积较大，导致产生大量库存租金，而长线物料制约生产柔性提升的同时易产生物料呆滞。随着上下游协同加强，这些痛点会影响供应链上的其他企业；同时，新消费需求的不断产生也在促使美的从要素驱动向效率驱动转型，建立新竞争优势。

在这个背景下，美的推动以“T+3”实践为核心的业务模式变革，其中T为基准点，以3天为周期，希望推进全流程无缝衔接，实现营销、制造、供应链、研发全价值链的协同。在商流层面，集团统一负责“T+3”项目整体战略部署、资源协调及重大事项决策；在物流层面，则由安得智联推出统仓统配“一盘货”战略，以降本增效。这也意味着，安得智联从原来的物流服务商转变为价值链的重要组成部分，从生产计划制订到订单最终送达，安得智联将对供应链各级服务商进行规划。

“一盘货”可以简单理解为，企业将线上线下的商品库存全部放在一盘棋里进行布局，通过打通所有渠道，实现库存共享、统一调配。再根据企业的业务布局和商业模式，在系统内设置更优的订单路由分配规则，把离消费者更近的商品，以更快的速度送到消费者手中。

按照这个逻辑，安得智联在推进战略时会涉及三个部分：渠道优化方案、统仓统配的规划、线上线下一盘货。这三个部分将基于企业实际需求逐渐递进。据介绍，安得智联从美的全国1.5万个售后网点选出将近3 000个售后网点承担最后一千米“to B”的配送和“to C”送装一体的业务，目前，这张网络可以实现全国3.9万个乡镇无盲区覆盖。

在数据化方面，安得智联通过建立物流数据中台，让数据更贴近业务。统仓统配一盘货的实施也带来诸多优点：从集团层面看，企业对库存的管理更加精确，从而能够指导前端进行商务策略和产品生产的决策；从物流层面看，企业对货品的流向和时效的把控更强，减少了串货之类的问题；从效率层面看，有数据显示，在“一盘货”战略实施后，存货周转天数从51天缩短到35天，订单交付周期从45天缩短到20天，效率提升了56%。库存共享带来的周转提升，对于全价值链效率的提升都是非常显著的。更重要的是成本，通过安得智联一盘货的实践变革，美的仓库数量从2 244个下降至138个；负责美的业务的仓库面积从552万平方米减少到166万平方米，降幅达到70%，极大地降低了仓储费用。

项目六

策划促销策略

学习目标

理解促销的含义，认识促销策略对企业营销的重要作用。正确制定企业的促销组合策略。领会人员推销、广告促销、营业推广促销和公关关系促销策略的含义、特点及作用等。

潜在客户开发

听故事

早在2019年9月17日，"冰墩墩"就已正式亮相，可是为什么在近3年的时间里"冰墩墩"都少有人知，却在2022年2月几乎一夜之间成为舆论的焦点呢？线上售罄、线下排队一千米依然"一墩难求"，热搜端，微博、百度、抖音平台接连热点刷屏，表情包等二次创作更是接连不断。从一个默默无名的吉祥物到全网求货的顶流，"冰墩墩"到底经历了什么？凭什么"笑傲冬奥"成为顶流呢？在具体的运营中，主要采取了哪些策略呢？

（1）款式多样。"冰墩墩"拥有摆件、书签、明信片、笔记本、邮票、拉杆箱、相框、拼图、徽章等十余种品类，还按照不同的年龄层进行了精细化运营。

（2）异业合作，跨界营销。"冰墩墩"跨界营销可谓玩出了花儿，不仅和不同的品牌联名，其呈现方式也花样奇多，如推出定制化的产品或送相应周边产品。

（3）受记者、奥运会运动员等的影响，"冰墩墩"相关话题频繁登热搜榜。

（4）多账号矩阵联合发酵，"冰墩墩"话题充斥全网。

故事感悟 从"冰墩墩"出圈事件中可以得出结论，要学会借势营销。但要明白一点，追热度不是蹭热度，要考虑自身品牌形象是否与之相匹配，从积极的热点中去寻找与自身产品相匹配的突破口和切入点。在情感消费时代，消费者购买产品时看重的早已不是产品数量多少、质量好坏，而是为了一种感情上的满足，一种心理上的认同。"冰墩墩"作为2022年北京冬奥会吉祥物，自身的形象早已与北京冬奥会紧密相连，再加上有大批运动员等知名人士为其站台，达到了巨大的广告效果。另外，"冰墩墩"的原型是我国国宝熊猫，背后的民族情感同样能引起大批消费者对其的心理认同，而这种心理认同在人群中如同滚雪球般，越滚越大，成就了"冰墩墩"成为爆款。

学知识

任务一　认识促销策略

现代市场营销不仅要求企业生产适销对路的产品，制定有吸引力的价格，选择理想的分销渠道，而且要求企业要善于与其目标消费者沟通，开展促销活动。促进销售也是营销组合（4Ps）的要素之一。

一、促销的策略

1．促销的含义

促销是指企业通过人员推销或非人员推销的方式，向目标消费者传递商品或劳务的信息，帮助消费者认识商品或劳务能给自己带来的利益，从而引起消费者的兴趣，激发消费者的购买欲望及购买行为的活动。

企业为开拓产品市场、扩大产品销路所进行的向目标消费者传递产品信息、激发消费者的购买欲望、促成消费者购买行为的全部活动就是促销。

2．促销的作用

（1）沟通信息，提供情报。这是指企业通过调查研究掌握市场需求的信息，通过促销将企业的信息传达给消费者。促销活动可以使消费者知道企业生产什么、经营什么、产品有什么特点、到哪里去购买等信息，从而引起消费者的注意，使其产生购买欲望；而消费者的信息反馈则可以使生产者改进产品，以适应消费者的需求。

（2）诱导消费，创造需求。企业通过广告宣传、人员推销、销售促进和公共关系等形式，展示、介绍有关的商品，并以说服和激励的方法，诱导需求和激发需求，从而增加产品需求量。

（3）突出特点，利于竞争。随着市场竞争的日趋激烈，各企业同类产品的差别越来越小。要想吸引消费者购买自己的产品，必须利用促销先发制人，扩大品牌知名度，增强消费者的购买信心和品牌忠诚度，使自己的产品处于有利的竞争地位。

（4）树立形象，稳定销售。由于市场竞争加剧，一些商品的销售会出现不稳定的波动。通过促销活动，可以树立本企业及产品形象，提高原有消费者的信任感，从而培养和提高消费者对产品的“品牌忠诚度”，还可以改变一些消费者的观望态度，培养其对产品的兴趣，从而稳定及扩大销售。

二、促销的手段

企业的促销活动种类繁多，主要分为人员推销与非人员推销。具体来说，促销手段可以分为四种：人员推销、广告、营业推广和公共关系，如图 6-1 所示。这四种方式各有特点，既可单独使用，也可组合使用。

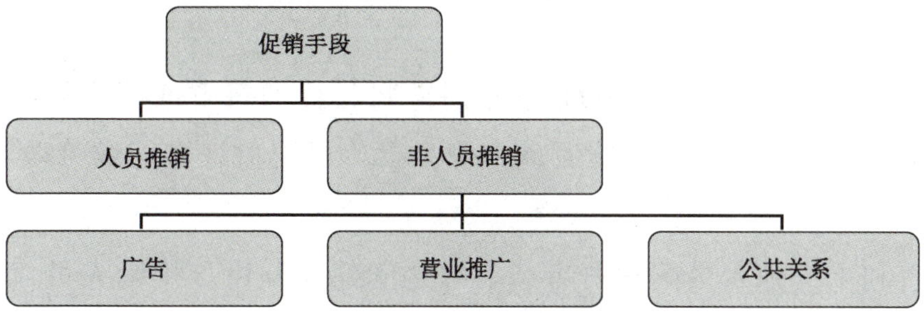

图6-1　促销手段构成图

指点迷津

在这个注意力极度分散的时代，“找点”是营销的基础——不管是节日热点、民俗热点还是社会热点，都赢得了大量的关注。品牌只要找到这些“热点”，唤起消费者的“共鸣”，就很容易从众竞争者中脱颖而出。

任务二　掌握人员推销促销策略

指点迷津

推销名言

销售是一项报酬率非常高的艰难工作，也是一项报酬率非常低的轻松工作。所有的决定均取决于自己，一切操之在我。我可以是一个高收入的辛勤工作者，也可以是一个低收入的轻松工作者。销售就是热情，就是战斗，就是勤奋工作，就是忍耐，就是执着追求，就是时间的魔鬼，就是勇气。

——（日）原一平

人员推销是市场营销中一种古老的、富有技巧的促销方式，同时它也是现代市场营销中非常重要的一种促销方式。人员推销这种方式对工业用品的推销是很有效的。企业要运用人员推销方式开展推销，就必须了解人员推销的特点、作用、形式及步骤等。

人员推销是指企业派出专职或兼职的推销人员，直接向可能的购买者进行的推销活动，包括推销人员、推销对象和推销品三个基本要素。

想一想

为什么说“人员推销这种方式对工业用品的推销是很有效的”？

一、人员推销的特点

人员推销的核心问题是说服，即说服目标消费者或客户，使消费者或客户接受向其推销的产品或服务。与非人员推销方式相比，人员推销具有以下特点。

1. 具有极大的灵活性

推销人员在推销访问过程中可以亲眼观察到消费者或客户对推销陈述和推销方式行为的反应，并揣摩其购买心理的变化过程，因而能立即根据消费者或客户情绪及心理变化有针对性地改变推销方式，以适应各位消费者或客户的行为和需要，最终达成交易。

2. 针对性强

通过推销人员与消费者或客户的直接接触，将目标消费者或客户从消费者或客户中分离出来，把推销努力集中于目标消费者或客户身上，可避免许多无效劳动。

3. 注重人际关系

人员推销有利于推销人员同消费者或客户之间建立友谊。推销人员代表企业利益，同时也代表消费者或客户的利益。推销人员一般都知道，满足消费者或客户需要是保证销售达成的关键，因此推销人员往往愿意在多方面为消费者或客户提供服务，帮助他们解决消费问题，同时，在交往的过程中，双方极有可能建立起友谊关系。

4. 有利于促成及时购买

人员推销的直接性，大大缩短了从促销活动到采取购买行为之间的时间间隔，通过推销人员的现场说服解答工作，使消费者或客户的种种问题得以解决，可以促使消费者或客户立即采取购买行为。

5. 推销成本较高、影响范围有限、寻找优秀推销员困难

在市场范围广阔而消费者或客户又较为分散的状态下，人员推销的总成本和单位成本都很高。而且人员推销是以口头方式与消费者或客户进行沟通的，未借助各种媒介做传播工具，这直接限制了人员推销信息传递的辐射面。美国学者的一项调查显示，在许多企业里，人员推销费用是一项最大的经费开支，通常占企业纯销售额的 8% ～ 15%，而广告费用仅占 1% ～ 3%。

二、人员推销的作用

人员推销的作用是多层次的，主要表现为开发市场、沟通信息、促成交易、提供服务、

稳定关系。

案例6-1

甘道夫曾是美国十大杰出业务员，是历史上第一位年销售额超过10亿美元的寿险业务员，曾被称为“世界上最伟大的保险业务员”。他在美国50个州共服务了超过1万名的客户，他的客户从普通工人到亿万富豪，各个阶层都有。甘道夫是如何取得这样的辉煌成就的呢？

甘道夫说：“你对你的客户服务越周到，他们与你的合作关系就会越长久。不管你推销的是什么，这个法则都不会改变。”

优质的服务可以消除人们可能产生的后悔的感觉。大部分人喜欢在买过东西后得到正面的回应，以确定他们买了正确的产品。

每当完成一笔交易时，甘道夫总会寄上答谢卡给他的客户。甘道夫有许多成功、富有的客户，他们拥有豪华汽车和别墅，什么都不缺，然而，却仍然喜欢收到答谢卡。大部分客户每年都会收到生日卡片，因为甘道夫总会在生意促成时记住客户的生日，然后在适当的时机寄一张卡片给他。

此外，在每位客户向他买保险满一周年时，甘道夫都会亲自登门拜访。作为一名保险推销人员，他会详细记录客户的资料，如亲戚尚在或已故、结婚或离婚，以及企业的经营状况等，他还会寄给客户可能对他有用的杂志或报纸。

案例评析

整天在外奔走的推销人员，他们的产品大同小异，唯一可以与其他推销人员区分开来的方法，就是提供更好的服务。

课堂随笔

三、人员推销的形式

人员推销的形式主要有以下几种。

（1）单个推销人员对单个消费者或客户，即一对一的推销活动，一个推销人员每次针对一个消费者或客户推介产品。

（2）单个推销人员对一组消费者或客户，即单个推销人员与目标消费群体接触，如一个推销人员面对客户的一个订货采购小组，向他们推荐一种或几种产品。

（3）推销小组对一组消费者或客户，推销小组通常由企业有关部门的主管人员、推销人员、技术人员等组成，如面对一个规模较大、专业性较强的订货小组进行产品销售。此种形式主要适用于生产性企业的销售。

（4）推销会议，即推销人员会同本企业有关职能部门一起，以业务洽谈会的形式向消费者或客户推销产品。

（5）产品研讨会，即推销人员与客户的技术人员一起，以产品技术研讨的形式向客户的技术人员讲解某项技术的最新发展情况，介绍相关产品的知识及应用，其目的并不在于即刻达成交易，而着重于增长客户的技术知识，培养客户对本企业的认识和偏好。

四、人员推销的步骤

人员推销的七个步骤如图 6-2 所示。

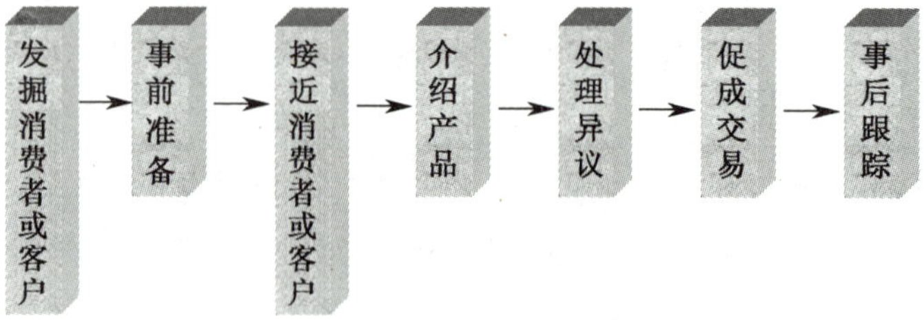

图6-2　人员推销的七个步骤

1. 发掘消费者或客户

推销工作的第一步是找出潜在消费者或客户。

例如，保险公司的推销人员可通过仔细阅读当地报纸上登载的消息，为其保险业务找到潜在客户；也可通过现有的满意客户的介绍，或查阅企业名录、电话号码簿等发掘潜在客户。

2. 事前准备

在走出去推销之前，推销人员必须具备三类知识：产品知识、消费者或客户知识和竞争者知识。同时要选择最佳的接近方式和访问时间。

3. 接近消费者或客户

接近消费者或客户是指与潜在消费者或客户开始进行面对面的交谈的阶段。此时推销人员的头脑里要有三个主要目的：一是给消费者或客户留下一个好印象，二是验证在事前准备阶段所得到的全部情况，三是为后面的产品介绍做好准备。

4. 介绍产品

介绍产品阶段是推销过程的中心。任何产品都可以用某种方法进行介绍，甚至那些看不见摸不着的产品，都可以用一些图形、坐标图、小册子等形式加以说明。产品介绍可以通过多种感官传达给消费者或客户，其中视觉是很重要的一个，因为在消费者或客户所接收的全部印象中，通过视觉得到的占比更大。在介绍产品时要着重说明该产品能给消费者或客户带来什么样的好处。

5. 处理异议

推销人员应随时准备处理否定意见。一个有经验的推销人员应当具有与不同意的消费者或客户洽谈的技巧，随时准备好处理否定意见的适当措辞和论据。

6. 促成交易

促成交易是指推销人员要求对方订货购买的阶段。多数推销人员认为，接近消费者或客户和促成交易是推销过程中两个困难的步骤。在洽谈过程中，推销人员要随时给予对方成交的机会，有些消费者或客户不需要进行全面的介绍，介绍过程中如果发现消费者或客户有愿意购买的表示，那么应立即抓住时机成交。在这个阶段，推销人员还可以提供一些优惠服务，以促成交易。

7. 事后跟踪

如果推销人员希望确保消费者或客户满意并重复购买，那么事后跟踪这一阶段就是必不可少的。推销人员应认真执行订单中所保证的条件，如交货期和安装等。跟踪访问的直接目的在于了解消费者或客户是否对自己的购买感到满意，发现可能产生的各种问题，表示推销人员的诚意和关心，以促使消费者或客户做出对企业有利的购后行为。

案例 6-2

成功保险推销员的一天

1. 早晨起床，充满自信

（1）推销员从醒来开始，就要舒舒服服、快快乐乐的。不要赖床，要果敢、快速地起床，6:30 起床较为合适。用适量的运动来激发身体的活力。

（2）详细阅读报纸或收听电视、电台新闻，准备、充实与客户见面时的谈话话题。

（3）整理仪容、服装，高高兴兴地准备离家上班，再检查一下推销员必备的用品，亲切地与家人打招呼，冲劲十足地往外走。

2. 上班途中，充分利用

（1）在上班途中，遇到认识的人，先亲切地打招呼，这也是自我训练的重要工作。

（2）偶尔改变一下上下班的轨迹，没准儿会碰到意想不到的好机会。

（3）坐公交车上班，在车上是读书、看报纸的好时间。看报纸要先看国内外大事、经济新闻、社会新闻。

3. 准备妥当，打成一片

到公司的第一件事，是向公司同事、上级、下属打招呼。好的推销员最好在上班前 20 分钟到达，以便做准备。主动参加大扫除活动，跟大家打成一片。

4. 周密计划，成功之本

明确今天推销活动的目标及要点。充分拟订今天的活动计划。出门前再检查一下推销工具。

5. 精神饱满，领头出发

先与访问对象电话联络好，拟订访问路线和访问次序。向上级或有关人员说明自己的去处，好的推销员要比任何人都提早走出公司大门。

6. 坚守目标，商务洽谈

商务洽谈包括：①问候，聊天、寒暄等都是接近的前奏；②接近客户；③激发客户对所售产品的兴趣；④设法使客户对其中的一类产品有所评价；⑤就客户感兴趣的产品去洽谈；⑥处理反对意见；⑦签订合同。

7. 意气风发，返回公司

精确整理，总结工作。

8. 明日工作，提前准备

拟订明天的访问计划，确认明天的工作重点。

9. 今日工作，彻底完毕

离开公司前，将明天的计划再核对一次。

10. 安心就寝，消除疲劳

推销员工作再忙，也要晚上 11:00 以前睡觉。上床前先反省一下今天过得是否有意义，反省完毕后，暂时忘掉一切，安心睡觉，为第二天的工作养精蓄锐。

课堂随笔

案例评析

案例中保险公司推销员的一天也是典型的推销人员的一天。

任务三　掌握广告促销策略

案例 6-3

自 2020 年五菱宏光 MINIEV 推出后，该系列的相关改装话题就一直热度不断，数据显示，购买该车以后的改装率高达 80%。在小红书、抖音等平台，关于怎么改装、装饰 MiNi 的帖子就有上千条，DIY 的热情堪比女生做美甲。每次看见这款车都会让人忍不住感叹：这哪里是车啊，简直是辆“四轮自媒体”！如此，路上一辆辆形色各异的车，变成了一个个移动的广告牌，并逐渐形成“买得越多卖得越多，卖得越多买得越多”的良性循环。

课堂随笔

案例评析

渠道变了，传播的内容也在转变。广告投放的首选可能不再是汽车类专业网站，而是小红书、抖音等社交媒体。五菱几乎无时无刻不在思考用户的需求，真正用贴近用户的方式去思考营销，而不是去思考怎么卖车。女性用户的崛起，正在颠覆汽车行业的营销逻辑。

一、广告的含义

广告是广而告之的简称，有广义的广告和狭义的广告之分。

广义的广告是指借用一切传播媒体形式向公众传播信息的活动，分为经济广告和非经济广告。

狭义的广告指经济广告，又称商业广告，是以广告主的名义，由广告主支付一定费用，通过大众传播媒介向公众传递关于产品或劳务的性能、特征和购买所能得到的利益的信息。商业广告的基本功能是传播有关产品的信息，扩大市场，促成交易。市场营销学所研究的广告就是商业广告。

指点迷津

广告名言

企业经营如果忽视广告，就仿佛在夜幕中向姑娘传递秋波，尽管你知道你做了什么，但对方并不知道。

——（美）S.H. 布里特

二、广告决策

企业的广告决策一般包括四项基本内容：一是确定广告目标，二是决定广告信息，三是选择广告媒体，四是评估广告效果。

1. 确定广告目标

（1）通知广告。通知广告又称报道性、介绍性广告，主要用于新产品的介绍期，是诱导“初步需求”的广告形式，目的在于树立品牌，推出新产品。

（2）劝说广告。劝说广告又称竞争性、说明性广告，主要用于产品的成长期，其目的是培养消费者对某种品牌的需求，从而在同类产品中选择它，促使消费者形成品牌偏好。

（3）提示广告。提示广告又称提醒性、备忘性广告，是指对已进入成熟期后期和衰退期的产品所进行的广告，其目的是唤起消费者对该种产品的记忆，促使其连续购买。这在产品进入旺销阶段后尤为重要。

广告是企业市场营销活动整体中的一部分，所以市场营销人员在确定广告目标的时候，要注意与企业整体目标相符合。广告是一种付费较高的促销工具，广告的目标应该是清楚明确、切实可行、可以测量的。

2. 决定广告信息

决定广告信息一般要经过以下三个步骤。

（1）信息创作。信息创作指广告内容的创作，创作人员可以采用多种不同的方法来设计广告内容。

（2）信息的评估与选择。在可能的信息中选出更好的，主要有三个评估标准：讨人喜欢的、独具特色的和令人信服的。

（3）信息表达。一则广告信息的效果不仅取决于“说什么”，而且有赖于“怎么说”，即信息的表达方式。表达方式通常有生活片段、生活方式、音乐、幻想、人格化、科学证明或旁证等。

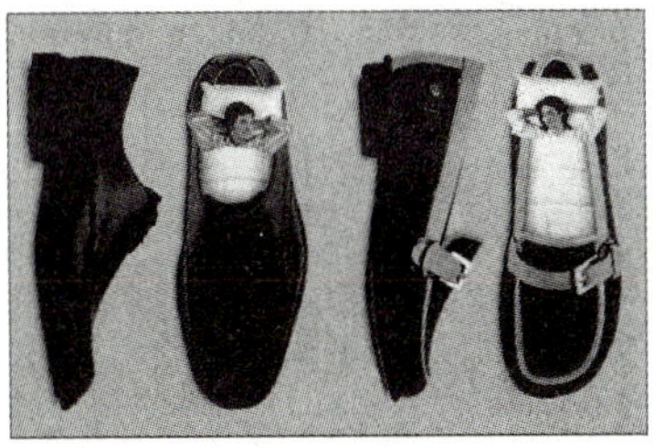

议一议

右图的广告创作要表达什么广告信息？

3. 选择广告媒体

（1）常见的广告媒体。广告媒体即传递广告信息的载体。广告媒体可分为大众传播媒体和企业自办媒体两大类。大众传播媒体包括报纸、杂志、广播、电视四种，是广告信息传递的主要工具，被称为四大广告媒体。企业自办媒体是企业自己制作的广告媒体，主要有交通广告、户外广告、焦点广告、邮寄广告、互联网广告等。

① 报纸广告。报纸广告覆盖面广，读者稳定，传递信息及时，便于剪贴存查。主要缺点是印刷不精美，时效短，报纸的读者不一定对报纸广告感兴趣。选择报纸媒体时要重点考虑报纸的发行范围和阅读对象、广告主的产品特点、企业的市场覆盖面、目标消费群等因素。

② 杂志广告。杂志广告具有明确的宣传对象，权威性强，可长期保存，有利于提高重复阅读率，且印刷精美，善于表达产品的质地。主要缺点是发行周期长，灵活性较差，传播不及时，制作成本较高。

③ 广播广告。广播广告的信息传播及时、迅速，通过语言和音响的效果表达广告的效果，可以给听众留下清晰的印象。主要缺点是依靠声音传播的广告信息转瞬即逝，不易保存。

④ 电视广告。电视广告是一种以电视为媒体的广告，是电子广告的一种形式。它是兼有视、听效果并运用语言、声音、文字、形象、动作、表演等综合手段进行传播的信息传播方式。电视通过视觉和听觉二者传播，对于收视者，广告的效果相对报纸、广播而言当然更加强烈。

以上四大广告媒体的优缺点对比如表 6-1 所示。

表6-1　四大广告媒体的优缺点对比

媒　体	优　点	缺　点
报纸广告	灵活、及时、覆盖率大、可信度高	保存性差、复制质量低、传阅者少
杂志广告	可选择性强、权威性强、复制质量高、保存期长、传阅者多	时效性差、发行周期长、无法保证版面
广播广告	大众宣传、成本低、可选择性强	收费结构不规范、暴露时间短、效果差
电视广告	综合视觉、听觉和动作，感染力强、到达率高	绝对成本高、干扰多、暴露时间短、可选择性弱

⑤ 交通广告。交通广告是指交通工具内外壁上的广告，制作简单、费用低廉。交通工具的流动性决定了该广告媒体的宣传面较为广泛。这类广告一定要醒目，文字内容要简洁，突出主题，这样才能保证广告效果。

⑥ 户外广告。户外广告泛指设置在建筑物外面或公共场所、以视觉传达方式为主、传播广告信息的广告媒体。有调查结果显示，户外广告关注度排名中，路牌广告关注度得分较高，公共交通广告和户外电视广告客户关注度居中，霓虹灯广告和灯箱广告关注度略低，如图 6-3 和图 6-4 所示。

路牌广告、公共交通广告的“比较关注”比例较高，路牌广告、户外电视广告的“十分关注”比例较高。

⑦ 焦点广告。焦点（Point of Purchase，POP）广告又称销售点广告或购物场所广告，围绕销售点现场内外的各种设施做广告，有明确的诱导动机，旨在吸引消费者，唤起消费

者的购买欲，具有无声却十分直观的推销效力。它可直接影响销售业绩，是完成购买阶段任务的主要推销工具。

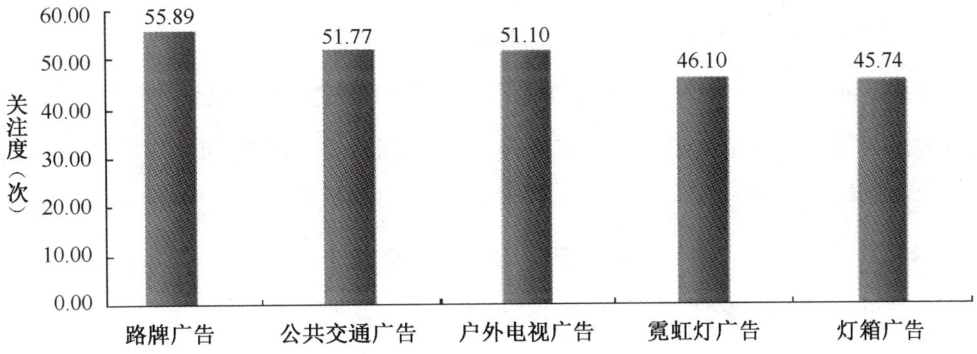

图6-3　户外广告关注度排名

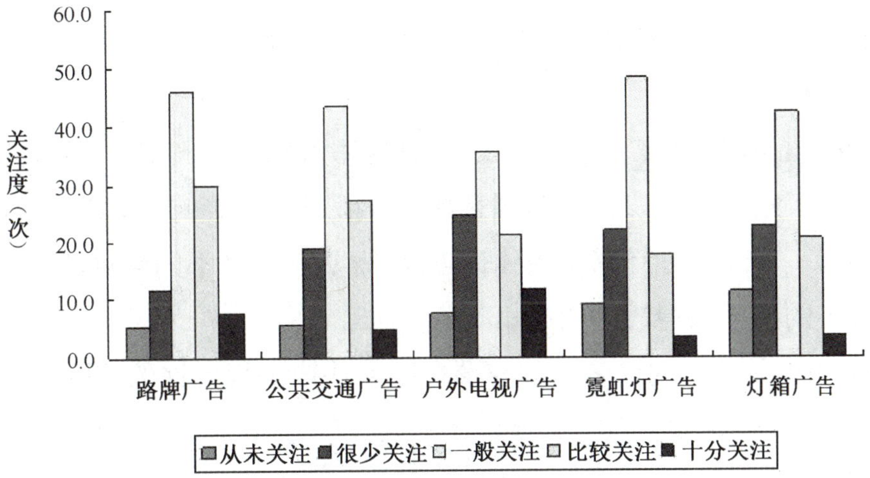

图6-4　户外广告关注度结构对比分析

一项关于焦点广告对超市营业额影响的调查表明：端架陈列、定位陈列（如特价品、新产品、推荐品等）有焦点广告时，可增加 5% 的营业额；具体的产品促销（如打 7 折或 8 折）有焦点广告时，可增加 23% 的营业额；有焦点广告标志时，大量陈列的产品可增加 42% 的营业额。

⑧ 邮寄广告。邮寄广告是指通过邮寄的方式发放产品的说明书、价目表等。企业可以根据产品和目标市场的特点，准确地选择广告对象，深入地介绍某种产品的特点，而且制作费用低廉。邮寄广告的不足是市场的范围有限。

⑨ 互联网广告。互联网广告是一种新型的广告媒体，其特点是信息传播速度快、受众广、成本低，而且不受时间、版面的限制。

（2）选择广告媒体的步骤。

① 根据营销任务全面制订广告计划，确定广告媒体的接触度、频率和效果。

② 审慎选择广告媒体。在选择广告媒体时，要考虑各种媒体的优缺点。

③ 确定具体的广告媒体。在选择广告媒体的基础上，确定具体的媒体。

④ 决定广告的具体时间。主要考虑三个方面的因素：一是消费者的周期变化；二是消

费者的购货频率；三是消费者易忘记品牌。要适时登载广告，以免消费者遗忘。

（3）选择广告媒体时要考虑的因素。广告媒体的选择是实现广告目标的重要保证，媒体选择的失败不仅会导致广告费用的浪费，而且会直接影响产品销售，甚至错失产品销售良机。选择广告媒体时必须充分考虑以下因素。

① 广告目标。企业希望达到的目标不同，选择的媒体类型也会不同。如果强调时间，希望在短时间内将广告信息传送出去，那么电视和报纸是较好的选择；如果以说服性为主，那么可以选择报纸和杂志等。

② 产品性质。不同的产品对广告传播效果的要求是不一样的：科技含量高的产品，需要进行专业化的说明，可以采用信函方式或在专业的杂志上刊登广告；需要体现产品的外观和生动形象的广告，则可以采用电视广告。

③ 消费者习惯。消费者习惯也是进行媒体选择所要考虑的重要因素。例如，少年儿童用的产品，往往受影视节目时间段放映的广告的影响；而退休的老年人，对健康类的书报特别感兴趣。

④ 媒体特性。企业选择媒体应该与企业的整体营销战略一致，媒体的范围应当与企业的市场范围一致，充分考虑媒体的传播范围、传播速度和影响力，才能做出科学的抉择。

⑤ 媒体成本。广告是一种付费的促销方式，需要在选择不同媒体的时候，认真核算其成本，保证以较小的投入获得较大的产出。

⑥ 国家法律法规。选择的广告媒体应该在国家法律法规允许的范围内。

案例 6-4

《甄嬛传》大热后，剧中温太医那句“益气补血用东阿阿胶即可见效”的经典名句，已经成为无数老人家、巧媳妇，甚至懵懂少女都会念叨的经典台词。随着该影视剧热播，东阿阿胶实现了一场频率高、范围广、纵深大的品牌轰炸，成功将竞争者置于无力还手的境地。而这巨大的成功背后的广告成本低得让人难以置信。2012 年，在《甄嬛传》的助力下，东阿阿胶销售额约 30 亿元，几乎是其头号对手的 3 倍。如此巨大的成功，让东阿阿胶植入的成本是多少成为人们关注的热点。据一些长期跟踪东阿阿胶的投资人判断，植入成本只有 200 万元，这些费用甚至不及东阿阿胶 2012 年在央视投放广告所花费用的一个零头：2012 年，东阿阿胶在央视投入了 1.23 亿元广告费。

案例评析

因为广告植入在引导观众消费心理上发挥着潜移默化的作用，因此我们要合理的处理植入式广告在影片中的运用，在保证电影艺术性的同时实现电影的产业性。同时，我们要深入学习植入式广告的特点、传播理论以及受众心理，改进植入式广告的应用方式使植入式广告与剧情之间进行合理的组接，在具体的实践过程中，我们要积极的进行探索与创新，总结历史经验，实现双赢的效果。

课堂随笔

4．评估广告效果

一位著名的广告人曾经说过："我的另一半广告费被浪费掉了，但却不知道被浪费到哪里去了。"广告是一项付费很高的促销手段，需要对其效果进行评价。要根据广告的目标、广告的支出水平等多方面进行全面比较和测评，以提高广告的实际效益。

（1）广告效果的特点。

① 时间推移性。广告使人们从根本不了解产品，到逐步通过广告的作用认识产品，对产品产生兴趣，喜爱产品，最终促使消费者购买产品。这是一个循序渐进的过程，从最初做广告到广告效果的产生有一段时间的间隔，这体现了广告效果的时间推移性。

② 积累效果性。广告效果一旦在人们心目中形成了印象，就会保持一段时间，不会突然消失。因此，广告效果的评价绝不是某次广告和这次广告效果的简单因果关系。如果消费者今后还有需要，那么会继续显示其对某种产品的钟情。例如，某电子产品的目标受众是上班族，因该产品长期广泛地传播，使产品品牌在大学生的潜意识中慢慢积累沉淀下来，这种潜意识的品牌形象就有可能影响他们将来的购买行为。

③ 间接效果性。由广告引发的需求有延伸作用，或者出现对同类产品不同品牌的需求，或者出现对相关产品的系列化需求。认识广告效果的这种间接效果性的特点，有助于企业合理安排广告费用的支出规模和广告的时机。

（2）广告效果的评估。广告效果的评估是指运用科学的方法，对广告活动全过程的每个工作环节进行鉴定，评价其质量和效果。广告效果的评估主要有两个指标：销售指标和传播指标。

① 销售指标。做广告的最终目的是促进销售的增加。广告实施后，将销售量是否增加、增加的程度作为测评广告效果的指标，即销售指标。

② 传播指标。广告传播效果是指某一特定的广告信息作用于受众所产生的心理反应和行为倾向的效果，包括广告到达率，广告传播作用于受众后引起的心理变化，受众对广告内容的知晓、理解、偏爱及在心理变化的基础上引起的购买行为的倾向。以传播效果作为衡量广告效果的指标，即传播指标。

（3）如何检查广告费用是否浪费。当意识到广告效果并不理想，却不知道广告费是如何支出的时，可从以下几个方面进行检查。

① 广告定位是否清楚。定位不清的直接后果是目标消费群体模糊，进而导致广告诉求方向紊乱。什么都想说，什么都没说清楚，主次不分，重点不明，或者诉求对象主次颠倒，或者棍扫一大片，打着什么是什么。

② 广告诉求是否明确。产品要具有销售的生命，就必须给它确定一个与众不同的卖点，并有明确的诉求，引导和激发消费者。当然，卖点的与众不同，并不在于刻意求新求奇，重要的是把产品本身具有特色的优势说出来，带给消费者实实在在的利益需求点。缺乏价值和利益的卖点诉求是不成功的。

③ 媒体组合是否有效。整合营销传播策略既是一种资源整合策略，也是一种有效的媒

体整合策略，“整”是根本，“合”是手段。没有有效的资源整合，就不可能实现最佳的媒体组合。但现实是，整合营销传播策略流于形式，很多企业将几种媒体的简单相加等同于整合营销传播，根本不考虑媒体和目标消费群体的吻合度，基本使用的是“撒网式媒体传播法”。电视、报纸、电台、户外广告等蜂拥而上，全面撒网，但结果往往是需要的人看不到，不需要的人天天见。

④ 广告表现是否明了。广告表现当然应该是策划企业或策划人的责任。如果广告创意作品过多地追求艺术的成就，而不是销售的成果，那么很多作品根本无法使人理解或者要转过几道弯才能理解，不是抽象派就是印象派，以艺术的眼光去看绝对是佳作，以营销的眼光去看却是次品。

案例 6-5

“桂林向您汇报（阳朔篇）”新媒体宣传月活动自2022年4月1日启动。阳朔县从旅游企业、电子商务协会、网络人士协会等企业和社会团体中挑选在本地有影响力、美誉度的新媒体平台开展直播宣传活动。为了让主播走出直播间，走进青山绿水，走进田间地头，该县策划“乡乡有专场、天天有直播”新媒体直播宣传活动，让新媒体的镜头对焦优美的自然风光、独特的人文风情、丰富的农副产品。同时，该县还积极与上级新闻单位的新媒体合作，邀请新华社、人民日报、央广网、今日头条、腾讯等30多家媒体聚焦漓江生态保护、人居环境改善、名特优农产品等。至4月18日，阳朔县共组织新媒体宣传活动24场，总阅读（播放）量达684.7万人次。此活动组织各类新媒体为阳朔旅游代言、为阳朔特色产品代言，达到了预期的效果。

案例评析

现在的媒体和广告环境，已经是一种极度的多声喧哗，甚至是信息洪流下的高分贝污染。在此环境下，消费者已经对广告具备极强的免疫力和逃避、反抗情绪，要穿透信息接受的厚“钢板”，广告投放不得不更多地考虑“生态学”的元素。成功的广告不是叫喊，也不是强迫，而是站在消费者利益的角度，多些亲和力，多些相关性，多些有效注意，促使消费者购买。

课堂随笔

任务四　掌握营业推广促销策略

一、营业推广的含义

营业推广又称特种推广，是一种能够迅速刺激需求、鼓励购买的促销形式。营业推广适用于一定时期、一定条件下的短期特殊销售，是一种行之有效的辅助性促销方式。它能起到立竿见影的效果，其目的是尽快达成最大交易量。

二、营业推广的目标

营业推广的目标要服从营销沟通目标，具体目标将随着营销沟通目标的不同而有所变化。

（1）对消费者而言，营业推广的目标包括：刺激原有消费者更多地使用这种产品，吸引新消费者试用这种产品，争夺其他品牌的消费者等。

（2）对中间商而言，营业推广的目标包括：鼓励中间商大量进货，增加产品储存量，特别是季节性产品；鼓励中间商持续地经营本企业产品，建立稳固的产销关系等。

（3）对推销人员而言，营业推广的目标包括：鼓励推销人员大力推销新产品，开拓新市场，寻找更多的潜在消费者，大力推销积压产品等。

三、营业推广的主要形式

1. 对消费者的营业推广

（1）赠送样品。赠送样品是指向预期的中间商和消费者免费赠送样品，以供其试用的销售促进活动，如送货到家，在商店中散发样品，附在其他产品包装中，附在广告中等。这种方式在介绍新产品时是很有效的，同时也是很昂贵的方式。

很多著名的企业利用样品得到了理想的效果。

例如，宝洁公司的飘柔洗发护发液进入广州市场时，向广州市81万名市民赠送样品，三个星期后，飘柔的知名度已达94%，销路就打开了。又如，某业务员为了推销口香糖，按电话簿上的地址，一口气给150万户家庭送了6万块口香糖，消费者品尝后觉得不错便争相购买，使口香糖销售量大增。

（2）赠送折价券。折价券是指生产者或零售商发放的，持券人在指定的地点购买产品时享受折价或其他优惠的凭证。这种折价券可以直接寄给消费者，也可以附在其他产品或广告中。

肯德基与麦当劳的折价券之争由来已久，它们将折价券以套餐优惠、折价优惠、学生优惠等方式，通过免费派送的途径送给消费者。虽然这些折价券上都标明了有效期，但是它们很快就会推出新一轮的折价券，只是优惠的内容有所变化。折价券已经成为肯德基及类似快餐企业作为吸引消费者就餐、培养忠实消费者的常规营销工具。

（3）发送赠品。赠品又称赠奖促销，是指生产者为了奖励或刺激消费者购买其产品而向消费者免费赠送奖品或礼品。例如，对购买隐形眼镜的消费者赠送隐形眼镜护理液。

（4）交易印花兑换礼品。零售商以交易印花的方式作为促销手段，消费者集够一定的印花可在零售商处兑换自己喜欢的礼品，以提升消费者对本品牌的购买量。采用这种方式时应注意，只有礼品的选择余地较大时，消费者参与的积极性才会较高。

国庆期间，某百货公司为了鼓励消费者更多地消费，采用交易印花的促销方式，消费者每消费100元可以获得一枚印花，不同的印花可以兑换不同的礼品。为了突出礼品，公司还特意在入口处设立了礼品专柜，琳琅满目的礼品有助于激起消费者的消费欲望。

（5）现场示范表演。在销售现场用示范表演的方法介绍新产品的用途及使用方法，可以增加消费者对新产品的了解，刺激其购买。

火车上的推销员常常会向乘客们推销小商品，常用的方式就是现场示范表演。一个小陀螺在他的示范表演下显得非常有趣，一双袜子被他用针划过后依然完好无损，乘客常常会为此掏腰包。

（6）特价销售。为度过某些销售淡季或某些特定节日，生产者或零售商往往会开展一些在原价基础上全面减价的销售活动，如优惠酬宾、折扣让利等形式，以刺激消费者购买。

春节过后，各服装商场对冬装纷纷打折，希望通过打折将即将过季的服装销售出去，减少库存积压的风险，使资金能良好运转。

（7）支持消费信贷。支持消费信贷即通过赊销、分期付款等方式推动产品或服务的销售，让消费者当时不用支付现金或只支付部分现金即可取得产品的使用权。对商品房、汽车等大件特殊商品，消费信贷有明显的促销作用。

（8）产品展销。通过参与和举办各种形式的产品展销，突出、集中、重点介绍产品，配合以特惠零售价，能有效地刺激消费者购买。

（9）竞赛、游戏。通过组织竞赛、游戏等，让消费者有机会去赢得一些奖励，如现金、旅游消费券或物品，作为他们运气和努力的回报。

案例 6-6

2020 年是房企营销大年。2020 年 1 月农历新年，各大房企开始打出“返乡置业”口号，尤其是一些三、四线城市的项目，尝试通过营销活动吸引返乡人员，如凭返乡车票购房享优惠、新春大礼包、认购送家电等。1 月下旬，受新冠肺炎疫情影响，为响应各地疫情防控政策，线下售楼处关停，房企转战线上，通过自建网站、微信小程序等多种渠道搭建“线上售楼处”供消费者在线看房、选房等。2 月中旬，恒大地产率先推出“低定金锁定保障购房权益 + 推荐丰厚奖励 + 无理由退房、降价补差价”等一系列的销售新政，从集团层面发起，以覆盖全国的项目开启数字化销售新篇章。后续 31 家房企跟进此模式，保障购房者权益，以求促进营销蓄客和提升转化能力。以 4 月 2 日试水直播卖房为开端，明星、网红直播卖房热度持续走高。6 月，作为年中业绩抢收期，房企借助“6·18”年中促销，京东、苏宁易购等第三方平台试水直播及自营卖房，第三方平台携手房企卖房成为主战场。9 月 16 日，“天猫好房”成立，鉴于其具有推广能力强、客源规模大的优势，天猫“好房双十一，百亿大补贴”活动中，参与房企超 300 家，覆盖楼盘超 3 000 个，房源总数超 80 万套，“双十一”总裁 / 明星等直播场次达 1 910 场；“双十二”期间，“乐居红人节”比赛中，327 场直播累计观看量 2 521 万人次，乐居、天猫好房、苏宁易购三大会场累计释放优惠 21.36 亿元。

案例评析

2020 年，新冠肺炎疫情加速了房企营销数字化的发展，线上售楼处、直播售房等已经成为房企常规的营销举措之一。对于房企来说，数字化营销的优势在于其传播力远大于线下，尤其是直播这一形式，受众面相当广泛。未来在区块链、云计算等技术的支持之下，房企数字化营销将逐步成为一种新趋势。

课堂随笔

2．对中间商的营业推广

对中间商的营业推广目的是促使中间商积极经销本企业的产品，主要策略如下。

（1）交易折扣。为了刺激、鼓励中间商购买或大批量地购买本企业的产品，对中间商第一次购买或购买数量较多的给予一定的折扣，购买数量越多，折扣越大。折扣可以直接支付，也可以从付款金额中扣除，还可以赠送商品。

（2）推广津贴。这是生产者为了感谢中间商促销本企业的产品而给予的一种报酬，具体有广告津贴、展销津贴、陈列津贴、宣传物津贴等，以此可以鼓励中间商积极推销本企业的产品。

（3）销售竞赛。为了推动经销商努力推销产品，由生产者在所有经销本企业产品的经销商中发起销售本企业产品的竞赛，获胜者可以获得生产者给予的现金或实物奖励。

（4）回款折让。生产者为了缩短货款回笼周期，将一定的回款方式与一定的折让比率挂钩。例如，有的生产者规定现货现款，在出厂价的基础上优惠 3%；10 天之内回款，则在出厂价的基础上优惠 2%；20 天之内回款，则优惠 1%；一个月内回款，无优惠。这种激励方法会促使一部分有实力的中间商为获得更大的利润空间，尽可能缩短回款周期，同时也有利于生产者的生产经营。

四、选择营业推广方式时要考虑的因素

（1）推广目标。不同的推广目标决定了不同的营业推广方式。

（2）竞争条件。企业面临的竞争者的数量、实力及采用的手段，是选择营业推广方式时必须考虑的因素。

（3）经济环境。经济环境较好或经济不景气时，选择的营业推广方式存在很大差别。

（4）推广预算。用于推广的预算往往决定了营业推广方式。

五、营业推广方案的制定与评估

1．激励规模

对营业推广对象的激励规模，要根据费用与效果的最优比例来确定。要获得促销活动的成功，一定规模的激励是必要的，关键是找出最佳的激励规模。激励规模要依据费用最低、效率最高的原则来确定。只要促销工具选择适当，有一定的激励规模就可以了。虽然激励规模过大仍会促使销售额上升而产生较多的销售利润，但效率将相对递减。例如，企业选择一种或几种刚上市的新产品实行有奖销售，效果可能不错，但如果所有经营品种都这样做，就可能得不偿失了。

2．激励对象

促销是面向目标市场的每个人还是选择某一部分人，范围有多大，哪类人是主攻目标，这些选择的正确与否会直接影响到促销的最终效果。通常，某种赠品可能只送给那些寄回包装物的消费者；抽奖可能限定在某个范围内，而不允许企业员工的家属或一定年龄以下的人参加。企业在选择激励对象时，要尽量限制那些不可能成为长期消费者的人参加，如

发放以购物凭证为依据的奖券就是鼓励已经购买这种产品的消费者，限制没有买过这种产品的人。当然，限制面不能太窄，否则会导致只有品牌忠诚者或喜欢优待的消费者才有可能参与，不利于目标消费群体范围的扩大。

面对新冠肺炎疫情，广大医务人员“不计报酬、无论生死”地挺身而出、连续作战，用崇高的职业精神和精湛的医技医术构筑起一道道坚不可摧的生命防线。为了致敬最美逆行者——医务工作者，全国多个行业对医务人员推出免费项目表达崇敬之意。比如，厦航于2020年2月推出了“白鹭驰援卡”，成为首家为驰援湖北的医护人员提供贵宾礼遇的航企。“白鹭驰援卡”会员将享受厦航白鹭金卡的核心权益，包括免费升商务舱机会、贵宾休息室候机、优先值机、优先登机、免费变更及退票等服务权益。2020年3月，厦航又宣布重要政策：全国4万余名援鄂医务人员不限航程，连续三年，每年享受一张免费机票，同时享受金卡待遇；向全国所有在册医务人员赠送“尊医卡”，享受专属贵宾权益……

3．送达途径

企业营销人员必须研究通过什么送达途径才能激励对象来参与，从而达到理想的效果。企业要根据激励对象，以及每种渠道方法的成本和效率来选择送达途径。例如，赠送试用样品可用下列方式来配送：邮寄，通过经特别训练的人挨户分发，通过牛奶配送员或其他地区性的路线送货人员分送，促销人员店内发送，附于其他产品包装上。每种方法各有其优点，企业应该从费用与效果的关系角度仔细斟酌，选择最佳的送达途径。

某软件公司专门从事证券分析软件的经营，为了提高知名度、扩大影响力，长期聘请资深分析师为客户做讲座。刚开始的时候，该公司印刷传单后在证券公司附近发放，效果并不理想；后来该公司专门设计了精美的邀请函，请证券公司营业员在客户开户后送给客户，此举果然受到欢迎，讲座场场爆满。

4．时机选择

具体的促销日程安排也是值得研究的问题。一般来讲，促销时机的选择应根据消费需求的时间特点结合企业的市场营销战略来决定，同时应注意与生产、分销、促销的时机和日程协调一致。在不同地区推出促销活动，应与地区营销人员一起根据整个地区的营销战略来研究与决定。

近年来，根据日期中数字的象形及谐音来命名的网络数字节正得到越来越多的人的追捧。这些节日也成为商家做促销活动的有利时机。

最囧节：2月22日。这个节日来源于一个常被用来形容一个人很笨或很不给力的数字——2。2012年2月22日，农历正月二十，星期二，这个有着7个数字2的一天被网友评为充满“杯具”（悲剧）和“洗具”（喜剧）的“最囧节”。

迷糊节：3月4日、7月8日。3月4日和7月8日因单字与“颠三倒四”“乱七八糟”谐音，而被统称为“迷糊节”。

网络情人节：5月20日。这一天与“我爱你”谐音，于是网友便创立了“网络情人节”。

示爱节：9月12日。这一天的谐音是“就要爱”，意在鼓励暗恋者大胆说出心中爱意。

萝莉节：10月11日。萝莉是指那些身着华丽洋装、嗓音稚嫩、相貌甜美的可爱少女。萝莉的英文是Loli，该单词与阿拉伯数字10和11合起来神似，即1011，所以，网友把10月11日当成“萝莉节”。

光棍节：11月11日。4个阿拉伯数字“1”形似四根光滑的棍子，于是这个日子便被定为“光棍节”。也有网友赋予“11·11”光棍节新的概念：一夫一妻、一生一世。

世纪示爱日：2012年12月12日。2012年12月12日因其数字20121212谐音为“爱你，要爱，要爱，要爱”被网友称为“世纪示爱日”。

5. 活动期限

任何促销方式在实行时都必须规定一定的期限，不宜过长或过短。如果促销活动的持续时间过短，那么可能使一些潜在消费者错过参与到促销活动中来而达不到预期的效果。如果持续时间过长，那么又会引起开支过大和损失刺激购买的力量，并容易使企业的产品在消费者的心目中降低身价。具体活动期限应综合考虑产品的特点、消费者购买习惯、促销目标、竞争者策略及其他因素，按照实际需求而定。

任务五　掌握公共关系促销策略

案例6-7

2012年7月21日，特大暴雨袭击北京城，北京市气象台发布暴雨橙色预警信号。北京的酷姿KTV总经理当日决定，免费接待暂时无法回家的人，并为奋斗在抗灾第一线的马路工人送去饭菜。酷姿KTV在官方微博公布这一决定后，被网友转载高达8 327次，而该官方微博平日转发量不过数十条。随后，《第一财经日报》刊登了《暴雨中的商业责任力量》，酷姿KTV的爱心举措名扬全国。网友纷纷表示，唱歌一定光临酷姿KTV！时隔4日，北京市气象台发布另一场大雨预警，即刻有数家企业在官方微博上发出了相似的内容，愿意收留因大雨滞留的人士，提供免费食宿，但网友却反应平平，引来东施效颦的尴尬。

案例评析

策划是事件公关的灵魂。找到事件的价值所在，创造出爆发点，迅速引起大众热议，让事件成为新闻，获得远超广告的四两拨千斤效果。在酷姿KTV走红事件中，媒体宣传起到了口碑助推器的作用，让这一新闻事件得以广泛传播，从而实现成倍的公关广告效应。

课堂随笔

一、公共关系的内容

公共关系是一种帮助企业与公众沟通、协调关系、化解矛盾，争取理解和支持，扩大企业知名度和美誉度，树立良好形象的促销活动。企业公共关系作为一种特殊的促销形式，具体包含以下内容。

企业公共关系是指企业与其相关的社会公众的相互关系。社会公众主要包括供应商、中间商、消费者、竞争者、信贷机构、保险机构、政府部门、新闻传媒机构等。企业不是孤立的经济组织，而是社会大家庭的一分子，公关就是要同社会公众建立良好的社会关系。

企业形象是企业公共关系的核心。企业公共关系的一切措施，都是围绕着建立良好的企业形象来进行的。企业形象一般指社会公众对企业的综合评价，表明企业在社会公众心目中的印象和价值。有了良好的企业形象，就能增强企业的竞争能力。

企业公共关系的最终目的，是促进销售，提高市场占有率。从表面上看，企业公共关系好像仅仅是为了树立企业形象，但是从本质上看，公共关系的最终目的，还是促进销售。作为一种重要的促销方式，公共关系必须经历一个树立企业形象的环节，企业首先推销自身，然后促进企业产品的销售。

二、公共关系的特点

（1）关系性：关注于建立和维持企业内部与外部之间的和谐关系。

（2）形象性：直接目的是在社会公众中建立良好的企业形象和声誉。

（3）互利性：平等互利，相互协调，兼顾企业利益和公众利益。

（4）信息性：企业内部与公众之间的一种信息交流活动。

（5）长期性：必须着眼于长期的、连续的、有计划的努力。

三、公共关系的主要工具

1. 新闻

新闻是以第三者的名义通过大众媒体传播的特定信息。与广告、人员推销的自我宣传方式相比，新闻对大众的影响力要大得多，是公共关系的主要工具。采用新闻这一工具，往往要求企业的公关人员掌握新闻的知识和规律，并且要和新闻界保持良好的联系。在公关活动中，新闻一般可以从以下几个方面入手。

（1）召开新闻发布会和记者招待会，向新闻界通报企业的情况，提供新闻素材。邀请新闻记者参观企业，为其采访提供方便。新闻记者通过亲自参观企业，往往能挖掘出许多可供报道的新闻材料。

（2）企业人员撰写新闻稿件寄给新闻单位。这种方式命中率比较低，要求企业掌握新闻的基本规律和要求。

（3）创造新闻素材，吸引新闻界的注意。这种方法难度比较大，要求企业的公关人员有丰富的知识和经验，而且需要企业决策层的支持。

2. 广告

在公共关系活动中，可利用广告的形式来树立良好的企业形象，或向公众传播必要的信息。

公共关系中的广告主要有以下几种。

（1）形象广告。形象广告是指以树立企业形象为目的的广告。企业向公众展示企业实力、社会责任感和使命感的广告，通过同消费者和广告受众进行深层的交流，增强企业的知名度和美誉度，让受众产生对企业及其产品的信赖感。

（2）声明广告。声明广告是指表明企业对某些事件的立场、态度的广告。通常有两种情况：一是对企业不利的事件，但企业自身并无过错；二是一些必须使公众迅速知晓的重要的事件，如企业更名、迁移、更换商标和包装等。

（3）致歉广告。致歉广告是指向公众表示歉意，以取得公众谅解和好感的广告。

（4）祝贺广告。祝贺广告是指在与本企业有密切关系的企业或单位举办重大活动时表示祝贺的广告。

祝贺广告的事件选取一定要和企业有密切的关系，受到受众的关注，切不可牵强附会。

例如，高考结束后，某市理科高考状元袁某在“一家亲喜糖铺”购买庆贺喜糖，分发给亲友。该喜糖铺为此在店门上方打出“热烈祝贺我市高考状元在我店购买喜糖”的祝贺广告。这一“傍状元”广告在市民中引起强烈反响，众多网友在网络上聊起“状元购糖”。

（5）活动广告。活动广告是指为配合企业所开展的各项公关活动而发布的广告。

例如，开展企业的庆典活动等，这些公关活动往往需要广告的配合，才能达到较好的效果。

（6）公益广告。公益广告是指企业为了获得公众的好感、表现社会责任而进行的有关维护社会公共利益的广告。

例如，某企业为了提倡环保，支持“限塑令”，向公众免费提供环保购物袋。

3．演讲

由企业领导人利用新闻媒体或其他宣传工具向公众发表演讲，介绍企业的发展状况，阐述企业对某些问题的看法，或者回答各种问题，也是提高企业知名度、树立企业形象的方法。

例如，企业总经理接受电视台采访并发表演讲。

4．公益活动

公益活动是指企业投入一定的精力、金钱和时间在一些有益于社会的公共事业、慈善事业、福利事业方面，以体现企业的社会责任，增加公众的好感，提高企业的知名度。

例如，某企业为资助贫困生开展义卖、义演、员工捐款等活动。

5．书面资料

编写并制作各种书面资料，向各类公众广泛散发和寄送，以加深其对企业及产品或服务的了解，影响其观念和态度，增加对企业的好感。

例如，某眼镜公司印制了 5 万份爱眼、护眼手册，免费发放给广大中小学生。

6．视听资料

企业设计制作电影、录像片、幻灯片、录音带、多媒体软件、光盘等视听资料，用于在各种公共场合播放。

例如，某企业制作了企业的宣传光盘，在各种展销会中播放，同时还送给各大媒体，以便媒体从中挑选和剪辑，用于新闻宣传。

7. 企业形象识别媒体

公关部门应参与企业形象识别（CI）战略决策，充分利用企业形象识别媒体，体现和传播良好的企业形象。

例如，某装修公司为了提升企业形象，要求装修工作人员一律穿着统一的制服，装修工作人员在工作期间出入时也是在为企业做宣传。

8. 事件

事件是指企业特意安排和准备的，目的在于吸引新闻媒介和公众注意的事情和活动。事件来自以下两个方面。

（1）巧抓事件。通过对新闻媒体报道消息的浏览或消费者、中间商、企业员工所反映的情况，抓住一些与本企业及产品或服务有关联的消息，采取某些措施使公众关注该事件，利用公众对该事件的注意和兴趣来提高本企业的知名度和美誉度。一般来说，轰动事件、有争议的辩论、重大体育赛事等都是很好的公关机会。

（2）制造事件。企业可以自行构思作为事件的题材，将其发展成事件来达到引起公众关注、提高企业知名度、树立企业形象的目的。

案 例 6-8

2017 年，微博上的一个话题——“胖了应该算工伤”，受到了热捧，被网友称为“最奇葩的工伤”。事件讲述的是互联网餐饮企业“加班狗”员工因试吃新菜品变胖而申请工伤，老板大度，批准并组织其参加重庆马拉松赛事的事件。短短两天时间，微博话题阅读量一路飙升到近 70 万次，转发量过万次，一度进入社会话题排行榜前 50。在轨客网、大渝论坛、购物狂论坛等重庆本地各大论坛，关于“工伤”的讨论吸引了数万名网友的回帖讨论，《都市热报》等对此事进行了轮番的新闻报道。

案例评析

事件营销离不开借势和造势。此次事件首先借了重庆马拉松赛事的势。造势就是制造话题，寻找新闻爆点。这份看似无厘头的工伤申请书实则是经过精心策划的系列话题，整个话题围绕着“胖”与“工伤”来展开。因为“胖”而参加马拉松赛事，马拉松的真实性 + 参赛照片，使话题的真实性得到了验证。这个话题已经具备了新闻爆点的基础。此“加班狗”是一家互联网餐饮企业的员工，而员工恰恰是因为试吃而长胖的，“试吃”“胖”“工伤”三个词形成了强烈的对比，让段子手有了极大的发挥空间。更重要的是，新产品都会经过多次内部试吃才上线，高品质的产品形象也在潜移默化中深入人心，不知不觉中品牌形象得到了有效植入。事件要热，品牌也要热，这才是事件营销的终极目标。

课堂随笔

想一想

企业该如何做好企业公众号？

任务六　综合运用促销策略

一、促销组合的含义

促销组合是指有目的、有计划地把人员推销、广告、营业推广和公共关系这四种工具组合起来并进行综合运用，形成促销组合策略，促销组合策略包括如何确定促销预算及其在各种促销方式之间的分配。

对促销组合概念的理解具体如下。

（1）促销组合必须是上述四种形式中的两种或两种以上工具的综合运用。组合是为了达到单一促销方式无法达到的效果。例如，在营业推广活动中，没有广告的配合就很难让更多的消费者接收到相关信息。

（2）促销组合必须作用于选定的目标市场。目标明确才能有的放矢，进行促销组合决策前，营销人员必须明确促销活动的目标市场。

（3）促销组合具有很强的可变性。营销人员应该了解各种促销工具的功能，针对不同的促销目标制定不同的促销组合策略。

正确地进行促销组合，是促销成功的关键。

二、促销组合各部分的关系

（1）人员推销着眼于信息的双向沟通和面对面的情感交流，是信息单向沟通所不能取代的。

（2）广告着眼于信息的大面积和快速传播，是促销组合中用来传播产品信息、树立企业形象、激发消费者需求的重要工具。广告既适用于长期目标，又适用于短期目标；既适用于大企业，又适用于中小企业，是促销组合中的主力。

（3）营业推广着眼于刺激需求、增加销售量，是短期促销的有效工具。

（4）公共关系着眼于树立形象、沟通关系，是公共宣传的有效工具。但由于它既为营销目标服务，又为企业整体目标服务，所以在促销组合中一般处于辅助地位。

促销组合形式的比较如表 6-2 所示。

表6-2　促销组合形式的比较

比较项目	人员推销	广告	营业推广	公共关系
沟通方式	双向	单向	单向	双向
促销功效	与消费者建立合作	提高产品的知名度	短时期内提升销售量	树立良好的公众形象
时效性	中长期		短期	长期

续表

特征	直接进行信息沟通，反馈及时，可当面促成交易	传播速度快，涵盖面广，形象生动，渗透力强	激发消费者的购买兴趣，促使消费者立即采取购买行动	提高企业及其产品的声誉，传达力较强，节省费用
局限	占用人员多	不能立即成交	可能会引起消费者的误会或猜疑	见效慢，可控性低

消费者在购买产品之前，会经过一个连续的消费分析过程：认识—兴趣—评价—试用—采购。促销组合的各个工具，在其中会产生不同的影响，如表 6-3 和表 6-4 所示。

表6-3　促销组合在消费过程中的影响力比较

促销工具	认　识	兴　趣	评　价	试　用	采　购
人员推销	E	E	A	A	A
广告	A	A	C	D	D
营业推广	B	B	B	A	A
公共关系	A	A	B	B	D
说明：A表示成效显著；B表示使人满意；C表示成效一般；D表示成效不佳；E表示单独采用时成本过高					

表6-4　促销工具的功能比较

促销工具	知名度	试　用	重复购买	忠诚度	品牌转换	增加购买量	建立形象
人员推销	×		△	△			
广告	△					×	△
营业推广		△	△	×	△	△	×
公共关系	△				×		△
说明：△表示影响力强；×表示影响力弱；空白表示该工具不易产生相应功能							

三、制定促销预算的方法

1. 量力支出法

量力支出法是指企业以自身的经济能力为基础来确定促销费用的绝对额的方法。这种方法简单易行，但完全忽略了促销与销售额之间的因果关系，忽略了促销对销售额的影响。

2. 销售额比例法

销售额比例法是指企业根据目前的销售额来确定促销费用水平，使促销费用与销售额之间保持一定比例的方法。

这种方法的优点：简单易行；按照这种方法确定的销售费用与企业的经济能力一同变动，即费用支出的增减与企业销售收入的增减相一致；这种方法促使管理人员将促销费用、销售单价和单位利润三者紧密地联系起来；如果竞争者都以这种方法确定预算，则可使竞争形势趋于稳定。

这种方法的缺点是颠倒了促销与销售额之间的因果关系。

3. 竞争对等法

竞争对等法是指根据竞争者的促销费用支出制定促销预算的方法。这种方法的缺点是，由于盲目效仿，可能会适得其反。

4. 目标任务法

目标任务法是指企业首先确定促销目标（如销售增长率、市场占有率等），然后确定为达到这些目标所要完成的任务，最后估算完成这些任务所需要的促销费用的方法。

这种方法的优点是可促使管理人员将促销费用与促销目标直接联系起来，便于进行成本效益分析。但采用这种方法时必须正确地确定促销目标，否则据此做出的促销预算必然有失误。

以上几种方法各有优缺点，企业可根据具体条件灵活运用，以便取得良好的促销效果。

四、影响促销组合的因素

要根据企业的具体状况来确定要使用的促销组合。影响促销组合的主要因素通常有以下几种。

1．产品的种类

不同性质的产品，消费者的购买需求不同，需要不同的促销组合。一般来说，消费品比工业用品更多地使用广告，而工业用品则更多地借助人员推销。

由于消费品的花色、品种繁多，消费者分布较为广泛，所以广告可以作为一种很好的宣传手段。而工业用品因技术性强、行业差别大、客户较固定且数量较少，因此主要借助人员推销，直接向客户介绍产品的性能和特点。

大型机锯公司的产品专门供应木材行业，借助人员推销方式可能很有效。手工用品工具公司的产品专门供应各类消费者使用，广告就应在促销组合中占较重要的位置。

2．市场的特点

不同的市场，需要采用不同的促销策略。不同的市场是以市场范围、市场类型及潜在消费者和客户的数量来区分的。

（1）市场范围。市场地理范围大小不同，促销方式就应有所区别。小规模的本地市场，应当以人员推销或产品陈列等为主，不必使用广泛的广告；范围大的市场，广告宣传和文字报道等就很有必要；中等范围的市场，可以以一种促销方式为主，辅以其他方式。

（2）市场类型。消费者市场，消费者多而分散，主要应以广告、营业推广去吸引消费者；生产者市场，专业性强、数量少且集中，通常应以人员推销为主，或者进行专业性的展销示范，当面向客户介绍产品性能和特色。

（3）潜在消费者和客户的数量。潜在消费者和客户少的市场，以人员推销为主；潜在消费者和客户多的市场，以广告宣传为主。

3．购买过程的阶段

消费者和客户的购买过程一般分为知晓、了解、确信和购买四个阶段。

在知晓阶段，广告和公共关系的作用较大；在了解阶段，广告的作用较大，其次是人员推销；在确信阶段，人员推销的作用更大，广告的作用略小于人员推销；在购买阶段，则主要是人员推销发挥作用。

4．产品所处生命周期的阶段

产品在生命周期的不同阶段，促销的目标和促销的重点也不尽相同，要相应地选择不同的促销组合，制定不同的策略，如表 6-5 所示。

表6-5　产品生命周期不同阶段的促销组合

产品生命周期	促销的重点和目标	促销的主要方式
导入期	认识和了解产品，寻找早期试用者	广告、公共关系和营业推广，针对经销商时采用人员推销
成长期	增进兴趣与偏爱	改变广告形式，加强公共关系
成熟期	增进兴趣与偏爱	营业推广不可忽视
衰退期	促成信任购买	以营业推广为主，使用广告提示
生命周期各阶段	消除不满意感	改变广告内容，利用公共关系

当产品处于导入期时，广告和公共关系的效果更佳，营业推广也有一定的作用，可以鼓励消费者或客户试用。在成长期，广告和公共关系力度仍需加强，营业推广则可相对减少。到了成熟期，应增加营业推广力度，削减广告。产品进入衰退期后，某些营业推广措施可继续保持相当数量，广告仅仅起提示作用，至于公共关系则可完全停止。

5．促销预算

不同的促销方式需要不同的促销费用，增加促销费用有利于扩大销售，但同时也会增加销售成本。理想的促销组合追求的是以较低的促销费用带来较高的利润。究竟应该以多少费用用于促销活动，是营销管理方面的一个难题。不同行业、不同竞争格局或同一行业的不同企业和产品，为促销活动支出的费用相差悬殊。

例如，在美国化妆品行业中，促销费用较高的可占营业额的 30% ～ 50%；而在机械行业，促销费用只占营业额的 15% ～ 20%。

实训与练习

一、判断题

1．广告是目前广泛被采用的促销形式，其对工业品的推销最有效。（　　）

2．促销组合中能很好地进行双向信息交流的方法是营业推广。（　　）

3．广告是消费品市场的主要促销工具，人员推销是工业用品市场的主要促销工具。（　　）

4．营业推广是一种行之有效的促销方法。（　　）

5．运用诱导法的推销员必须具有较高的推销艺术。（　　）

6．在生产者市场上，客户购买数量大、客户多，所以适合使用人员推销的方式促销。（　　）

7．市场上潜在消费者和客户多，应主要采用广告宣传的方法；潜在消费者和客户少，借助人员推销可能更好。（　　）

8．洗衣粉、香皂等生活日用品宜采用“推动”策略。 （ ）

9．产品的成长期宜采用提示广告。 （ ）

10．可信度高是广告的特点。 （ ）

二、填空题

1．企业的促销组合是指 ________、________、_______ 和 _____ 的组合和搭配。

2．企业以自身的经济能力为基础来确定促销费用的绝对额，这种方法被称为 ________。

3．从事消费品营销的企业，最重要的促销方式是 _________；从事工业用品营销的企业，最重要的促销方式是 __________。

4．“推动”策略以 ________ 为主要促销对象；“拉引”策略以 _________ 为主要促销对象。

5．企业的广告决策一般包括四项重要内容：一是 _________；二是 ________；三是选择广告媒体；四是 ___________。

三、选择题

1．通知广告主要适用于产品生命周期中的（ ）。

A．介绍期 B．成长期 C．成熟期 D．衰退期

2．（ ）广告媒体能够吸引人们的注意力，但成本高、时间短、不易记忆、灵活性差。

A．报刊 B．电视 C．直接邮寄 D．广播

3．营业推广中的“交易折扣”这一形式主要针对（ ）。

A．消费者 B．中间商 C．推销人员 D．上述三项均可

4．某企业在报纸上发布重要商业新闻，属于（ ）。

A．广告 B．人员推销 C．营业推广 D．公共关系

5．（ ）颠倒了促销与销售额之间的因果关系。

A．量力支出法 B．销售额比例法

C．竞争对等法 D．目标任务法

6．确定促销组合的实质是（ ）。

A．在各促销人员间合理分配促销预算 B．在各促销对象间合理分配促销预算

C．在各促销工具间合理分配促销人员 D．将促销预算合理分配给各促销工具

7．销售促进的时间长短与其效果（ ）。

A．成正比 B．成反比 C．无关 D．不一定

8．当企业产品种类繁多，而且产品的技术性较强时，采用（ ）结构较合适。

A．地区型 B．市场型 C．产品型 D．客户型

9．免费赠送礼品、优惠券，有奖销售，现场示范等营业推广形式主要针对（ ）。

A．消费者 B．中间商 C．推销人员 D．上述三项均可

10．津贴这种营业推广形式主要针对（ ）。

A．消费者 B．中间商 C．推销人员 D．上述三项均可

11．不同的促销工具对消费者和客户在知晓、了解、确信和购买等阶段的作用是不同的，其中在确信阶段，（ ）的作用最大。

A．广告 B．人员推销 C．营业推广 D．公共关系

12．在生产者市场上，各种促销工具的使用力度应依次为（ ）。

A．广告、营业推广、人员推销、公共关系

B．广告、人员推销、营业推广、公共关系

C．人员推销、广告、营业推广、公共关系

D．人员推销、营业推广、广告、公共关系

13．四个促销工具中，最古老的是（　　）。

A．广告　　B．公共关系　　C．人员推销　　D．营业推广

14．下列促销方式被称为特殊推销的是（　　）。

A．人员推销　　B．直销　　C．营业推广　　D．谈话推销

15．下列各种促销手段中，不属于营业推广形式的是（　　）。

A．赠送样品　　B．有奖销售　　C．推销人员介绍　　D．推销竞赛

16. 专业性强、很复杂的产品多采用的促销工具是（　　）。

A．广告　　B．人员推销　　C．公共关系　　D．营业推广

17．被誉为“无声的推销员”的是（　　）。

A．广告　　B．营业推广　　C．公共关系　　D．包装

四、实训题

1．背景资料：“南农烧鸡”是在南京农业大学一位教授的主持下，使用中草药及食品香料为佐料，辅以陈年老卤和独特生产工艺研制而成的，很快打开了南京及周边市场。

请为该产品写一句广告语；同时，请说说广告策划的关键是什么。

2．为什么许多品牌，尤其是那些有高端化升级需求的品牌，开始选择电梯为主流传播渠道？

悦　读

屈臣氏的促销

屈臣氏的促销活动算得上零售界中较复杂的，不但次数频繁，而且流程复杂，内容繁多。策划部门、采购部门、行政部门、配送部门、营运部门都围绕着促销主题运作。各种促销活动每 15 天为一期，促销策略层出不穷，主要有如下几种。

策略 1：超值换购。在每期的促销活动中，屈臣氏都会推出三个以上的超值商品，在消费者一次性购物满 50 元时，另加 10 元即可选一件超值商品。这些超值商品通常会选择屈臣氏的自有品牌，所以能在实现低价位的同时保证利润。

策略 2：独家优惠。这是屈臣氏经常使用的一种促销手段，工作人员在寻找促销商品时，经常避开其他商家，别开生面，给消费者以更多新鲜感，也可以提高消费者忠诚度。

策略 3:买就送。买一送一、买二送一、买四送二、买大送小;送商品、送赠品、送礼品、送购物券、送抽奖券，促销方式灵活多变。

策略 4:加量不加价。针对屈臣氏的自有品牌产品，经常推出加量不加价的包装，用鲜明的标签标识，面膜、橄榄油、化妆棉等是经常使用的，对消费者非常有吸引力。

策略 5：优惠券。屈臣氏经常会在促销宣传手册或报纸海报上投放剪角优惠券，消费者在购买指定产品时，可以享受一定金额的购买优惠，省五元到几十元。

策略 6：套装优惠。屈臣氏经常会向生产企业定制专供的套装，以优惠的价格向消费者销售。如资生堂、曼秀雷敦、旁氏、玉兰油等都会常做一些带赠品的套装。屈臣氏自有品牌也经常会推出套装优惠，而且促销力度很大。

策略 7：震撼低价。屈臣氏经常推出系列震撼低价商品，这些

商品以非常优惠的价格销售，并且规定每个店铺必须将其陈列在店铺前面、显眼的位置，以吸引消费者。

策略 8：购某个系列产品满 88 元送赠品。例如，购买护肤产品满 88 元，或购买屈臣氏自有品牌产品满 88 元，或购买食品满 88 元，送屈臣氏手拎袋或纸手帕等。

策略 9：购物 2 件，额外 9 折优惠。例如，买一支营养水要 60 元，买 2 支的话，只收 108 元。

策略 10：赠送礼品。屈臣氏经常会举办一些赠送礼品的促销活动，一种是供应商本身提供的礼品促销活动，另一种是屈臣氏自己举办的促销活动，如赠送自有品牌试用装。

策略 11：VIP 会员卡。屈臣氏在 2006 年 9 月开始推出自己的 VIP 会员卡，消费者只需去屈臣氏门店填写申请表格，就可以立即办理屈臣氏 VIP 会员卡，办卡时收一定的工本费。屈臣氏会每两周推出数十件 VIP 会员独享折扣商品，每次消费都有积分。

项目七

管理市场营销活动

学习目标

认识市场营销组织的类型；掌握竞争性营销策略的制定；掌握营销工作的实施步骤。

面试销售总监

听故事

2017 年 3 月，可口可乐在官方网站上宣布了一则关键的人事任命消息，大意如下：可口可乐现任 CMO（首席营销官）Marcos de Quinto 在 2017 年 5 月退休，这家消费品巨头将不再设立 CMO 职位，取而代之的，是新设立的 CGO（首席增长官）一职。可口可乐从 1993 年设立 CMO 职位，而 CMO 制也已通行全行业数十年，成为企业最高管理层的重要组成部分。作为行业营销界的“鼻祖”，可口可乐此番举动意味深长。多年来，CMO 历任者都肩负着可口可乐品牌形象的塑造与传播任务，得以让可口可乐从“二战”时 5 美分的精神养料，延续至当下代表舒适、乐观的大众消费品。2021 年 Interbrand 发布的全球食品和饮料品牌价值报告显示，可口可乐以 331.66 亿美元位居榜首。

对于这一职位调整举措，可口可乐在声明中是这么解释的：可口可乐正在快速调整组织机构，以确保工作能够满足全球消费者不断变化的消费需求，并实现更快的增长。

故事感悟 CMO 在上述背景下可做的事情有很多，但可以调动的资源、调配的权力和对战略施加影响的能力却往往有限，一个具有更广泛的权力的 CGO 有助于改变这种情况。可口可乐在组织架构上做出重要调整，无非希望借用互联网公司的扁平化组织架构来优化、整合可口可乐的营销资源，将产品创新、市场运营、数字服务等原来不同部门的职责和资源整合在一起，统一管理，用大数据来驱动销售的可持续增长。

学知识

任务一　了解营销管理者的任务

指点迷津

菲利普·科特勒在北京大学“索尼营销论坛”上的演讲

菲利普·科特勒在北京大学“索尼营销论坛”上演讲时说道：“来到中国，这里正在发生的一切给我留下了很深刻的印象。中国不但会成为世界上最强的经济大国之一，成为世界的‘生产车间’，我甚至认为中国在未来会成为世界的‘研发车间’。现在你们唯一需要做的就是成为世界的‘市场营销车间’。”

营销管理就是为了实现企业的目标，专业化地提高经济效益，是企业得以实现其价值的核心。营销管理是一种能辨识、预期，符合消费者与社会需求并且可以带来利润及连续经营的管理过程。营销管理通过对市场营销和销售的合理管控，将企业的研发生产过程与消费者的消费联系起来，是一个中间环节。企业的营销管理做得不好，效益就不好，当然，产品不好也会对营销产生负面影响。营销管理是系统化的，需要兼顾生产、采购等许多其他方面，需要综合考虑。企业可以在适当的时候以营销管理为中心，但不能伤害企业的长期利益。

市场营销环境变化的综合反映是市场需求，而市场需求是多种多样的。在不同的市场需求下，可采用不同的市场营销策略。营销管理者的任务就是调整市场需求的水平、时间和特征，使之与供给相协调。

1．扭转性营销

扭转性营销又称转变性营销。市场的主要部分不喜欢某种产品或服务，被称为否定需求或负需求。如有些地区的居民不喜欢喝牛奶，有些患者拒绝动手术，有人不习惯用微波炉等。在这种情况下，市场营销管理的任务是实行扭转性营销，即采取适当的市场营销措施，改变消费者对这种产品或服务的信念和态度，把否定需求变成肯定需求。

扭转性营销的关键是营销人员了解产生负需求的原因，分析其症结，并寻求针对性措施。

2．刺激性营销

刺激性营销又称激活营销。潜在市场的全部或主要部分对某种产品或服务不感兴趣或漠不关心，被称为无需求。

无需求状况下的产品通常是新产品或新的服务项目，消费者因不熟悉、不了解而没有需求迹象；或非生活必需的保健品、装饰品、赏玩品等，消费者在没有见到以前或没有兴趣的情况下是不会购买的；还有一些就是人们一般认为某些无价值的东西，或虽认为有价值但在特定情况下却没有价值的东西，以及消费者平常不熟悉的物品等，也不会产生现实的需求。

因此，在这种情况下，市场营销管理的任务是实行刺激性营销，即设法引起消费者的兴趣，刺激其对某种产品或服务的需求，从无需求变为有需求。这是一项意义重大而又十分艰巨的任务。因为企业面临的是对某种产品或服务无需求的市场状况，营销人员必须有针对性地采取有效的措施来创造需求。

3．开发性营销

当人们对现有的产品或服务感到不满足，而希望有一种新的、更好的产品或服务来取代它时，就意味着具有潜在需求。

针对潜在需求，企业要想出奇制胜，将这种潜在需求变为现实需求，就要进行开发性营销，即估计潜在市场的大小，并尽快开发能满足该项需求的有效产品和服务。也就是说，当今和未来，为了在竞争中取胜，企业需要一套崭新的观念和竞争谋略，即不是与众多的竞争者去瓜分一个现有市场，而是以敏锐的眼光去发掘潜藏于消费者内心深处而尚未被激发出来的潜在需求，从而开发新的消费领域，创造新的市场。这样，企业不但可以避开竞争者的锋芒，而且可以在开创的新市场上捷足先登，将竞争者甩在后面。

4．维持性营销

维持性营销又称保持性营销，是指面对产品或服务的需求水平、时间及时点与期望的需求和时间一致（充分需求）时企业的营销对策，如发放会员卡、赠送优惠券或礼物等。企业的任务是，通过及时发现消费者的偏好，保持产品质量的稳定，严格控制企业的成本，在维持企业自身竞争地位的同时，努力维持现有的需求水平。

充分需求是指某种产品或服务的目前需求水平和时间等于预期的需求水平和时间的一种需求状况。这是企业的一种理想需求状况。但是，在动态市场上，消费者偏好不断变化，竞争也日益激烈。需求常常由于两种因素的影响而变化：一是消费者偏好和兴趣的改变，二是同行竞争。

在这种情形下，市场营销管理的任务是，通过及时发现消费者的偏好，保持产品质量的稳定，严格控制企业的成本，在维持企业自身竞争地位的同时，努力维持现有的需求水平。

5．恢复性营销

恢复性营销又称再生性营销、提升营销，是指面对产品或服务处于需求下降状态时，企业的营销对策。

企业应通过自身营销策略的调整为产品重新定位，挖掘其内在价值，再创市场销售新高潮，以延续其产品或服务的市场生命周期。

因此，市场营销管理的任务是，设法将正在走下坡路的产品导入新的市场生命周期，研究新的营销策略和方案，将处于下降需求中的产品和服务推向新的潜在市场。

6．同步性营销

同步性营销又称协调性营销，是指面对季节、时点等变化造成的某些产品或服务需求波动时，企业的营销对策。

市场营销管理的任务是，通过运用灵活的价格策略、推销方法和各种刺激手段来引导和改变消费者的需求习惯和方式，达到扼制需求大幅度波动的目的。

酒店有着明显的淡旺季，客人的需求不规则，一般4月和5月、9月和10月为高峰（旺季），12月和1月为低峰（淡季）。酒店管理者必须通过灵活的价格及其他方法来调整供求关系，实施与不规则的淡旺季同步的营销方案，如实行淡季价格与旺季价格，“冬季养客、夏季吃客”等措施。

7．限制性营销

限制性营销又称降低性营销、低调性营销，是指面对超过了企业的供应能力（过量需求）的产品或服务时企业的营销对策。企业一般通过提高价格、减少促销活动来“低调”营销，其目的是通过企业行为来协调市场需求。

过量需求是指某种产品或服务的市场需求超过了企业所能提供或愿意提供的水平的一种需求状况，如收费过低的电力供应、免费范围过宽的公费医疗，使得电力部门和医院超负荷，甚至浪费很大。

有些名胜古迹、美术馆几乎天天都是人山人海，游客过多，致使环境脏乱，国家财产、文物遭到破坏。

在过量需求的情况下，市场营销管理的任务是实施限制性营销，通过提高价格，合理分销产品，减少服务和促销等手段，暂时或永久地降低市场需求水平。

8．抵制性营销

抵制性营销又称对抗营销、反击性营销，是指面对一些有害产品或服务的需求时企业的营销对策。

抵制性营销与限制性营销不同，限制性营销是限制过度的需求，不是否定产品或服务本身；抵制性营销则强调产品或服务本身的有害性，从而抵制这种产品和服务的生产和经营。

抵制性营销是针对有害需求而实施的。有害需求的产品或服务对消费者、社会公众或供应者有害无益。

此时，市场营销管理的任务是实行抵制性营销，即劝说喜欢有害产品或服务的消费者放弃这种爱好和需求，大力宣传有害产品或服务的严重危害，大幅度提高价格，以及停止生产供应等。

任务二　认识市场营销组织

一、市场营销组织的发展

现代市场营销组织是长期演化的结果。市场营销组织是随着市场营销管理学的不断发展演变而来的，总体上经历了单纯的销售部门、兼有附属职能的销售部门、独立的市场营销部门、现代市场营销部门、现代营销型企业、以过程结果为基础的企业六个阶段。

1. 单纯的销售部门

在这个阶段，销售部门的职能仅仅是推销生产部门生产出来的产品，生产什么，销售什么；生产多少，销售多少。产品生产、库存管理等完全由生产部门决定，销售部门对产品的种类、规格、数量等问题几乎没有任何发言权。

2. 兼有附属职能的销售部门

20 世纪 30 年代经济大萧条以后，市场竞争日趋激烈，企业大多数以推销观念作为指导思想，需要进行经常性的市场营销研究、广告宣传及其他促销活动。这些工作逐渐变为专门的职能，当工作量达到一定程度时，便会设立一个兼有附属职能的销售部门负责这方面的工作。

3. 独立的市场营销部门

在这个阶段，市场营销部门成为一个相对独立的职能部门。作为市场营销部门负责人的市场营销副总经理同销售副总经理一样直接受总经理的领导，销售和市场营销成为平行的职能部门。

4. 现代市场营销部门

尽管市场营销副总经理和销售副总经理需要配合默契和互相协调，但他们之间实际是一种彼此敌对、互相猜疑的关系。

在市场营销部门和销售部门之间矛盾、冲突的解决过程中，形成了现代市场营销部门的基础，即由市场营销副总经理全面负责，管理所有市场营销部门和销售部门。

5. 现代营销型企业

在这个阶段，企业管理者认识到，企业所有的部门都应以市场为导向、以服务消费者为目的，营销不只是一个部门的名称，而是整个企业的指导思想，使企业成为真正的现代营销型企业。

6. 以过程结果为基础的企业

在这个阶段，为了获得过程结果，企业可任命过程负责人，由他管理跨职能的过程小组的工作，营销人员作为过程小组成员参与活动。营销人员对这个小组是实线联系责任，而营销部门对这个小组是虚线联系责任。

二、市场营销组织的具体类型

为了实现企业目标，营销经理必须选择合适的营销组织。所有的营销组织都必须与市场营销活动的四个基本方面（功能、区域、产品和市场）相适应，由此产生出营销组织的五种类型。

1. 职能型组织（如图 7-1 所示）

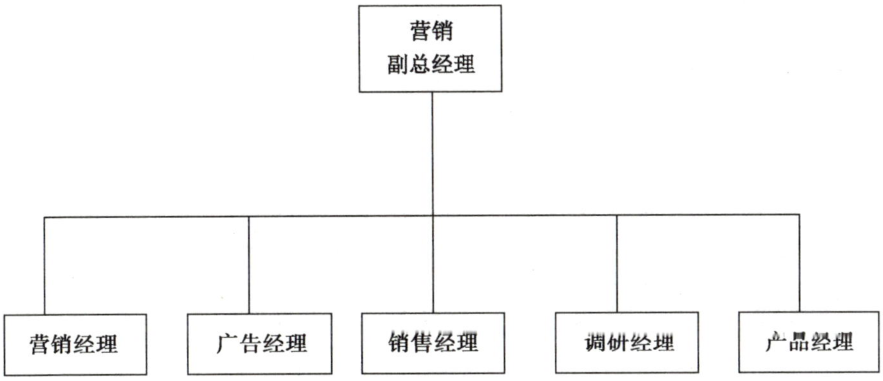

图7-1 职能型组织

职能型组织是常见的市场营销组织形式。这种形式强调市场营销的各种职能，如市场调研、销售计划、广告宣传、销售促进、新产品开发等。在职能型组织中，营销副总经理的工作主要是协调各个职能部门的活动。职能型组织的主要特点是行政关系简单：①贯彻了专业化分工的要求，有利于在人力利用上提高效率；②职责分明，有利于落实各类人员对各类工作成果的责任；③集中管理、统一指挥，有利于维护领导对指挥和控制活动的权力和威信。

不过，随着企业产品种类增多、市场扩大，这种组织将失去其有效性，因为没有一个职能部门为具体的产品或市场负责，每个职能部门都力求获得与其他职能部门对等的地位，因而面临着如何进行协调的问题。

2. 地理型组织（如图 7-2 所示）

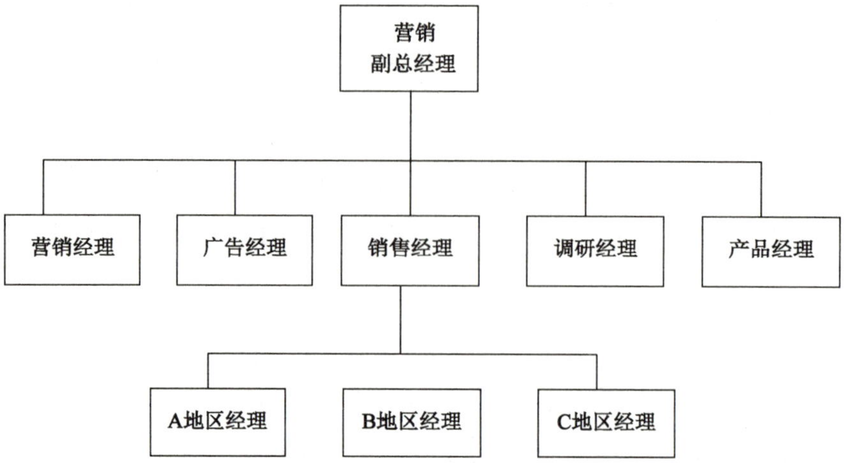

图7-2　地理型组织

规模较大并在全国范围内销售产品的企业，为了适应不同区域市场的特点，通常按地理区域设置销售机构，安排销售队伍。由于地理型组织是按市场不同的地理区域、经济环境、生活习惯、购买能力、消费者意向等因素设置的，因此其主要特点如下。

① 发挥熟悉该地区情况的优势，可以发展特定市场。

② 管理幅度与管理层次相对增加，便于高层管理者授权，充分调动各部门的积极性。但这种组织形式也有其缺点：因为地区经理往往更多地考虑本地区的利益，这样各地区的部门就会自成体系，容易造成人力浪费。

3. 产品型组织（如图 7-3 所示）

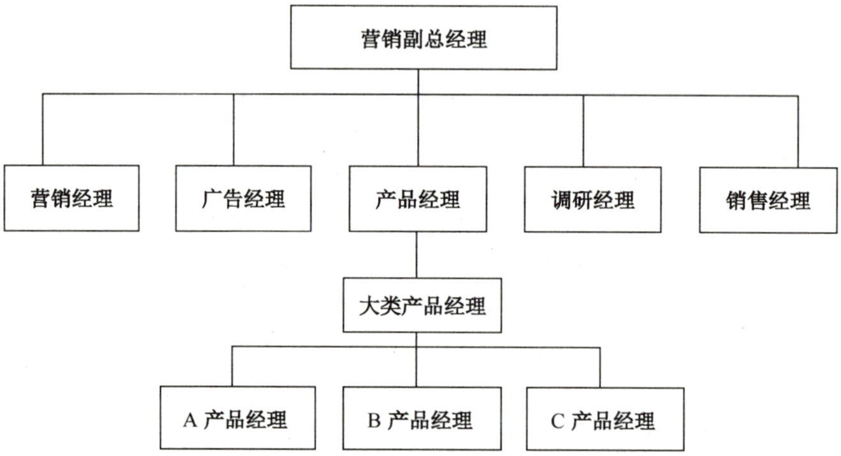

图7-3　产品型组织

生产多种产品或不同品牌产品的企业，通常按产品或品牌建立管理组织，即在一名产品经理领导下，按每类产品分设一名大类产品经理，再按每个具体品种设一名个别产品经理，实行分层管理。

最早的产品型组织出现于 1927 年的宝洁公司，当时该公司开发的一种新产品（肥皂）市场销售欠佳，一位名叫埃尔罗伊的年轻人（后来升任为宝洁公司总经理），受命统筹开发和推销，取得了成功，于是该公司随之增设了其他产品经理。从那时起，许多公司特别是生产食品、肥皂、化妆品和化工产品的公司，都建立了产品型组织。

在这种形式下，产品经理的主要任务是，制定产品的长期经营和竞争战略，编制年度营销计划，并负责全面实施计划和控制执行结果。

产品型组织的优点：产品经理能够将产品营销组合的各要素较好地协调起来；能够对市场上出现的问题迅速做出反应；较小的品种或品牌由于有专人负责而不致遭忽视；产品经理岗位涉及企业经营的各个领域，是年轻产品经理进行锻炼的好岗位。当然，这种组织形式也有其不足：产品经理未能获得足够的权力，以有效履行自己的职责，只有靠劝说的方法取得广告、销售、生产等部门的配合；产品经理只能成为本产品的专家，很难成为职能专家；费用常常高出原先的预期；产品经理的任职期限较短，因而使市场营销计划缺乏长期连续性。

4. 市场型组织（如图 7-4 所示）

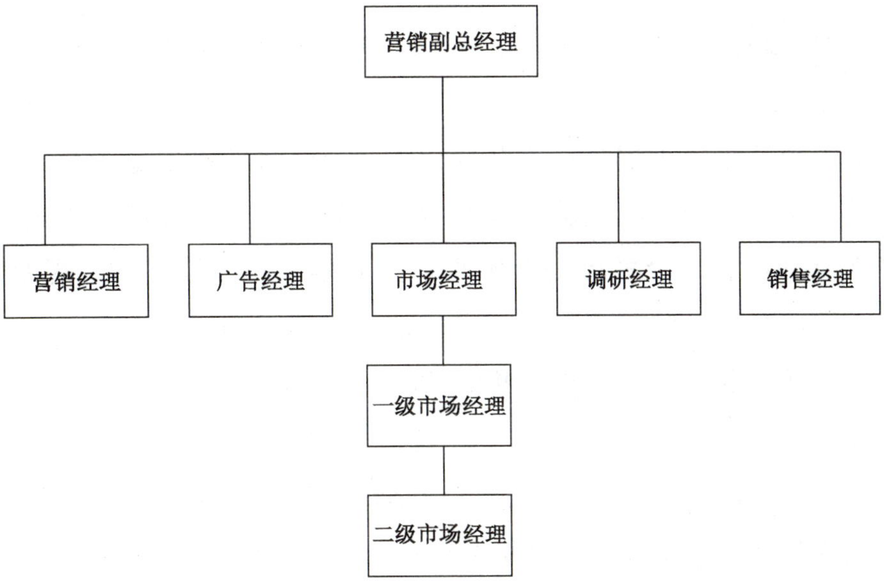

图7-4　市场型组织

当客户可以按其特有的购买习惯和产品偏好进行细分和区别时，就需要建立市场型组织。市场型组织的结构和产品型组织的结构基本相同，只是由面对不同类型的产品改为面对不同类型的市场，各个市场由市场经理负责，他们的职责与产品经理类似。

市场型组织有着与产品型组织类似的优缺点。其最大的优点是，市场营销活动是按照满足各类不同的消费者和客户需要来组织和安排的，而不是集中在营销功能和销售地区的扩大上，避免造成营销费用的增加，这有利于企业加强销售和开拓市场。在以市场经济为主的国家中，越来越多的企业组织都是按照市场型组织设置的。但这种组织形式也有其不足：存在权责不清和多头领导的矛盾。

5. 产品 / 市场型组织（如图 7-5 所示）

图7-5　产品/市场型组织

生产多种产品并向多个市场销售的企业，常常会遇到如何设置组织形式的难题：是采用产品型组织，还是采用市场型组织？为了解决这个难题，使这两个问题统一起来，企业必须建立一种既有产品经理，又有市场经理的两维矩阵式结构，即产品 / 市场型组织。

这种组织形式的产品经理负责产品的销售计划和销售利润，为产品寻找更广泛的用途；市场经理开发现有和潜在的市场，着眼于市场的长期需要，而不只是推销眼前的某种产品。这种组织形式适用于多角化企业，不足之处是费用较大，而且由于权力和责任界限模糊，容易产生矛盾。

三、设置现代企业市场营销组织的原则

现代企业设置市场营销组织不能随心所欲，必须遵循一定的原则。

1. 与环境相适应原则

任何企业的市场营销组织都是在不断变化的社会经济环境中运行的，并受这些环境因素的影响和制约。市场营销组织比起企业其他的组织，与企业外部环境尤其是市场环境有着更加密切的关系。因此，设置市场营销组织首先要分析市场环境，既要分析市场状况，又要分析竞争者状况。市场状况包括消费者的购买习惯、购买行为、产品的市场生命周期等；竞争者状况包括竞争者是谁、竞争者在干什么、如何对付竞争者等。

2. 与营销目标相一致原则

一般企业都有自己的目标，包括产值、成本、利润等目标，所以市场营销组织的设置规模，一定要服从企业目标的实现，要将所承担的任务与所要达到的目标统一起来。

3. 讲究效率原则

市场营销组织的设置，要求达到高运转、高效率。市场经济条件下，市场竞争激烈，市场形势瞬息万变。在这种情况下，企业的营销活动要反应快捷，根据环境的变化，果断地制定新的营销策略；同时，要做到上下传递敏捷，协调一致。否则，将会丧失有利的赢利机会。

4. 责、权、利相统一原则

企业内部各个部门的设置，要在明确其任务与目标的基础上，分清其职能与职责范围，明确其应有的权力和享有的利益，并把职责、权力与经济利益联系起来。只有三者有机地结合，才能促使市场营销组织积极、主动、有效地完成企业的各项任务。

5. 统一领导和精简原则

虽然企业内部的营销组织由多个部门组成，但它必须是一个统一的有机整体，需要贯彻局部服从整体、实行统一领导的原则。只有这样，才能提高企业的整体效益。同时，要根据企业发展需要与管理要求设置市场营销组织，不能过多，要贯彻精简原则，使管理层次合理。管理部门过多，难以控制；管理层次过多，信息交流不畅通。

指点迷津

培养一群善于解决问题的人，而不是自己去解决问题。

——路易斯·卡夫曼《不懂带人，你就自己干到死》

任务三　掌握竞争性营销策略的制定

企业要取得经营的成功，必须根据自己在市场上的竞争地位和竞争实力来制定营销策略，即竞争性营销策略。只有这样，才能使企业获得尽可能大的竞争优势。

一、市场领导者策略

在市场上处于领先地位的企业为市场领导者。大多数行业都有一个公认的市场领导者。这个市场领导者在相关的产品市场中占有很大的市场份额，通常在价格变化、新产品引进、分销覆盖和促销力度上，对其他企业起着领导作用。一些著名的市场领导者有英特尔（微处理器）、微软（计算机软件）、麦当劳（快餐食品）等。

这类企业可根据自身的情况在若干种策略中做出选择。

第一种策略是扩大整个市场的需求量。这种策略的具体做法有三种：一是争取使现有客户增加购买量和购买频率；二是努力寻求新客户；三是努力为产品开发新用途。

第二种策略是通过大量投资与竞争者争夺客户，努力提高市场占有率。

第三种策略是通过技术革新和提高竞争效率等手段，努力维持自己的市场领先地位和市场占有率。

议一议

在我国，彩色电视机、空调、乳制品行业的市场领导者分别是谁？

二、市场挑战者策略

在市场竞争中实力仅次于市场领导者的企业为市场挑战者。这类企业不断地向市场领导者及其他势均力敌的竞争者发起挑战，极力争夺市场份额。挑战者如果实力比较雄厚，那么通常采取正面进攻策略，即调动企业资源直接向竞争者展开进攻；如果实力不够雄厚，则采取侧翼进攻策略，即集中优势力量攻击竞争者的薄弱环节。此外，还可采取迂回竞争策略，即努力开发新产品、新市场或新技术，从而间接地展开竞争。

三、市场跟随者策略

在市场竞争中实力次于市场领导者而又不准备进行挑战的企业为市场跟随者。这类企业只是效仿竞争者的产品、价格等营销策略，力图保持稳定的市场占有率和利润率。因此，这类企业有时采取紧随市场领导者的策略，有时则与竞争者保持一定的距离，其目的在于既保持现有客户并适当吸引新客户，又不致引起市场领导者及其他竞争者的反击。有许多市场跟随者比同行业中的市场领导者收益率还高。市场跟随者可以分为以下四种。

（1）仿制者：模仿市场领导者的产品、品牌名称和包装，但稍有区别。

（2）模仿者：在某些事情上仿效市场领导者，但在包装、广告、价格等方面又有所不同。市场领导者并不太注意模仿者，而模仿者也不进攻市场领导者。

（3）克隆者：复制市场领导者的产品和包装。

（4）改变者：基于市场领导者的产品，改变或改进它们，选择销售给其他市场。许多改变者往往可成长为将来的市场挑战者。

四、市场补缺者策略

市场上的另外一些小企业或新企业多属于市场补缺者。其做法是寻找主要竞争者所忽略的市场缝隙，致力于满足这部分客户的需求，从而避免与竞争者进行正面交锋。采取这种策略的企业所得到的市场份额不大，但获利能力很强，有时甚至超过规模比自身大得多的企业。

市场补缺者有三个任务：创造补缺、拓展补缺和保卫补缺。进行市场补缺的主要风险是市场可能会枯竭或受到攻击，而且市场补缺者往往是弱小的，必须连续不断地创造并坚持寻找新的补缺市场。

中国义乌市场是全球最大的小商品批发市场之一，为该市场提供小商品的很多企业就属于市场补缺者。

想一想

你是否知道其他市场补缺者？

任务四　掌握营销工作的实施步骤

进行营销分析并编制出完善的战略计划是营销管理的开始，要想使营销计划和策略得到实施，必须使企业营销系统中的各级人员保持协调一致，营销部门还必须与财务、生产、人事、采购等其他部门密切配合。此外，企业外部有关的个人和组织（如供应商、零售商、广告代理商、广告媒体及调研公司等），也对企业计划与策略的实施有重要影响。

营销方案的实施过程主要包括如下几个步骤。

（1）制定详细的行动方案；

（2）建立合理有效的组织结构；

（3）设计相应的决策并制定合理的报酬制度；

（4）开发并合理调配人力资源；

（5）建立适当的企业文化和管理风格。

行动方案的主要内容包括计划实施中应完成的任务，由谁来完成这些任务，何时完成这些任务等。

企业的组织结构必须适应企业的营销战略和营销方案。如果企业为频繁变化的市场设计和开发新产品，那么应建立一个应变能力强的分权化组织结构与之相适应，因为这种结构鼓励人们发挥创造性，促使人们经常地、非正式地进行信息沟通。如果企业面临的是一个相对稳定的市场，人们所进行的大多是例行性的活动，那么企业就需要建立一个集权化的组织结构，由此来加强正式的信息沟通渠道。

企业的决策制度和报酬制度规定了调研、招聘、报酬和控制等活动的操作程序。如果这些制度设计合理，那么可对营销战略和营销方案的实施起到促进作用。假设企业准备推出一种新产品，成功与否与推销员的努力程度关系甚大。在一般情况下，推销员总是愿意推销那些已打开销路的产品，而不肯花大力气推销新产品。但如果改变推销员报酬制度，规定推销新产品可以得到更高的佣金或奖励，那么会促使他们积极主动地推销新产品，从而使企业发展新产品的计划得以实施。

企业管理部门还应创建一种适当的管理风格和企业文化，使全体员工的工作保持高效率。同时，营销战略和营销方案也要与企业的管理风格和企业文化相适应，否则将难以实施。

营销部门是企业组织结构中的一个重要组成部分，通过这个部门，企业可进行营销分析、计划、实施和控制等活动。根据企业规模大小的不同，营销部门可由一个人、几个人或几个层次的若干专业人员组成。典型的营销部门由一名营销副总裁领导，下设销售经理、广告经理等，每位经理又领导若干具体的工作人员。营销副总裁主要有两方面的工作任务：一是领导和协调所有的营销工作，使之密切配合，分工合作；二是负责与分管其他部门的副总裁协调配合，共同为提高服务质量、改善经营管理而努力。

企业营销工作的效果不仅取决于它的组织结构，而且取决于对员工的挑选、培训、指导、激励和评估。每名员工都应获得与其能力和贡献相适应的报酬，并且都应有平等的晋升机会，使每个人都明确自己的责任、权利和前途，都有足够的前进动力。应当使每名员工都知道，企业对他们的要求和希望是什么，他们的表现将如何被考察和衡量。实践证明，被激发起工作热情的员工和没有被激发起工作热情的员工，工作效率和工作成果是大不一样的。

任务五　认识市场营销控制

控制是管理的基本职能之一，如果把编制计划、实施计划和控制看成一个周而复始的过程，那么，控制既是上一个循环的结束，又是下一个循环的开始，市场营销控制也是如此。

市场营销控制是指市场营销管理者为了确保营销计划的运行、衡量和评估营销计划的成果，从而实施的一整套工作程序或工作制度。

市场营销控制的内容主要包括年度计划控制、成本与赢利能力控制、效率控制。

一、年度计划控制

任何企业都要编制市场营销年度计划，然而，年度计划的执行能否取得理想的成效，还需要看控制工作做得如何。年度计划控制是指企业根据本年度的计划要求，检查实际绩效与计划之间是否有偏差，并采取改进措施，以确保市场营销计划的实现和完成。年度计划一般是由企业最高管理者和中层管理者负责实施的，其目的在于使企业达到年度计划规定的销售、利润及其他目标。

1. 年度计划控制的步骤

年度计划控制过程分为四个步骤。

（1）制定标准，确定本年度每个季度、每个月的目标，如销售目标、利润目标等。

（2）绩效测量，将实际成果与预测成果相比较。

（3）因果分析，如果营销计划在实施中发生了偏差，那么需要找出导致偏差的原因。

（4）改正行动，采取必要的修正措施，或调整计划，使之与变化中的实际相一致，或纠正执行过程中出现的偏差。

2. 年度计划控制的内容

年度计划控制主要是对销售额、市场占有率、市场营销费用、财务、客户满意度等进行分析和控制。

（1）销售额分析。销售额分析就是衡量并评估实际销售额和计划销售额之间的差距。这种分析一般有两种方法。

① 销售差距分析。这种方法用来衡量不同因素对销售差距的影响程度。

公式如下：

因售价下降的差距 = 价格之差 × 实际销售量

因销售量减少的差距 = 计划售价 × 销售量之差

例如，某公司年度计划中规定第一季度出售 4 000 件产品，单价为 1 元 / 件，即总销售额为 4 000 元。但到了季度末实际售出 3 000 件，而且每件售价为 0.8 元，总销售额实际为 2 400 元，比原计划少了 40%，销售差距为 1 600 元。分析原因，是由销售量减少和售价下降造成的。但两者对总销售额的影响程度是不同的。

因售价下降的差距 =（1− 0.8）×3 000=600（元），占 37. 5%

因销售量减少的差距 =1×（4 000−3 000）=1 000（元），占 62.5%

可见，将近 2/3 的差距是由于没有完成销售计划造成的。因此，应该进一步深入分析销售量减少的原因。

② 地区销售量分析。这种方法用来衡量导致销售差距的具体地区。

例如，某公司在 A、B、C 三个地区的计划销售量分别为 1 500 件、500 件、2 000 件，一共 4 000 件。但实际销售量分别为 1 400 件、525 件、1 075 件，与计划的差距分别约为 −6.7%、+5% 和 −46.25%。可见，引起销售差距的主要原因是 C 地区销售量的大幅度减少。因此，应进一步查明 C 地区销售量减少的原因，并加强对该地区营销工作的管理。

（2）市场占有率分析。销售额分析不能反映企业在市场竞争中的地位，只有市场占有率分析才能揭示企业同其他竞争者在市场竞争中的相互关系。例如，某企业销售额的增长，可能是由于企业营销绩效较其他竞争者有所提高，也可能是由于整个宏观经济环境的改善，使市场上所有的企业都受益，而与竞争格局并无关系。

（3）市场营销费用分析。年度计划控制要确保企业在达到销售计划目标时营销费用没有超支。分析的方法是计算市场营销费用占销售总额的比例。

某企业市场营销费用占销售总额的比例为 20%，其中所包含的五项费用占销售总额的比例分别如下：人员推销占 5%、广告费占 5%、营业推广费占 6%、营销调研费占 1%、营销行政管理费占 3%。

营销管理者应该对各项费用的占比加以分析，并将其控制在一定限度内。如费用率变化幅度不大，处于安全范围之内，则不必采取任何措施；如费用率变化幅度过大，或上升速度过快，甚至接近或超出控制上限，则必须采取有效措施。

（4）财务分析。财务分析是年度计划控制的一个重要内容。市场营销管理者在市场营销控制过程中，应就不同的费用对销售额及其他指标进行全面的财务分析，以便确定企业在何处及如何获取收益。同时，利用财务分析来判断影响企业资本净值收益率的各种因素，以提高资本净值报酬率。

（5）客户满意度追踪。客户满意度追踪可以为企业提供预警信号，使管理者能够及时掌握企业的发展动态。企业一般主要利用以下系统来追踪客户满意度。

① 建立客户绩效评分卡，主要记录以客户为基础的工作，包括新客户、不满意客户、失去的客户、目标市场知晓率、目标市场偏好、相关的产品质量及相关的服务质量等。

② 建立对企业绩效有重要利益及影响的群体的满意度。相关群体主要包括员工、供应商、银行、股东、分销商等。

通过上述分析，企业如果发现实际绩效与年度计划指标有较大差距，那么必须采取调整措施，包括调整营销计划指标、削减产量、降低价格、控制营销费用、减少投资等。

二、成本与赢利能力控制

成本与赢利能力控制是指通过分析不同产品、地区、客户群、分销渠道和订单规模等获利的实际情况，从而使企业决定扩大哪些营销活动，减少甚至放弃哪些营销活动，以提高企业的整体竞争能力。

1. 市场营销成本

要实行赢利能力控制，首先要确定市场营销成本，因为营销成本直接影响企业利润。一般来说，企业的市场营销成本包括：①直接推销费用，包括直接推销人员的工资、奖金、差旅费、培训费、业务费等;②促销费用，包括广告媒体成本、产品说明书印刷费、赠奖费用、展览会费用、促销人员工资等；③仓储费用，包括租金、维护费、折旧、保险费、包装费、存货成本等；④运输费用，包括托运费用、自有运输工具的折旧、维护费用、燃料费用、牌照费用、保险费、司机工资等;⑤其他市场费用，包括市场营销管理人员的工资、办公费用等。上述成本连同企业的生产成本及管理成本等构成了企业的总成本，直接影响企业的经济效益。

2. 赢利能力的考察指标

赢利是所有企业追求的重要目标。赢利能力控制就是通过对财务报表和数据的一系列处理，将获得的利润分解至产品、地区、渠道、客户等方面，从而衡量出每个因素对于企业最终获利能力的贡献。一般企业是通过以下指标来考察赢利能力的。

（1）销售利润率。销售利润率是指利润与销售额之间的比率，表示每销售100元使企业所获得的利润。其公式如下：

销售利润率＝利润÷销售额×100%

由于同一行业各个企业的负债比率不同，而对销售利润率的评价又经常需要通过与同行业平均水平来比较，因此，在评估企业的赢利能力时最好使用税后息前利润，这样能消除由于负债经营而支付的利息对利润水平产生的大部分不良影响，所以销售利润率也可表达为如下形式：

销售利润率＝税后息前利润÷销售额×100%

（2）资产收益率。资产收益率是指所创造的总利润与企业全部资产的比率。由于年初和年末资产相差很大，所以企业全部资产取资产平均总额。其公式如下：

资产收益率＝总利润÷资产平均总额×100%

与销售利润率一样，为了在同行业间具有可比性，资产收益率可表达为如下形式：

资产收益率＝税后息前利润÷资产平均总额×100%

（3）净资产收益率。净资产收益率是指企业税后利润与净资产平均余额的比率，是一个较为重要的指标。当前，我国上市企业能否获取配股资格必须考察其净资产收益率。其公式如下：

净资产收益率＝税后利润÷净资产平均余额×100%

（4）资产管理效率。资产管理效率是指企业通过管理资产而产生的效率，也是衡量企业经营效益的一个重要指标。资产管理效率一般通过以下两个比率来分析。

一是资产周转率，指一个企业产品销售收入净额与资产平均总额的比率，可以有效地反映企业全部投资的利用效率。其公式如下：

资产周转率＝产品销售收入净额÷资产平均总额×100%

二是存货周转率，指产品销售成本与存货（指产品）平均余额的比率。其公式如下：

存货周转率＝产品销售成本÷存货平均余额×100%

由于企业年初和年末的存货不同，所以存货取年初和年末余额的平均数。该指标主要考察企业存货的流动性，一般来说，存货周转次数越高，说明存货量越低、周转越快、资金使用效率越高。

下面以某企业为例，对其产品赢利能力进行分析，如表 7-1 所示。

表7-1　产品赢利能力分析

指　　标	产品A	产品B	产品C	产品D
销售收入（万元）	28	35	60	42
制造成本（万元）	15	23	38	29
毛利（万元）	13	12	22	13
费用（万元）	8	14	15	12
净利（万元）	5	–2	7	1
销售收益率	17.9%	–5.7%	11.7%	2.4%

从表 7-1 可以看出各产品的赢利能力，其中只有产品 B 是亏损的。若企业要求销售收益率在 5% 以上，则产品 A、C 已完成，对于产品 B、D 应进行详细分析，如是由于销售价格太高，还是制造成本分摊不合理。必须找出产品销售收益率低的原因，再采取相应的对策，如降低销售费用和制造成本。如果采取措施以后仍未能扭转亏损局面，那么应予以舍弃。

三、效率控制

通过赢利能力分析，如果发现在若干产品、地区和市场方面没有获得理想的利润，那么就要对销售队伍、广告、促销及分销等营销实体活动进行有效的控制，即对效率进行控制。效率控制的目的在于评估和提高经费开支的效率及效果。

1. 销售队伍效率

为了提高销售队伍的效率，企业各地区的销售经理必须了解本地区销售队伍效率的几项重要指标：每个销售人员平均每天进行的销售访问次数、每次销售人员访问的平均时间、每次销售人员访问的平均收益；每次销售人员访问的平均成本、每百次销售访问后订购的百分比、每期获得的客户数目、每期丧失的客户数目、销售成本对销售总额的百分比。

企业通过对销售队伍效率的分析，可以发现迫切需要解决的问题。如销售人员每天访问的次数过于频繁，则可以缩小企业销售队伍规模，而不减少销售总量；如每次访问所花费时间过多，则需要减少访问时间。

2. 广告效率

虽然企业的广告费用与销售效率难以用公式来表示，但营销决策者至少要掌握以下统计资料：每种广告媒体类型、每种媒体触及每个人（客户）所花费的广告成本；客户对每个媒体类型注意、联想和阅读的百分比；客户对于广告内容和有效性的意见；广告前后客户对产品态度的衡量；由广告所激发的询问次数；每次调查所花费的成本。企业通过对这些资料的分析，采取相应的步骤，使用更好的广告媒体及进行广告事后测验等，从而提高广告效率。

3. 促销效率

促销是营销过程中的一项重要措施，可以帮助客户认识产品，引起客户的兴趣，进而促使其购买。为了提高促销效率，销售经理应该对每次促销活动及其成本和对销售的影响做好记录，同时注意统计好下列资料：由于优惠而销售的百分比；销售额所包含的产品陈列成本；赠券的回收率；因示范表演而引起的询问次数。销售经理在注意上述资料的基础上，还应观察不同销售活动的效果，然后向企业高层决策者提出有效的促销建议。

4. 分销效率

分销效率主要是指对企业存货进行控制、对仓库位置和运输方式进行分析和改进，以达到最佳配置并寻找最佳运输方式和途径。例如，当企业遇到销售量急剧增长的情况时，分销的效率可能会下降，因为急剧增长的销售量可能导致交货时间推迟，从而导致客户对企业有意见并最终使销售量下滑，因此，企业营销决策者应在分销能力上做更多的投资。

任务六　认识市场营销审计

市场营销审计是指对企业的营销环境、营销目标、营销战略和营销活动所做的全面的、系统的、独立的和定期的检查，提出行动计划，以提高企业的营销业绩。

市场营销审计是战略控制的主要工具，具有全面性、系统性、独立性、定期性四个特征。任何企业都必须经常对其整体营销效益做出缜密的回顾评价，以保证它与外部环境协调发展。也就是说，因为在市场营销这个领域里，常会出现各种目标、政策、战略和计划不适合市场的情况，因此，企业必须定期对市场营销活动进行审计。

市场营销审计发展至今，已被世界上大多数企业所接受。而且随着市场营销活动的不断发展，市场营销审计的作用越来越突出，审计范围也越来越广泛，已成为企业提高营销效益的重要手段。

一、市场营销审计的程序

市场营销审计的程序一般分为五个阶段，如图 7-6 所示。

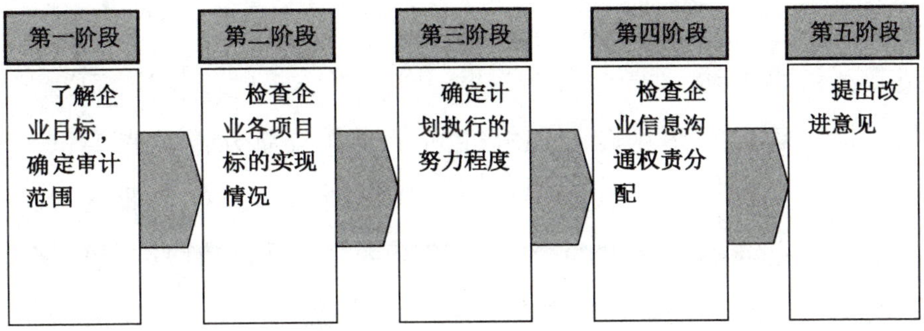

图7-6　市场营销审计的程序

二、市场营销审计的内容

市场营销审计的内容包括六个方面，即市场营销环境审计、市场营销战略审计、市场营销组织审计、市场营销系统审计、市场营销赢利能力审计、市场营销职能审计。

1. 市场营销环境审计

市场营销必须审时度势，因此，营销管理者必须对市场营销环境进行分析，包括经济、技术、政治、社会文化等宏观环境，以及直接影响企业经营的市场、消费者、竞争者、经销商等微观环境。

2. 市场营销战略审计

市场营销战略审计主要考察企业营销目标、营销战略以及对当前预期营销环境的适应程度，包括企业按照市场导向确定自己的任务和目标；选择与自己任务和目标相一致的竞争地位；制定与产品生命周期、竞争者战略相适应的市场营销战略；进行科学的市场细分并选择最佳的目标市场；恰当地分配市场、营销资源并确定合适的市场营销组合；企业对市场定位、企业形象、公共关系等战略的审计。

3. 市场营销组织审计

市场营销组织审计主要评价企业的市场营销组织在执行市场营销战略方面的组织保证程度和对市场营销环境的应变能力，包括企业具有坚强有力的市场营销主管及其明确的职责与权利；按产品、客户、地区等有效地组织各项市场营销活动；有一支训练有素的销售队伍；对销售人员有健全的激励机制、监督机制和评价体系，包括市场营销部门与采购部门、生产部门、研发部门、财务部门及其他部门的沟通情况和合作关系等。

4. 市场营销系统审计

市场营销系统包括营销信息系统、营销计划系统、营销控制系统和新产品开发系统。对营销信息系统的审计，主要是审计企业有关市场发展变化的信息来源、信息渠道的畅通性、市场营销研究的充分性、市场预测的科学性等。对营销计划系统的审计，主要是审计企业的市场营销、计划的可行性、有效性及执行情况等。对营销控制系统的审计，主要是审计企业的年度计划目标、赢利能力、营销成本等指标考核的正确性和控制的有效性。对新产品开发系统的审计，主要是审计企业健全的新产品开发系统、开发程序、新产品测试及新产品投放市场等。

5. 市场营销赢利能力审计

市场营销赢利能力审计是审计企业赢利能力和成本效益分析，主要包括审核企业的不同产品、不同市场、不同地区及不同分销渠道的赢利能力；审核企业进入、扩大、缩小或放弃若干细分市场后对企业赢利能力的影响；审核企业市场营销费用支出情况及效益情况，分析市场营销活动是否合理、是否可采取降低成本的措施等。

6. 市场营销职能审计

市场营销职能审计是审计企业市场营销组合因素（产品、价格、分销、促销）的效率，主要包括审计企业产品线目标的合理性和科学性；审计企业产品质量、特色、色样、品牌的客户满意度；审计企业定价目标和战略的有效性、市场的覆盖率；审计企业分销商、经销商、代理商、供应商等渠道成员的效率；审计企业广告目标、费用、预算、客户及公众对企业广告的影响；审计企业销售队伍的目标、规模、素质、能动性等。

实训与练习

一、判断题

1．市场营销活动是按照满足各类不同的消费者和客户需要来组织和安排的，而不是集中在营销功能和销售地区的扩大上，避免造成营销费用的增加，这有利于企业加强销售和开拓市场。（　　）

2．转变性营销的关键是要求营销人员了解产生负需求的原因、分析其症结并寻求针对性措施。（　　）

3．过量需求是指某种物品或者服务的市场需求超过了企业所能提供或者愿意提供的水平的一种需求状况。（　　）

4．市场跟随者是指在市场竞争中实力仅次于市场领导者的企业，又叫作市场挑战者。（　　）

5．市场营销审计目的在于决定问题范围和机会，提出行动计划，以提高企业的营销业绩。（　　）

二、填空题

1．企业组织结构类型包括______________、______________、______________、______________和产品 / 市场管理型。

2．市场挑战者的竞争性营销策略包括________________、__________________、________________。

3．市场营销控制包括________________、________________、________________。

4．成本与赢利能力控制是指通过分析不同产品、____________、客户群、____________和订单规模等获利的实际情况。

5. 市场营销审计包括____________、______________、____________、____________、____________、____________六个方面。

三、计算题

某手机卖场年度计划要求第一季度销售 400 部某品牌新款手机，每部 1 000 元。该季度结束时，只销售了 300 部，每部 800 元。销售情况不佳的原因在于价格下降和销售量的减少。试分析这两者对手机总销售额的影响程度。

四、实训题

背景资料：1996 年年初，格兰仕的市场占有率仅为 20%，同年 8 月的第一次降价使其市场占有率猛增到 50%。此后格兰仕不断进行市场扩张，市场占有率曾高达 70%。从格兰仕 1996—1998 年的市场占有率的上升态势看，它大有把所有竞争者扫地出门的势头。

从非烧烤型微波炉的市场平均零售价格看，1996 年年初为 1 500 元 / 台，到 2000 年 5 月，已下降到 600 元 / 台，降幅达 60%。烧烤型微波炉的降价幅度更大，从 1996 年 1 月的 2 780 元 / 台，下降到 2000 年 5 月的 950 元 / 台，降幅达 66%。

在格兰仕的强大攻势下，多数竞争者已无力与之抗衡，或者退出微波炉市场，或者在所剩无几的空间中挣扎，充当市场补缺者的角色。但是，格兰仕遇到了一个顽强的竞争者——天津 LG。天津 LG 于 1996 年年初进入微波炉市场，很快就成为格兰仕强有力的竞争者。1998 年，当格兰仕处于事业的巅峰、市场占有率一路上升的时候，天津 LG 不仅没有被扫地出门，反而以 10% 的市场占有率保住了自己的市场。从 1998 年后期开始，天津 LG 转守为攻，不断抢占新的市场，到 2000 年 4 月，其市场占有率已接近 30%。

请根据上述资料回答：

（1）在国内微波炉市场上，格兰仕的市场竞争地位属于（　　）。

A．市场领导者　B．市场挑战者　C．市场跟随者　D．市场补缺者

（2）在国内微波炉市场上，天津 LG 的市场竞争地位属于（　　）。

A．市场领导者　B．市场挑战者　C．市场跟随者　D．市场补缺者

（3）格兰仕与天津 LG 之间的竞争属于（　　）。

A．产品竞争　B．品牌竞争　C．价格竞争　D．非价格竞争

（4）在微波炉市场上，格兰仕与天津 LG 的竞争方式有什么特点？

悦　读

经典小故事

用人之道：去过寺庙的人都知道，一进庙门，首先是弥勒佛笑脸迎客，而在他的北面，则是黑口黑脸的韦陀。但相传在很久以前，他们并不在同一个庙里，而是分别掌管不同的庙。弥勒佛热情快乐，所以来的人非常多，但他什么都不在乎，丢三落四，没有好好管理账务，所以依然入不敷出。而韦陀虽然管账是一把好手，但成天阴着个脸，太过严肃，搞得人越来越少，最后香火断绝。佛祖在查香火的时候发现了这个问题，就将他们俩放在同一个庙里，由弥勒佛负责公关，笑迎八方客，于是香火大旺。而韦陀铁面无私，锱铢必较，则让他负责财务，严格把关。在两个人的分工合作中，庙里一派欣欣向荣。

【管理启示：用人之道在于人尽其才！】

爱人之心：这是发生在英国的一个真实故事。有位孤独的老人，无儿无女，又体弱多病。他决定搬到养老院去。老人宣布出售他漂亮的住宅。消费者闻讯蜂拥而至。住宅底价 8 万英镑，但人们很快就将它炒到了 10 万英镑。价钱还在不断攀升。老人深陷在沙发里，满目忧郁，是的，要不是健康情形不好，他是不会卖掉这栋陪他度过大半生的住宅的。一个衣着朴素的青年来到老人眼前，弯下腰，低声说："先生，我也好想买这栋住宅，可我只有 1 万英镑。可是，如果您把住宅卖给我，我保证会让您依旧生活在这里，和我一起喝茶、读报、散步，天天都快快乐乐的——相信我，我会用整颗心来照顾您！"老人颔首微笑，把住宅以 1 万英镑的价钱卖给了他。

【管理启示：商战，不一定非得要冷酷地厮杀和欺诈，有时，只要你拥有一颗爱人之心就可以了。】

鞋带之事：有一位表演大师上场前，他的弟子告诉他鞋带松了。大师点头致谢，蹲下来仔细系好。

等到弟子转身后，又蹲下来将鞋带解松。有个旁观者看到了这一切，不解地问：“大师，您为什么又要将鞋带解松呢？”大师回答道：“因为我饰演的是一位劳累的旅者，长途跋涉让他的鞋带松开，可以通过这个细节表现他的劳累憔悴。”“那你为什么不直接告诉你的弟子呢？”“他能细心地发现我的鞋带松了，并且热心地告诉我，我一定要保护他这种热情的积极性，及时地给他鼓励，至于为什么要将鞋带解松，将来会有更多的机会教他表演，可以下一次再说啊！”

【管理启示：要注意保护好下属的热情，那是工作的动力！】